Religionsloses Ostdeutschland?

RELIGIONSLOSES OSTDEUTSCHLAND?

WAHRNEHMUNGEN UND DISKURSE

MATTHIAS PETZOLDT ZUM 65. GEBURTSTAG

Herausgegeben von Martin Beyer,
Michael Kropff und Ulf Liedke

EVANGELISCHE VERLAGSANSTALT
Leipzig

Bibliographische Information der Deutschen Nationalbibliothek
Die Deutsche Nationalbibliothek verzeichnet diese Publikation in der
Deutschen Nationalbibliographie; detaillierte bibliographische Daten
sind im Internet über http://dnb.dnb.de abrufbar.

© 2015 by Evangelische Verlagsanstalt GmbH · Leipzig
Printed in Germany · H 7869

Das Buch wurde auf alterungsbeständigem Papier gedruckt.

Cover: Zacharias Bähring, Leipzig
Satz: Ulf Liedke, Weinböhla
Druck und Binden: Hubert & Co., Göttingen

ISBN 978-3-374-04046-9
www.eva-leipzig.de

Vorwort

Bereits 1996 veröffentlichte Ehrhart Neubert »eine Studie zum Profil und zur psychosozialen, kulturellen und religiösen Situation von Konfessionslosigkeit in Ostdeutschland«, deren Titel die wesentliche These bereits vorweg nahm: Religion sei den Menschen in Ostdeutschland »gründlich ausgetrieben«[1] worden. In der Tat hat es die von etlichen erhoffte Rückkehr der in den Jahrzehnten zuvor aus den Kirchen Ausgetretenen oder ihrer Nachkommen nicht gegeben. Ostdeutschland ist nach wie vor von einer Normalität der Konfessionslosigkeit geprägt. Daran ändert die bei vielen verbliebenen Kirchengliedern anzutreffende »erstaunliche Treue zum christlichen Erbe, das vielerorts hingebungsvoll gepflegt und gern auch gefeiert wird«[2], genauso wenig wie die zahlreichen auch von Konfessionslosen unterstützten Kirchenbauvereine.

Besteht an der anhaltenden und verfestigten Konfessionslosigkeit in Ostdeutschland kein Zweifel, so bleibt dennoch strittig wie diese Situation zu interpretieren und mit welchen Schlussfolgerungen sie verbunden ist: Folgt aus der Konfessionslosigkeit, dass der Osten »gottlos«[3] oder zumindest religionslos ist? Und geht die von manchen diagnostizierte Wiederkehr der Religion am Osten Deutschlands vorbei?

Oder ist die Situation doch wesentlich differenzierter, weil Konfessionslosigkeit nicht einfach mit Religionslosigkeit identifiziert werden darf, weil sich zwar eine Mehrheit der Ostdeutschen als religionslos bezeichnet, damit aber sehr unterschiedliche Intentionen, Lebens- und möglicherweise auch Glaubensansichten verbunden sind. Konfessionslosigkeit bezeichnet lediglich etwas, was nicht vorhanden ist. Sie sagt noch nichts darüber, was gegebenenfalls an ihre Stelle getreten ist – und ob das gar als Religion bezeichnet werden könnte.

---

[1] EHRHART NEUBERT, gründlich ausgetrieben. Eine Studie zum Profil und zur psychosozialen, kulturellen und religiösen Situation von Konfessionslosigkeit in Ostdeutschland und den Voraussetzungen kirchlicher Arbeit (Mission), begegnungen 13, hrsg. von der Studien- und Begegnungsstätte Berlin der Evangelischen Kirche in Deutschland, Berlin 1996.
[2] EVELYN FINGER, So einfach ist es nicht, in. Die Zeit, Nr. 47 vom 15.11.2012 (online unter: http://www.zeit.de/2012/47/Ostdeutschland-Glaube-Gott-Contra#; 08.11.2014).
[3] Vgl. ANDREAS HILLGER, Gottlos glücklich, in: Mitteldeutsche Zeitung, 26.09.2010 (online unter: http://www.mz-web.de/politik/ostdeutschland-gottlos-gluecklich,20642162, 17631894.html; 08.11.2014).

Ist Ostdeutschland also religionslos? Um diese Frage zu bearbeiten, bedarf es genauer Wahrnehmungen und diskursiver Klärungen. Es gilt Differenzierungen vorzunehmen und Begriffe wie Religion, Religionslosigkeit und religiöse Indifferenz voneinander zu unterscheiden. Und: Es bedarf differenzierter Phänomenwahrnehmungen und -beschreibungen auf einer validen empirischen Grundlage. Religionsloses Ostdeutschland? Das war der Titel eines Symposions, das am 25. und 26.Oktober 2013 an der Theologischen Fakultät der Universität Leipzig aus Anlass des 65. Geburtstages von Prof. Dr. Matthias Petzoldt stattfand. Beiträge dieses Symposions sollen nun mit dem vorliegenden Band einer breiteren Öffentlichkeit zugänglich gemacht werden. Die verschiedenen Vorträge und Diskussionsbeiträge bieten eine Klärung des Begriffs der Religionslosigkeit wie auch eine differenzierte religionssoziologische Analyse. Sie reflektieren die Phänomenwahrnehmungen in systematisch-theologischer Perspektive und erörtern das Thema in verschiedenen weiteren Kontexten. [4]

Religionsloses Ostdeutschland? Mit diesem Thema nimmt das Symposion Fragestellungen auf, denen Matthias Petzoldt einen Teil seiner wissenschaftlichen Arbeit gewidmet hat. So hat er sich in mehreren Publikationen nicht nur mit dem Religionsbegriff, seiner Funktion und den durch ihn aufgeworfenen Problemen beschäftigt,[5] sondern sich darüber hinaus auch intensiv der ostdeutschen Situation zugewandt. Dabei hat er religionssoziologische Forschungsergebnisse aufgenommen und theologisch reflektiert.[6] Sein Interesse galt aber auch der Analyse des Traditionsabbruchs, der Nachwirkungen des marxistisch-leninistischen Atheismus sowie der religiösen Indifferenz im Osten Deutschlands. Zwei dieser an verstreuten Orten publizierten Texte sind mit in den vorliegenden Band

---

[4] Ebenso wurde der ursprüngliche Beitrag von Elisabeth Loos (eine Befragung von Biologie-Studierenden) durch ihren vorliegenden Aufsatz ersetzt.

[5] Vgl. u. a. MATTHIAS PETZOLDT, Zum Unterscheidungspotential des Religionsbegriffs. Eine Problemanzeige, in: REINHARD HEMPELMANN/ULRICH DEHN (Hrsg.), Dialog und Unterscheidung. Religionen und neue religiöse Bewegungen im Gespräch, Berlin 2000, 98-107; DERS., Religion: Außen- und Innensicht. Systematisch-theologische Standortbestimmung, in: HEINRICH BEDFORD-STROM (Hrsg.), Religion unterrichten. Aktuelle Standortbestimmung im Schnittpunkt zwischen Kirche und Gesellschaft, Neukirchen-Vluyn 2003, 56-95; DERS., Überhaupt religiös? Zur Frage nach der Vorfindlichkeit von Religion, in: INGOLF U. DALFERTH/HANS-PETER GROSSHANS (Hrsg.): Kritik der Religion. Zur Aktualität einer unerledigten philosophischen und theologischen Aufgabe, Tübingen 2006, 329-349; DERS., Differenzen über Religion in ausdifferenzierten Gesellschaften, in: REINHARD HEMPELMANN (Hrsg.), Religionsdifferenzen und Religionsdialoge, Berlin 2010, 25-43.

[6] MATTHIAS PETZOLDT, Intellektuelle Offenheit und religiöse Homogenität? Aufschlüsse über die religiöse Situation im Osten Deutschlands, in: BERTELSMANN STIFTUNG (Hrsg.), Religionsmonitor 2008, Gütersloh 2007, 85-93; DERS., Zur religiösen Lage im Osten Deutschlands. Sozialwissenschaftliche und theologische Interpretationen, in: BERTELSMANN STIFTUNG (Hrsg.), Woran glaubt die Welt? Analysen und Kommentare zum Religionsmonitor 2008, Gütersloh 2009, 125-150.

aufgenommen worden.[7] So werden die Vorträge des Symposions durch die Reflexionen des Jubilars ergänzt.

Als Organisatoren des Symposions und Herausgeber dieses Bandes möchten wir all denen danken, ohne deren Unterstützung weder das eine noch das andere möglich gewesen wäre:

dem Institut für Systematische Theologie der Universität Leipzig und seinem Direktor Prof. Dr. Rochus Leonhardt für die Übernahme der Trägerschaft des Symposions sowie die Mitwirkung bei der Vorbereitung,

dem Förderverein der Theologischen Fakultät sowie den Mitarbeiterinnen und Mitarbeitern des Instituts für Systematische Theologie für ihre Hilfe,

Dr. Reinhard Hempelmann von der Evangelischen Zentralstelle für Weltanschauungsfragen und OKR Dr. Thies Gundlach von der Evangelischen Kirche in Deutschland für die großzügige finanzielle Unterstützung.

Die Evangelische Verlagsanstalt Leipzig hat sich unmittelbar im Anschluss an das Symposion bereit erklärt, die Vorträge zu publizieren. Unser Dank dafür gebührt besonders Frau Dr. Anette Weidhas.

Olbernhau, Zschorlau und Dresden   Martin Beyer
Dezember 2014   Michael Kropff
                                                      Ulf Liedke

---

[7] Neben den beiden Beiträgen im vorliegenden Band sei verwiesen auf: MATTHIAS PETZOLDT, Naturalistischer Szientismus und religiöse Indifferenz, in: Materialdienst der Evangelischen Zentralstelle für Weltanschauungsfragen 76 (2013), H. 4, 123-130.

INHALT

RELIGIONSLOSIGKEIT – GIBT ES DAS ÜBERHAUPT?

Systematisch-theologische Anmerkungen zu einem komplexen Phänomen

Christian Danz

Wer nach Religionslosigkeit fragt, merkt schnell, dass er mit ähnlichen Problemen konfrontiert ist, wie bei der Erfassung dessen, was Religion sei. Zum Problem wird die Frage nämlich in erster Linie für den wissenschaftlichen Beobachter. »Für einen Glaubenden«, so Niklas Luhmann in dem posthum erschienenen Werk »Die Religion der Gesellschaft«, »mag diese Frage ohne Bedeutung sein. Er kann das bezeichnen, was er glaubt, und sich daran halten. Er mag bestreiten, daß die Bezeichnung als Religion ihm etwas Zusätzliches bringt. Er mag sie sogar ablehnen, weil er darin eine Phänomenklassifizierung sieht, die ihn in eine Kategorie mit anderen Sachverhalten bringt, deren Glaubwürdigkeit er ablehnen würde. Der Begriff der Religion scheint dann ein Kulturbegriff zu sein, ein Begriff, der Toleranz impliziert.«[1] Die wissenschaftliche Beschäftigung mit dem Thema Religionslosigkeit und deren Derivaten steht in der Tat in einem engen Zusammenhang mit den Problemen des Religionsbegriffs und seiner angemessenen Erfassung, um die Theologen, Religionswissenschaftler und andere mit dem Thema befasste Disziplinen seit 200 Jahren erbitterte Deutungskämpfe führen.[2] Je nachdem, was man unter Religion versteht, so viel oder so wenig findet man von ihr in der modernen Gesellschaft. Die Frage nach dem Begriff der Religion stellt allerdings nicht die einzige Voraussetzung für eine Beschäftigung mit dem Thema Religionslosigkeit dar. Hinzu kommen mindestens noch zwei andere für die Frage relevante Aspekte. Zunächst impliziert das Problem der Religionslosigkeit immer auch eine Einschätzung der gesellschaftlichen Evolution.[3] Führt diese, wie die klassische Soziologie bis in die Mitte des vorigen

---

[1] N. LUHMANN, Die Religion der Gesellschaft, hrsg. v. A. KIESERLING, Frankfurt a. M. 2000, 7.

[2] Vgl. nur D. POLLACK, Was ist Religion? Versuch einer Definition, in: DERS., Säkularisierung – ein moderner Mythos? Studien zum religiösen Wandel in Deutschland, Tübingen 2003, 28-55; M. RIESEBRODT, Cultus und Heilsversprechen. Eine Theorie der Religionen, München 2007; C. DANZ, Die Deutung der Religion in der Kultur. Aufgaben und Probleme der Theologie im Zeitalter des religiösen Pluralismus, Neukirchen-Vluyn 2008.

[3] Vgl. G. PICKEL, Die Situation der Religion in Deutschland – Rückkehr des Religiösen oder voranschreitende Säkularisierung?, in: DERS./O. HIDALGO (Hrsg.), Religion und Politik im vereinigten Deutschland. Was bleibt von der Rückkehr des Religiösen, Wiesbaden

Jahrhunderts noch angenommen hat, mit zunehmender Modernisierung zum Verschwinden der Religion, oder erweist sich die moderne Gesellschaft als religionsproduktiv?

Hinzu kommt zweitens die Deutung der theologischen Entwicklung im 20. Jahrhundert. Sie ist für unsere Frage deshalb von Interesse, weil von ihrer Beantwortung der Beitrag der Theologie für die Erschließung der religiösen Lebenswelten der Moderne abhängt. Weithin traut man der Theologie nicht mehr zu, einen Beitrag zur analytischen Erschließung der religiösen Lebenswelten der Moderne zu leisten. In diesen Chor stimmen auch Theologen ein. So urteilte der Wiener Theologe Falk Wagner: »Wegen ihrer selbstinszenierten religionstheoretischen und religionsempirischen Enthaltsamkeit hat die Theologie längst dafür gesorgt, ihre im Neuprotestantismus erworbene Religionsdeutungskompetenz an Sozialwissenschaftler und Sozial- und Kulturhistoriker abzutreten, die auf den Feldern der Religions- und konfessionellen Milieuforschung zunehmend die Stimmführerschaft übernehmen.«[4] Die Theologie und insbesondere die Dogmatik sei im 20. Jahrhundert infolge der Dominanz der dialektischen Wort-Gottes-Theologie an den deutschsprachigen Fakultäten zu einer professionellen Theologentheologie von und für Berufstheologen geworden und habe die gelebte Religion der Individuen im Spannungsfeld von Individualität und Sozialität aus den Augen verloren. Die dogmatisch-normative Beschreibung der Religion sei deshalb durch eine neue Aufmerksamkeit auf die individuelle Religionskultur der Moderne zu ersetzen. »Da einzig die Individualität der Individuen das empirisch erfahrbare und theoretisch reflektierbare Subjekt der Religion bildet, sind alle anderen überempirischen und übernatürlichen Vorstellungssubjekte, die im Laufe langer religiöser und theologischer Traditionen aufgebaut worden sind, auf die Funktion zu reduzieren, die sie für den Aufbau und die Auslegung einer religiös sich verstehenden Individualität leisten können.«[5]

Man kann die theologische Entwicklung im 20. Jahrhundert freilich auch geradezu umgekehrt wie Wagner als Bemühung um einen vollzugsgebundenen Begriff der Religion lesen, die auf eine dogmatische Beschreibung des religiösen Aktes abzielt. Von der zuletzt genannten Lesart der theologischen Entwicklung gehe ich in meinen nachfolgenden Überlegungen zu der Frage, ob es so etwas wie Religionslosigkeit überhaupt gibt, aus. Um das Thema angemessen in Angriff nehmen zu können, müssen wir uns zunächst den Kontroversen über den Religionsbegriff zuwenden. Einzusetzen ist mit einem knappen Überblick über die religionssoziologische Debatte um den Begriff der Religion. Vor dem Hintergrund dieser Kontroversen und der in ihr zutage tretenden Probleme ist im zweiten Abschnitt ein analytisch gehaltvoller Begriff der Religion zu skizzieren. Er knüpft an die dogmatische Explikation des Glaubensaktes an und arbeitet

---

2013, 65-101; D. POLLACK, Säkularisierung – ein moderner Mythos? Studien zum religiösen Wandel in Deutschland, Tübingen 2003; M. WOHLRAB-SAHR, Religionslosigkeit als Thema der Religionssoziologie, in: Pastoraltheologie 90 (2001), 152-167.

[4] F. WAGNER, Metamorphosen des modernen Protestantismus, Tübingen 1999, 230.

[5] F. WAGNER, a. a. O., 186.

diesen zu einem theologischen Begriff der Religion aus. Abschließend werde ich mich im Ausgang von den vorgestellten Überlegungen zum Religionsbegriff dem Thema der Religionslosigkeit zuwenden.

1. Zur religionssoziologischen Rekonstruktion moderner Religion

Die Deutungen der modernen Gesellschaft waren bis in die Mitte des vergangenen Jahrhunderts noch von der Überzeugung getragen, dass die Religion zunehmend an Bedeutung und gesellschaftlicher Prägekraft verlieren wird.[6] Im Anschluss an die von Herbert Spencer, Georg Simmel und Arnold Gehlen ausgearbeiteten Evolutionstheorien sah man die gesellschaftliche Evolution von archaischen Gesellschaftsformationen auf die industrielle Gesellschaft und ihre Sozialstrukturen zulaufen. Dem korrespondierte die Herausbildung der Kirchensoziologie nach dem Zweiten Weltkrieg, welche Kirchlichkeit und Religiosität kurzschloss. Aus dem nicht zu übersehenden Bedeutungsverlust der institutionalisierten Religionsformen, dem Schwund an kirchlicher Mitgliedschaft in den Industrieregionen und dem Nachlassen kirchlicher Prägekraft für das Individual- und Sozialleben schloss man – wie schon in den Debatten in der Sattelzeit der Moderne – auf einen zunehmenden »Religionsindifferentismus«[7] und Religionszerfall in der modernen Gesellschaft. Gegen diese methodisch verengte Perspektive der Kirchensoziologie wandte sich seit den 1960er Jahren die sich im Rückgriff auf die soziologischen Klassiker Emil Durkheim und Max Weber etablierende moderne Religionssoziologie. Methodisch plädierte sie entschieden für eine Erweiterung der Kirchensoziologie zur Religionssoziologie. Dies setzt nicht nur einen erweiterten Religionsbegriff voraus, der nicht mehr mit der dogmatischen Selbstbeschreibung der kirchlichen Religionsform zusammenfiel, sondern auch einen veränderten Theorierahmen. In nahezu allen religionssoziologischen Konzeptionen, wie sie seit den 1960er Jahren ausgearbeitet wurden, avancierte – wie schon bei Weber selbst – der Sinnbegriff zum Schlüsselbegriff der Religionssoziologie. Dadurch wurde es möglich, Religion auch dort zu identifizieren, wo sie nicht in Form von Kirchlichkeit auftrat.

Für die weitere Debatte bestimmend wurden insbesondere zwei religionssoziologische Modelle: ein wissenssoziologisches und ein systemtheoretisches. Die wissenssoziologische Religionstheorie, wie sie etwa von Peter L. Berger und Thomas Luckmann vorgeschlagen wurde, zeichnet sich durch ein Doppeltes

---

[6] In diesem Abschnitt habe ich von Überlegungen Gebrauch gemacht, die in dem Aufsatz: Religion zwischen Öffentlichkeit und Privatheit. Zur Deutung der Religion in der Moderne, in: C. DANZ/A. RITTER (Hrsg.), Zwischen Kruzifix und Minarett. Religion im Fokus der Öffentlichkeit, Münster/New York/München/Berlin 2012, 157-168, publiziert wurden.

[7] Vgl. F. I. NIETHAMMER, Briefe über den Religions-Indifferentismus, in: Philosophisches Journal 4 (1796), 1-184.

aus. Sie arbeitet einerseits einen funktionalen Religionsbegriff aus, da nur dieser soziologisch relevant sei, und andererseits versucht sie, einen anthropologisch-funktionalen Religionsbegriff mit einer gesellschaftlichen Evolutionstheorie zu verbinden.[8] Auf dieser methodischen Grundlage versteht Luckmann Religion als einen Bestandteil des Sozialisationsprozesses, genauer, als die Aneignung einer sinnhaften Weltsicht durch das Individuum im Sozialisierungsprozess. »Sozialisation beruht auf den anthropologischen Bedingungen der Religion, der Individuation des Bewußtseins und des Gewissens in gesellschaftlichen Vorgängen, und aktualisiert sich in der subjektiven Aneignung des Sinnzusammenhangs, der eine geschichtliche Ordnung innewohnt.«[9] Die Transzendierung der biologischen Natur durch die Einbindung des Individuums in die Sinntradition einer konkreten Gesellschaftsordnung und die Aneignung einer Weltsicht erscheint bereits als ein religiöser Vorgang.[10] Religion ist damit nicht an Institutionen gebunden, so dass von dem Bedeutungsverlust der kirchlichen Organisationsformen in der Moderne nicht auf einen Bedeutungsverlust der Religion zurückgeschlossen werden kann. Vielmehr ändert die Religion ihre Formen. Aus der kirchlichen Form der Religion wird die unsichtbare, individualisierte Religion der Moderne.[11] Von einer Säkularisierung im Sinne eines Bedeutungsverlusts oder gar Verschwindens der Religion kann also keine Rede sein. Sie ändert in der Moderne ihre Form, so dass Säkularisierung als Entinstitutionalisierung und Privatisierung der Religion zu verstehen ist.[12]

Sinn ist auch der Grundbegriff der systemtheoretischen Religionssoziologie von Niklas Luhmann, des zweiten Modells, welches die nachfolgende Debatte

---

[8] Vgl. T. LUCKMANN, Das Problem der Religion in der modernen Gesellschaft, Freiburg 1963; P. L. BERGER/T. LUCKMANN, Die gesellschaftliche Konstruktion der Wirklichkeit. Eine Theorie der Wissenssoziologie, Frankfurt a. M. 1969. ³1980 (= The Social Construction of Reality, Garden City 1966); T. LUCKMANN/H. DÖRING/P. M. ZULEHNER, Anonymität und persönliche Identität, in: Christlicher Glaube in moderner Gesellschaft Bd. 25, Freiburg/Basel/Wien 1980, 8-22; T. LUCKMANN, Lebenswelt und Gesellschaft, Paderborn/München/Wien 1980; P. L. BERGER/T. LUCKMANN, Modernität, Pluralismus und Sinnkrise. Die Orientierung des modernen Menschen, Gütersloh 1995; T. LUCKMANN, Die unsichtbare Religion, Frankfurt a. M. 1991 (= The Invisible Religion, New York 1967. ²1970); DERS., Religion – Gesellschaft – Transzendenz, in: H.-J. HÖHN (Hrsg.), Krise der Immanenz. Religion an den Grenzen der Moderne, Frankfurt a. M. 1996, 112-127; DERS., Veränderungen von Religion und Moral im modernen Europa, in: Berliner Journal für Soziologie 12 (2002), 285-293; A. SCHÜTZ/T. LUCKMANN, Strukturen der Lebenswelt, Konstanz 2003 (Bd. 1, 1973; Bd. 2, 1984).

[9] T. LUCKMANN, Die unsichtbare Religion, 88f. Vgl. auch a. a. O., 108: »Religion wurzelt in einer grundlegenden anthropologischen Tatsache: Das Transzendieren der biologischen Natur durch den menschlichen Organismus.«

[10] Zu Luckmanns Begriff der Weltansicht vgl. T. LUCKMANN, Die unsichtbare Religion, 87-99. Zum Transzendenzverständnis Luckmanns und seiner inneren Stufung vgl. T. LUCKMANN, Religion – Gesellschaft – Transzendenz, 115-122.

[11] Vgl. T. LUCKMANN, Die unsichtbare Religion, 151-158.

[12] Vgl. T. LUCKMANN, a. a. O., 127; P. L. BERGER/T. LUCKMANN, Secularization and Pluralism, in: International Yearbook of the Sociology of Religion 2 (1966), 73-86, bes. 81.

nachhaltig bestimmte.[13] Im Unterschied zu Berger und Luckmann ist Luhmann freilich der Auffassung, der Bezugspunkt der Religion in der Moderne sei nicht das Individuum, sondern die Gesellschaft. »Religion löst nicht spezifische Probleme des Individuums, sondern erfüllt eine gesellschaftliche Funktion.«[14] Die Religion hat also keine anthropologische Funktion, wohl aber eine unverzichtbare gesellschaftliche. Die notwendige Funktion der Religion für die Gesellschaft besteht darin, Sinnvertrauen zu generieren. Diese Funktion der Religion ist das Resultat der gesellschaftlichen Entwicklung, die zu einer funktionalen Ausdifferenzierung der Gesellschaft in unterschiedliche Subsysteme führte, die nur noch ihrer eigenen Funktionslogik folgen.[15] Jedes gesellschaftliche System operiert im Medium Sinn, und jedes soziale System hat eine Umwelt, die es nur systemintern und damit selektiv wahrnehmen kann. Damit ist ein doppeltes Strukturproblem verbunden. Einerseits tritt in jedem System-Umwelt-Verhältnis die Duplizität von Bestimmtheit und Unbestimmtheit auf, und andererseits liegt die Eigenart von Sinn darin, zugleich komplexitätsreduzierend und komplexitätssteigernd zu sein. Beide genannten Aspekte sind offensichtlich strukturanalog: Das unreduzierbare Verhältnis von Bestimmtheit und Unbestimmtheit reproduziert sich fortlaufend in jeder Operation eines Systems. Mit diesem Strukturproblem ist nicht nur jedes gesellschaftliche System konfrontiert, aus diesem systemtheoretischen Abschlussproblem resultiert auch die gesellschaftliche Notwendigkeit der Religion: Angesichts der von den Systemen produzierten Überkomplexität von Sinn generiert sie Sinnvertrauen. Die Eigenlogik der Operationen des Religionssystems, ihren Code von Transzendenz und Immanenz sowie ihre Kontingenzformel können im Folgenden auf sich beruhen.[16] Wichtiger für unsere Überlegungen ist der aus der Systemtheorie resultierende Säkularisierungsbegriff. In seiner systemtheoretischen Reformulierung, in der er auch unverzichtbar ist, meint er weder einen Bedeutungsverlust der Religion für die Gesellschaft, noch einen Funktionsverlust der Religion oder gar ihr Ver-

---

[13] N. LUHMANN, Funktion der Religion, Frankfurt a. M. 1977. ³1992; DERS., Soziale Systeme. Grundriß einer allgemeinen Theorie, Frankfurt a. M. 1984. ⁵1994; DERS., Die Ausdifferenzierung der Religion, in: DERS., Gesellschaftsstruktur und Semantik. Studien zur Wissenssoziologie der modernen Gesellschaft Bd. 3, Frankfurt a. M. 1989. ⁴1993, 259-357; DERS., Die Gesellschaft der Gesellschaft, Frankfurt a. M. 1997; DERS., Die Religion der Gesellschaft, Frankfurt a. M. 2000; DERS., Einführung in die Systemtheorie, hrsg. v. D. BAECKER, Darmstadt ²2004. Zur Religionssoziologie Luhmanns vgl. R. DAHNELT, Funktion und Gottesbegriff. Der Einfluss der Religionssoziologie auf die Theologie am Beispiel von Niklas Luhmann und Falk Wagner, Leipzig 2009.

[14] N. LUHMANN, Die Ausdifferenzierung der Religion, 349.

[15] Vgl. N. LUHMANN, a. a. O., 259-357.

[16] Vgl. N. LUHMANN, a. a. O., 350-357. Vgl. dazu F. WAGNER, Kann die Religion der Moderne die Moderne der Religion ertragen? Religionssoziologische und theologisch-philosophische Erwägungen im Anschluß an Niklas Luhmann, in: C. DANZ/J. DIERKEN/M. MURRMANN-KAHL (Hrsg.), Religion zwischen Rechtfertigung und Kritik. Perspektiven philosophischer Theologie, Frankfurt a. M. 2005, 173-201, bes. 175-189; R. DAHNELT, Funktion und Gottesbegriff, 134-144.

schwinden aus der Gesellschaft, sondern den Vorgang der funktionalen Ausdifferenzierung der Gesellschaft.[17] »Säkularisierung können wir begreifen als die *gesellschaftsstrukturelle* Relevanz der *Privatisierung* religiösen Entscheidens. Weder begrifflich noch theoretisch ist damit ein Funktionsverlust oder auch nur ein Bedeutungsverlust der Religion schlechthin postuliert. [...] Er orientiert sich an dem allgemeinen Problem, das eine strukturell erzwungene Privatisierung des Entscheidens gesellschaftsstrukturelle [...] Konsequenzen hat und darüber hinaus einschneidende Restriktionen auf die Form der sozialen Ordnung setzt, die dann noch möglich ist; und er bezeichnet die Konsequenzen dieses Zusammenhangs von strukturellen Bedingungen für den Bereich der Religion.«[18] Denn funktionale Ausdifferenzierung meint ja nichts anderes, als dass jedes System in selbstreferentieller Geschlossenheit nur noch seiner Eigenlogik folgt, also keine religiöse Funktion mehr wahrnimmt. Die Umwelt des Religionssystems erscheint aus dessen Perspektive als säkular, aber das besagt nichts über die Religion und ihre notwendige gesellschaftliche Bedeutung.

In beiden religionssoziologischen Modellen behält die Religion auch in der modernen Gesellschaft eine grundlegende Funktion, sei es für die Einbindung des Individuums in die Gesellschaft oder für diese selbst. Religion und moderne Gesellschaft schließen sich also nicht aus.

2. Zur Kritik am religionssoziologischen Religionsbegriff

Den beiden kurz skizzierten religionssoziologischen Beschreibungen von Religion und moderner Gesellschaft kommt das Verdienst zu, sowohl den Religionsbegriff als auch das Verständnis der modernen Gesellschaft präzisiert zu haben. Was zunächst den Begriff der Religion betrifft, so ist deutlich, dass die ältere kirchensoziologische Fassung, welche diese mit ihrer kirchlichen Sozialform identifizierte, zu eng ist, um die Transformationsprozesse von Religion und Gesellschaft seit der Sattelzeit der Moderne angemessen zu rekonstruieren.[19] Auch der Ertrag des religionssoziologischen Säkularisierungsbegriffs ist nicht zu gering zu veranschlagen. In ihm überschneiden sich, was oft betont wird, die unterschiedlichsten Motive und Interessen. So wird der Begriff als kirchenrechtliche Kategorie gebraucht, aber auch als historiographische Kategorie, als Eman-

---

[17] Vgl. N. LUHMANN, Die Ausdifferenzierung der Religion, 268f: »Im Effekt führt das dazu, daß die Funktionssysteme auch in der Definition dessen, was für sie System und Umwelt ist, autonom werden. [...] Jedes System arbeitet mit einer eigenen Bestimmung dessen, was für es Umwelt ist, und diese Bestimmungen sind untereinander unvergleichbar. Die gesellschaftliche Relevanz liegt nur noch in der eigenen Funktion sowie darin, daß diese Funktion durch Ausgrenzung aus der innergesellschaftlichen Umwelt erfüllt werden muß, die sich, so muß man unterstellen, der anderen Funktion annimmt.«

[18] N. LUHMANN, Funktion der Religion, 232f. Vgl. auch DERS., Die Religion der Gesellschaft, 278-319.

[19] Vgl. H. LEHMANN (Hrsg.), Säkularisierung, Dechristianisierung, Rechristianisierung im neuzeitlichen Europa. Bilanz und Perspektiven der Forschung, Göttingen 1997.

zipationsbegriff, als ideenpolitischer Kampfbegriff, der sich positiv oder negativ wenden lässt, und schließlich als theologische Kategorie.[20] Angesichts dieser Überlagerungen und Identifikationen, die mit dem Säkularisierungsbegriff einhergehen, bedeutet das religionssoziologische Verständnis von Säkularisierung als gesellschaftliche Ausdifferenzierung eine wichtige begriffliche Klärung – auch wenn man nicht gewillt ist, die weitreichenden Konsequenzen zu teilen, die sich mit diesem Säkularisierungsbegriff verbinden.[21]

Die von der neueren Religionssoziologie vorgenommene Funktionsbestimmung führte dazu, Formen der Religion zu analysieren, die von den Mustern kirchlich institutionalisierter Religion abweichen. Das ganze Spektrum eines Christentums »außerhalb der Kirche«, wie es sich im 19. Jahrhundert herausgebildet hatte, kam mit dem veränderten methodischen Ansatz erst in den Blick, von den vielfältigen Formen moderner, individualisierter Gegenwartsreligion ganz zu schweigen.[22] Das funktionale Religionsverständnis birgt indes auch seine Gefahren. Sie dürfen nicht zuletzt darin gesehen werden, dass der Religionsbegriff selbst unscharf wird und seine analytische Prägnanz verliert. Wenn jede Sinnsuche als Religion verbucht werden kann, dann wird der Religionsbegriff geradezu inflationär.[23] Damit ist das gravierendste Problem dieses Religionsbegriffs noch gar nicht benannt. Es besteht in der Unterstellung einer den Teilnehmern selbst unbewussten Religion. Letztlich entscheidet also der Religionssoziologe über das Vorkommen von Religion und Religionslosigkeit. Luhmanns systemtheoretischer Religionsbegriff ist – wenn auch auf der theoretischen Ebene – mit einem ähnlich gelagerten Problem konfrontiert. Wenn die Notwendigkeit der Religion allein aus einem systemtheoretischen Abschlussproblem resultiert, dann fragt es sich, wie man unter Absehung von den individuellen religiösen Vollzügen überhaupt zu einem gehaltvollen Begriff der Religion gelangen soll.[24]

Die Kritik an der europäischen Säkularisierungsdebatte, wie sie etwa von José Casanova und Charles Taylor aus einer nordamerikanischen Perspektive

---

[20] Zu den Dimensionen des Religionsbegriffs vgl. U. BARTH, Säkularisierung und Moderne, Die soziokulturelle Transformation der Religion, in: DERS., Religion in der Moderne, Tübingen 2003, 127-165; H. LÜBBE, Säkularisierung. Geschichte eines ideenpolitischen Begriffs, Freiburg/München 1965; D. POLLACK, Säkularisierung – ein moderner Mythos?; G. MARRAMAO, Art.: Säkularisierung, in: HWPh Bd. 8, Basel 1992, 1133-1162.

[21] Vgl. auch U. BARTH, Säkularisierung und Moderne, 161f.

[22] Vgl. C. TAYLOR, Die Formen des Religiösen in der Gegenwart, Frankfurt a. M. 2002, 71-96; A. HONER/R. KURT/J. REICHERTZ (Hrsg.), Diesseitsreligion. Zur Deutung der Bedeutung moderner Kultur, Konstanz 1999; K. GABRIEL (Hrsg.), Religiöse Individualisierung oder Säkularisierung. Biographie und Gruppe als Bezugspunkte moderner Religiosität, Gütersloh 1996.

[23] Vgl. G. DUX, Ursprung, Funktion und Gehalt der Religion, in: Internationales Jahrbuch für Religionssoziologie 8 (1973), 7-67.

[24] Vgl. hierzu auch F. WAGNER, Kann die Religion der Moderne die Moderne der Religion ertragen?, 173-201.

vorgetragen wurde,[25] hat ihren Anhalt vor allem an dem gesellschaftlichen Entwicklungsmodell, welches den religionssoziologischen Säkularisierungstheorien zugrunde liegt.[26] Die Unterscheidung von – mit Gehlen gesprochen – archaischer Gesellschaft, Hochkultur und Industriegesellschaft und die Unterstellung eines Entwicklungsmodells, wie differenziert im Einzelnen auch immer ausgeführt, ist in der Tat etwas »zu grobmaschig angelegt«.[27] Schon der Blick auf die frühe Neuzeit und die sich in der Reformation herausbildenden Unterscheidungen von Kirche und Staat oder von Amt und Person lassen sich nur sehr schwer auf eine stratifikatorische Sozialstruktur abbilden und wären angemessener als Vorläufer funktionaler Differenzierung zu beschreiben. Auf diesen Gesichtspunkt hatten bereits Max Weber und Ernst Troeltsch in ihren Studien zur Genese der modernen Gesellschaft hingewiesen und insbesondere dem Protestantismus eine grundlegende Bedeutung für die Herausbildung der modernen Welt beigemessen – ohne freilich das Wesen des modernen Geistes monokausal auf die Religion zurückzuführen.[28] Der einschlägige Begriff, mit dem Weber und Troeltsch die Eigenart der Moderne zu beschreiben suchten, lautet denn auch Rationalisierung. Die »ungeheurere Rationalisierung des Lebens«[29] und die Steigerung der Eigengesetzlichkeiten der sozialen Funktionssysteme führen dazu, um mit Webers berühmter Metapher zu reden, dass der »letzte Zentner fossilen Brennstoffs verglüht«.[30] In der modernen Gesellschaft stehen keine übergreifenden Ordnungsrahmen mehr zur Verfügung, seien diese nun kosmologischer, metaphysischer oder religiöser Natur.

---

[25] Vgl. J. CASANOVA, Das Problem der Religion und die Ängste der säkularen europäischen Demokratien, in: DERS., Europas Angst vor der Religion, Berlin 2009, 7-30; C. TAYLOR, A Secular Age, Cambridge/London 2007. Zu Taylors Deutung der Entwicklungsgeschichte der Moderne vgl. C. DANZ, Religion im Zeitalter der Säkularisierung. Überlegungen zur Religion in der modernen Kultur im Anschluss an Charles Taylor, in: M. KÜHNLEIN (Hrsg.), Kommunitarismus und Religion, Berlin 2010, 251-262. Zur Debatte vgl. auch I. U. DALFERTH, Post-secular Society. Christianity and the Dialectics of the Secular, in: Journal of the American Academy of Religion 78 (2010), 317-345.

[26] Vgl. C. TAYLOR, Die immanente Gegenaufklärung. Christentum und Moral, in: L. NAGL (Hrsg.), Religion nach der Religionskritik, Wien 2003, 60-85, bes. 61.

[27] U. BARTH, Säkularisierung und Moderne, 161.

[28] Vgl. M. WEBER, Die protestantische Ethik und der ›Geist‹ des Kapitalismus, Frankfurt a. M. 1993; DERS., Vorbemerkung [zu: Gesammelte Aufsätze zur Religionssoziologie] [1920], in: DERS., Rationalisierung und entzauberte Welt. Schriften zu Geschichte und Soziologie, Leipzig 1989, 238-252. E. TROELTSCH, Die Bedeutung des Protestantismus für die Entstehung der modernen Welt, in: DERS., Schriften zur Bedeutung des Protestantismus für die moderne Welt (1906-1913) (= KGA Bd. 8), Berlin/New York 2001, 199-316; DERS., Das Wesen des modernen Geistes, in: DERS., Aufsätze zur Geistesgeschichte und Religionssoziologie (= Gesammelte Schriften Bd. 4), Tübingen 1925 (= ND Aalen 1966), 297-338.

[29] E. TROELTSCH, Das Wesen des modernen Geistes, 309.

[30] M. WEBER, Die protestantische Ethik und der ›Geist‹ des Kapitalismus, 153. Vgl. U. BARTH, Säkularisierung und Moderne, 163.

Die angedeuteten Schwierigkeiten des religionssoziologischen Religionsbegriffs sowie des mit diesem verbundenen Säkularisierungsverständnisses lassen sich nur dann einer konstruktiven Lösung zuführen, wenn der Religionsbegriff so mit der Teilnehmerperspektive verknüpft wird, dass der Gewinn der funktionalen Erweiterung nicht verspielt wird.[31] Allerdings ist nicht – wie in den funktionalen Religionstheorien – nach der Funktion der Religion für die Gesellschaft oder das Individuum zu fragen, sondern nach der der religiösen Gehalte für den religiösen Akt. Religion ist ein strikt selbstbezügliches Geschehen, welches sich selbst als solche bezeichnet und darstellt. Die Konturen dieses Begriffs der Religion sind im Folgenden noch etwas schärfer zu zeichnen.

Ein angemessenes Verständnis der Religion hat nicht nur die Teilnehmerperspektive einzubeziehen, sondern auch deren Vollzugsgebundenheit. Religion ist nur im und als das Geschehen des Sich-Verstehens menschlichen Lebens wirklich. Sie entsteht gewissermaßen erst in diesem Vollzug und seines reflexiven Wissens um sich. Damit ist eine weitere Konsequenz verbunden. Sie besteht darin, dass sowohl das Selbst als auch der Gehalt zugleich in dem religiösen Akt entstehen. Weder das Selbst noch der Gehalt sind also als fixe Größen der Religion vorauszusetzen.[32] Vielmehr bezeichnet sich mit dem religiösen Gehalt der Akt selbst. Letzterer bezieht sich auf sich selbst und stellt sein reflexives Sich-Verstehen für sich selbst dar. Das Geschehen des Sich-Verstehens, also der religiöse Akt, bezieht sich mit dem Gottesgedanken auf sich selbst und stellt seine eigene Selbsterschlossenheit dar. Gott ist allein im Glauben beim Menschen, nämlich im und als das Geschehen menschlichen Sich-Verstehens. Der Gottesgedanke repräsentiert die Unbedingtheit und die Durchsichtigkeit, welche der Glaube ist. Allein deshalb gehören Gott und Glaube zuhauf (Martin Luther), und außerhalb des Glaubens findet man lediglich den Teufel.

Religion als reflexives Geschehen im Selbstverhältnis des Menschen ist weder aus kulturellen noch aus anthropologischen Voraussetzungen ableitbar. Darin dürfte die Pointe der offenbarungstheologischen Weiterbestimmung der Religion im 20. Jahrhundert bestehen. Zur bewussten Religion gehört das Wissen um die Unableitbarkeit ihres eigenen Entstehens. Darin liegt der Gehalt des Offenbarungsbegriffs. Er beinhaltet weder eine Übermittlung von Lehrgehalten, wie in der altprotestantischen Dogmatik, noch markiert er eine Synthese von gleichsam objektiven und subjektiven Momenten, wie in der neueren Dogmatik seit Richard Rothes Unterscheidung von Manifestation und Inspiration.[33] Offen-

---

[31] Das ist auch die Intention von M. PETZOLDT, Religion: Außen- und Innensicht. Systematisch-theologische Standortbestimmung, in: H. BEDFORD-STROM (Hrsg.), Religion unterrichten. Aktuelle Standortbestimmung im Schnittpunkt zwischen Kirche und Gesellschaft, Neukirchen-Vluyn 2003, 56-95.

[32] Vgl. hierzu F. WITTEKIND, Zwischen Religion und Gott. Überlegungen zum Selbstverständnis und zur Begründung einer protestantischen dogmatischen Theologie, in: H. NAGL-DOCEKAL/F. WOLFRAM (Hrsg.), Jenseits der Säkularisierung. Religionsphilosophische Studien, Berlin 2008, 351-384, bes. 373-384.

[33] Vgl. R. ROTHE, Zur Dogmatik, Gotha ²1869, 54-119; vgl. hierzu C. DANZ, Einführung in die evangelische Dogmatik, Darmstadt 2010, 44-65.

barung ist eine religiöse Reflexionskategorie. Mit ihr bezeichnet der religiöse Akt sein Wissen um sein eigenes unableitbares Entstehen sowie die strikte Bindung der Religion an das Geschehen des Sich-Verstehens. Religion als personaler Vollzug entsteht schließlich allein in der Geschichte. Menschliches Sich-Verstehen ist stets ein inhaltlich geschichtlich eingebundenes. Das betrifft auch die symbolischen Formen, in denen sich das Sich-Verstehen darstellt. Sie werden einerseits rezipiert und andererseits transformiert. Religion als bewusster Vollzug realisiert sich stets in der Spannung von überlieferten Gehalten und deren produktiver Umformung.[34] Die geschichtliche Einbindung des religiösen Aktes ist folglich ein konstitutiver Bestandteil des Religionsbegriffs. Das ist der Gehalt der dogmatischen Reflexion der Religion unter dem Gesichtspunkt des Schriftbezugs. Dieser bringt zugleich die geschichtliche Bestimmtheit der Religion durch inhaltliche Gehalte sowie die bleibende Notwendigkeit individueller Aneignung und Umformung dieser Gehalte als Darstellungen des Sich-Verstehens zum Ausdruck.[35] Der religiöse Akt ist folglich nicht nur im Hinblick auf seine Entstehung in der Geschichte unableitbar, sondern ebenso sind die inhaltlichen Formen, in denen er sich darstellt, kontingent. Sie könnten damit grundsätzlich auch anders sein. Aber auch als andere müssen sie notwendig konkret sein.

Damit sind Aspekte eines vollzugsgebundenen Begriffs der Religion benannt, der die Teilnehmerperspektive aufnimmt. Er resultiert aus der dogmatischen Beschreibung des Glaubensaktes. Dogmatik ist selbst schon eine Darstellung des selbstreflexiven religiösen Aktes, freilich aus der Perspektive eben dieses Aktes selbst. Insofern beinhaltet sie – und zwar gerade als theologische Dogmatik – eine Theorie der Religion. Deren Grundlage ist das Selbstverhältnis des menschlichen Bewusstseins und dessen Darstellung, in denen sich das Selbst erst herstellt und sich mit einem selbstgeschaffenen Bild über sich selbst verständigt. Die religiösen Inhalte – also die Darstellungen des Sich-Verstehens des Menschen – beziehen sich auf die reflexive Durchsichtigkeit des religiösen Aktes selbst. Sie haben also eine Funktion für den religiösen Akt selbst, insofern er sich allein durch selbstgeschaffene Bilder in der Spannung von geschichtlicher Abhängigkeit der symbolischen Medien und deren Umformung artikulieren kann.

3. Die moderne Gesellschaft zwischen Religion und Religionslosigkeit

Wie stellt sich das komplexe und nicht einfach zu entwirrende Verhältnis von Religion, Religionslosigkeit und moderner Gesellschaft aus der Perspektive der vorgestellten Überlegungen dar? Ist die Moderne säkularisiert und religionslos?

---

[34] Vgl. F. WITTEKIND, Zwischen Religion und Gott, 379.
[35] Vgl. hierzu C. DANZ, Einführung in die evangelische Dogmatik, 85-88.

Oder drängt die Religion in die Funktionsbereiche der modernen Gesellschaft, wie das Stichwort der Wiederkehr der Religion suggeriert? In seinem Aufsatz »Die Ausdifferenzierung der Religion« hatte bereits Niklas Luhmann auf die Folgelasten der funktionalen Ausdifferenzierung der Gesellschaft für die Religion hingewiesen. Sie betreffen vor allem das Verhältnis von Inklusion und Exklusion. »Während kein Individuum auf Teilnahme an Ökonomie, an Erziehung, an Rechtsschutz verzichten kann und Inklusion in diese Funktionsbereiche praktisch erzwungen wird, gilt für Religion (wie zum Beispiel auch für Kunst) das Gegenteil. Man kann geboren werden, leben und sterben, ohne an Religion teilzunehmen; und auch wenn die Religion sagen wird, daß dies alles in Gottes Welt geschieht, kann der Einzelne dies schadlos ignorieren. Die Möglichkeit religionsfreier Lebensführung ist als empirisches Faktum nicht zu bestreiten, und das Religionssystem findet sich mit dieser Tatsache konfrontiert.«[36] Doch was ist unter Religionslosigkeit überhaupt genauer zu verstehen?[37]

Matthias Petzoldt hat sich dem in Frage stehenden Thema der Religionslosigkeit in einer Reihe von Untersuchungen aus der Perspektive des Religionsbegriffs zugewandt. In seinem Aufsatz »Religion: Außen- und Innensicht. Systematisch-theologische Standortbestimmung« plädiert er für einen differenzierten Begriff der Religion vor dem Hintergrund der modernen Problemgeschichte[38] und unterscheidet Religionslosigkeit von Atheismus, Konfessionslosigkeit und religiöser Indifferenz.[39] Atheismus, selbst ein hochgradig komplexer und vor allem unscharfer Begriff, konnte in der Geschichte des Christentums auch mit Religionslosigkeit identifiziert werden, jedenfalls dann, wenn man Religion mit Gottesglaube in welcher Form auch immer in eins setzte. Die bekannte Glei-

---

[36] N. LUHMANN, Die Ausdifferenzierung der Religion, 349. Vgl. hierzu F. WAGNER, Kann die Religion der Moderne die Moderne der Religion ertragen?, 173-201.

[37] Vgl. hierzu auch G. PICKEL, Die Situation der Religion in Deutschland, 65-101; DERS., Atheistischer Osten und gläubiger Westen? Pfade der Konfessionslosigkeit im innerdeutschen Vergleich, in: DERS./K. SAMMET (Hrsg.), Religion und Religiosität im Vereinigten Deutschland. Zwanzig Jahre nach dem Umbruch, Wiesbaden 2011, 43-78; D. POLLACK, Rückkehr des Religiösen? Studien zum Wandel in Deutschland und Europa, Tübingen 2009; M. WOHLRAB-SAHR, Religionslosigkeit als Thema der Religionssoziologie, in: Pastoraltheologie 90 (2001), 152-167.

[38] Vgl. M. PETZOLDT, Religion: Außen- und Innensicht, 73: »Unter ›Religion‹ verstehe ich die jeweils geschichtlich gewachsene Orientierung einer Menschengemeinschaft, in welcher der/die Einzelne seine/ihre Vorfindlichkeit transzendiert, d.h. über sich hinausgreift bei der Suche nach Sinn, bei der Bewältigung von Kontingenzen des Lebens, im Bedürfnis nach gesellschaftlicher Integration, in der intersubjektiven Ausdifferenzierung von Werten usw. Während der Begriff *Religion* das jeweils geschichtlich gewachsene System von Symbolen und Ritualen mit seinen spezifischen Erzählformen sowie die institutionellen Strukturen der Orientierungsgemeinschaft im Blick hat, hebt der Begriff *Religiosität* ab auf die individuelle Symbol- und Ritualpraxis sowie auf den individuellen Vollzug des Transzendierens (bei der Suche nach Sinn usw.).«

[39] Vgl. M. PETZOLDT, a. a. O., 83-85.

chung »kein Gott, keine Religion«[40] wurde bekanntlich erst durch Johann Gottlieb Fichte in seinen Schriften zum Atheismusstreit und ihm folgend durch Friedrich Schleiermacher in seinen Reden »Über die Religion« aufgelöst. Fichte hatte die Gottesvorstellung als eine gegenüber der religiösen Gewissheit sekundäre Reflexionsleistung verstanden, und für Schleiermacher ist, wie er in den »Reden« bekennt, »die Gottheit nichts anders [...] als eine einzelne religiöse Anschauungsart«, so dass »eine Religion ohne Gott beßer sein kann, als eine andre mit Gott«.[41] Vor dem Hintergrund des modernen Religionsbegriffs kann folglich Gottlosigkeit »nicht mit Religionslosigkeit oder religiöser Indifferenz gleichgesetzt werden«.[42]

Was Konfessionslosigkeit betrifft, so mag sie zwar empirisch einfacher zu erfassen sein als Religionslosigkeit, aber aus dem Rückgang der Mitglieder einer institutionellen Religion ist, wie die Überlegungen zur Kirchen- und Religionssoziologie gezeigt haben, nicht umstandslos auf ein Verschwinden der Religion oder ein religionsfreies Selbstverständnis von Menschen zu schließen.[43] Beide sind mithin unter den Bedingungen der modernen Gesellschaft nicht identisch.

Vor dem Hintergrund seiner Unterscheidung im Begriff der Religion zwischen Religion und Religiosität versteht Petzoldt unter Religionslosigkeit »den Ausfall von Religion« und beschreibt ihn wie folgt näher: »*Religionslosigkeit* thematisiert das Phänomen auf der Ebene geschichtlich gewachsener Orientierung und Strukturierung einer Menschengemeinschaft: Das Teilsystem Religion wird – zumindest regional – in der ausdifferenzierten Gesellschaft abendländischer Kultur bedeutungslos, weil seine Leistungen für die Gesellschaft (Kontingenzbewältigung, gesellschaftliche Integration, Bildung von Werten und Normen) von anderen Teilsystemen – wie etwa von Wirtschaft oder Wissenschaft oder Recht – übernommen werden.«[44] Der genannten Bestimmung zufolge ist Religionslosigkeit identisch mit dem religionssoziologischen Säkularisierungsbegriff, wie er oben skizziert wurde. Die funktionale Ausdifferenzierung der Gesellschaft in unterschiedliche Subsysteme, welche allein ihrer eigenen Funktionslogik folgen, lässt sich jedoch auch als Autonomisierung der Religion verstehen. Diese bezieht sich nicht mehr auf politische, rechtliche etc. Funktionen, sondern auf sich selbst als religiöse Kommunikation. Diesem Befund entspricht, dass sich die modernen Religionstheorien von Johann Salomo Semler, Johann Gottfried Herder und Friedrich Schleiermacher gerade in der »Sattelzeit der Moderne« (Reinhart Koselleck) herausgebildet haben.

---

[40] F. SCHLEIERMACHER, Über die Religion. Reden an die Gebildeten unter ihren Verächtern (1799), hrsg. v. G. MECKENSTOCK, Berlin/New York 1999, 111.
[41] F. SCHLEIERMACHER, Über die Religion, 111f.
[42] M. PETZOLDT, Religion: Außen- und Innensicht, 83.
[43] Vgl. hierzu auch M. WOHLRAB-SAHR, Religionslosigkeit als Thema der Religionssoziologie, 153-156.
[44] M. PETZOLDT, a. a. O., 84.

Von der Religionslosigkeit unterscheidet Matthias Petzoldt religiöse Indifferenz. Sie »thematisiert den Tatbestand auf der Ebene von Religiosität als subjektivem Vollzug von Religion: Auf den Begriff gebracht wird hiermit der Ausfall des Vollzugs von Religion auf dem Hintergrund des Ausfalls von Transzendierung«.[45] Vor dem Hintergrund der vorgestellten Überlegungen zu einem vollzugsgebundenen Begriff der Religion, welcher die Teilnehmerperspektive einbezieht, scheint mir in dieser Bestimmung der Kern des Phänomens der Religionslosigkeit zu liegen. »Der Versuch, das Unbestimmbare durch Bestimmungen [...] gänzlich auszuschalten« – so Monika Wohlrab-Sahr in ihrer Leipziger Antrittsvorlesung – »ist sicher ein zentraler Aspekt von Religionslosigkeit«.[46] Unter Religionslosigkeit wäre demnach ein solcher menschlicher Selbst- und Weltumgang zu verstehen, der explizit auf religiöse Deutungen verzichtet.

Aber kann man nicht auch dann religiös sein, wenn auf explizite religiöse Deutungen verzichtet wird? Ist nicht jedes menschliche Leben mit der Spannung von Bestimmtheit und Unbestimmtheit konfrontiert, zu dem es sich verhalten muss, ob es will oder nicht? Und lässt sich die Unbestimmtheit des eigenen Lebens wirklich sistieren? Auch wenn man diese Fragen bejaht, so wäre es fatal, daraus die Konsequenz zu ziehen, so etwas wie Religionslosigkeit gebe es nicht. Eine solche Sicht ist nur sinnvoll unter der Voraussetzung, Religion sei geradezu konstitutiv für das Menschsein als solches.[47] Ohne Religion wäre der Mensch dann aber auch irgendwie defizitär, da er, um mit Wolfhart Pannenberg zu reden, »nur in der Gottesbeziehung ganz zu sich selbst kommen kann«.[48] Allerdings ist nicht nur der Preis eines solchen Begriffs der Religion sehr hoch – er wird bezahlt mit analytischer Unschärfe sowie einer Erneuerung der alten Erbsündenlehre –, auch um seine empirische Triftigkeit ist es nicht gut bestellt.[49]

---

[45] Ebd.

[46] M. WOHLRAB-SAHR, Religionslosigkeit als Thema der Religionssoziologie, 167.

[47] Von dieser Annahme ging die Debatte um den funktionalen Begriff der Religion und dessen theologische Rezeption in Form von Anthropologien in den 1970er und 1980er Jahren aus. Vgl. nur H. LÜBBE, Religion nach der Aufklärung, Graz/Wien/Köln ²1990; W. PANNENBERG, Anthropologie in theologischer Perspektive, Göttingen 1983.

[48] W. PANNENBERG, a. a. O., 70.

[49] Vgl. hierzu auch M. WOHLRAB-SAHR, Erfolg und Folgen verwissenschaftlicher Religionskritik. Das Experiment DDR und die Spannungen der Moderne, in: U. BARTH/C. DANZ/W. GRÄB/F.W. GRAF (Hrsg.), Aufgeklärte Religion und ihre Probleme. Schleiermacher – Troeltsch – Tillich, Berlin/Boston 2013, 43-64.

Religionslosigkeit – gibt es das überhaupt?

Koreferat zum Umgang mit dieser Frage durch Christian Danz

Wolf Krötke

»Omnis aequivocatio mater errorum« – der Gleichklang der Worte, die etwas Verschiedenes bedeuten, ist die Mutter der Irrtümer – hat Martin Luther in der »Disputatio de sententia« von 1539 gesagt.[1] Auf kaum ein von Theologie, Philosophie und Religionswissenschaft heute benutztes Wort trifft das so sehr zu, wie auf den Begriff der »Religion«. Sein Zwie- ja Mehrklang ist schon im Titel des Vortrags zu vernehmen, zu dem ich Stellung nehmen soll. Dass es heute Massen von Menschen gibt, die sagen, sie hätten keine Religion und sie seien auch nicht »religiös«, duldet eigentlich überhaupt keinen Zweifel. Wer ihn dennoch hegt, dem sei einmal ein Hausbesuchstag z. B. in Berlin-Marzahn empfohlen. Nachdem er vielmals gehört hat: »Ich habe mit Religion nichts zu tun. Lassen sie mich damit in Ruhe«, wird er am Abend des Tages bestimmt nicht fragen: »Religionslosigkeit – gibt es das überhaupt«?

Es reicht aber auch, z. B. das Buch von Rita Kuczynski mit dem Titel »Woran glaubst du eigentlich? Weltsicht ohne Religion« zur Kenntnis zu nehmen.[2] Dieses Buch mit 80 Interviews ost- und westdeutscher sich »religionslos« verstehender Menschen wird zudem helfen, die Frage zu stellen: Was meinen die Menschen überhaupt, die sagen, sie hätten mit Religion nichts zu tun und seien auch nicht religiös? Doch eine solche für die *Begegnung* von Kirche und Gemeinde mit Menschen, die sich selbst als »religionslos« ansehen, eminent wichtige Frage leitet den Vortrag von Christian Danz nicht.

Diese Enthaltsamkeit könnte dadurch gerechtfertigt sein, dass es ja möglich ist, dass die Menschen sich irren, wenn sie sich für »religionslos« halten. Zur Phänomenologie des Religiösen gehört zweifellos – noch einmal mit Luther geredet – sein Herz auf etwas zu hängen.[3] Treffen wir so etwas nicht auch in dem Milieu an, in dem die Menschen sich für »religionslos« halten? Die mehr oder weniger irrationale Verehrung von Personen und Trends der Unterhaltungsindustrie und des Sports, das Bedürfnis nach Ritualisierungen der Lebensetappen,

---

[1] Vgl. Martin Luther, WA 39/II, 28, 28.

[2] Vgl. Rita Kuczynski, Woran glaubst Du eigentlich? Weltsicht ohne Religion, Berlin 2013.

[3] Vgl. die Erklärung zum 1. Gebot im Großen Katechismus in: Die Bekenntnisschriften der evangelisch-lutherischen Kirche, herausgegeben im Gedenkjahr der Augsburgischen Konfession 1530, Göttingen ⁴1959, 560 (Abk.: BSLK).

die Hingabe an mittlere, kleine und ganz kleine Transzendenzen in der Immanenz, die dem eigenen Leben so etwas wie Sinn geben – d. h. einen Zusammenhang, in den es gehört – ist das nicht auch »Religion«? Belehrt uns die Soziologie
nicht, dass die Säkularisierung die gesellschaftsintegrierende Funktion der Religion keineswegs überflüssig, sondern nur »transformiert« hat, so dass alle in
der Gesellschaft an der Funktion von Religion partizipieren, auch wenn sie keine explizit und ausdrücklich religiösen Vollzüge kennen?

Bei dieser letzten Frage verweilt der Vortrag erstaunlicherweise ausführ-
lich. Er führt uns noch einmal vor Augen, welchen Anlass – von anderen Religionstheorien abgesehen – die *religionssoziologische* Forschung der letzten 50
Jahre gegeben hat, in Frage zu stellen, ob es Religionslosigkeit überhaupt »gibt«.
Das Ergebnis dieser Durchmusterung ist freilich widersprüchlich. Auf der einen
Seite gilt: Das funktionale Religionsverständnis der Soziologie habe den Religionsbegriff »entscheidend präzisiert«, weil sie ihn von der »kirchlichen Sozialform« gelöst habe. Auf der anderen Seite wird kritisiert, dass dieser Begriff hier
mitnichten präzisiert, sondern im Gegenteil »unscharf« werde, geradezu »inflationär« gebraucht werden könne und zur Unterstellung einer »unbewussten
Religion« von Menschen führe. Demgegenüber soll das, was als »Religion« zu
verstehen ist, aus der sogenannten »Teilnehmerperspektive«, nämlich dem religiösen Akt selbst, wie ihn Menschen vollziehen, erschlossen werden. Dieses
Vorhaben ist insofern aber den soziologischen Einsichten verpflichtet, als es
entsprechend der *Individualisierung* und *Pluralisierung* von Religion auch seine
Zugehörigkeit zur sogenannten »modernen Gesellschaft« unter Beweis stellen
möchte, indem es sich auf den *subjektiv-individuellen religiösen Akt* in seinem
Vollzug konzentriert.

Welcher *konkrete Akt* dabei die Basis der Analyse ist, wird aufgrund der
abstrakten Formalisierung eines solchen Aktes nicht ganz klar. Geht es um das
Beten als dem Grundakt eines Glaubenden? Geht es um das Singen als dem
Lobpreis Gottes? Geht es um das Hoffen? Geht es um das Halten der Gebote?
Geht es um das Verkündigen? So, wie dieser Akt geschildert wird, ist offenkundig bloß der *nackte Glaube* ohne die Vollzüge gemeint, die zu ihm gehören. Im
Blick ist dabei außerdem nur der *christlich*-religiöse Akt. Von ihm wird gesagt,
dass er auf Offenbarung – vermittelt durch die Schrift – angewiesen und insofern »unableitbar« und »kontingent« ist. Nur ihm ist Gott erschlossen, weshalb
Martin Luthers Satz aus der Erklärung zum Ersten Gebot im Großen Katechismus zitiert wird, der da heißt: »Gott und Glaube gehören zuhaufe«.[4] Das ist zutreffend. Dringend erläuterungsbedürftig ist dagegen ist die Aussage: »außerhalb des Glaubens findet man lediglich (!) den Teufel«. Dieser Satz soll wohl
Luthers Verständnis des in seiner Majestät *verborgenen* Gottes aufnehmen, der
auch den Teufel antreibt und uns in seinem undurchschaubaren Wirken selbst
regelrecht zum Teufel werden kann. Das bedeutet aber nicht, dass er der Teufel
ist und die von ihm regierte Welt als teuflische Welt verstanden werden muss.
Menschen, die nicht an Gott glauben, ein solches Verständnis des Glaubens zu

---

[4] Vgl. ebd.

empfehlen, kann sie – von aller theologischen Fragwürdigkeit dieses Satzes abgesehen – im Grunde nur in der Ablehnung eines solchen Glaubens bestätigen.

Aber wie dem auch sei: Ob es reicht, für das, was »Religion« ist, allein den christlich gefärbten individuellen religiösen Akt heranzuziehen, darf angesichts der Vielfalt religiöser Akte in der Welt der Religionen gefragt werden, wenn denn auf eine »Theorie der Religion« überhaupt gezielt wird, die auf alle Menschen zutrifft. Aber diese Engführung verdankt sich vielleicht nur dem knappen Raum, der unserem Referenten für seinen Vortrag zur Verfügung stand, so dass die Abgleichung mit religiösen Akten in anderen Religionen unterblieben ist.

Noch schwerwiegender für die *theologische* Optik jedoch ist, wie hier der christliche Glaube beschrieben wird. Es werden nämlich die genannten Merkmale des Glaubens von vornherein in eine Selbstbewusstseinstheorie aus dem 19. Jahrhundert eingefädelt. Richtiggehend dogmatisch wird von vornherein dekretiert: »Religion ist ein strikt selbstbezügliches Geschehen« – »*incurvatus in se ipsum*« nannte Luther das,[5] wobei er gerade den Menschen in seinen religiösen Höhenflügen im Blick hatte. Noch nicht einmal Gott oder abstrakter die Transzendenz ist diesem Menschen ein *Gegenüber*, in dem ihm etwas anderes begegnet als er selbst. Gott – zudem auf einen bloßen »Gottesgedanken« reduziert – stellt nur die »eigene Selbsterschlossenheit« des sich selbst reflektierenden Subjektes dar. Er ist eine Funktion eines »Sich-Selbst-Verstehens«, dessen »Gehalte«, d. h. das, woran geglaubt wird, füglich so oder so flottieren können. »Bastelreligiosität« nennt Ulrich Beck den »eigenen Gott«, den sich Menschen heute auf der Grundlage dieser religiösen Gesinnung zusammen reimen.[6]

Aber nun geht es ja in unserem Zusammenhang nicht darum, in welche Zweideutigkeiten eine Interpretation des christlichen Glaubens unsere Kirche hinein zieht, die Gott, der uns Kraft seines Geistes begegnet, zu einem Spielball unserer Selbstreflexion macht. Zielpunkt des in der geschilderten Weise eng geführten religiösen Vollzuges bleibt eine daraus abgeleitete »Theorie der Religion«, die – wenn ich das recht verstehe – Kontrapunkt der »Religionslosigkeit« sein soll, in der menschliches Selbstbewusstsein sich nicht so entwickelt und darstellt, dass dabei ein »Gottesgedanke« in Anspruch genommen werden muss.

Diese »Theorie der Religion« sieht in der Lapidarität, in der sie uns hier mitgeteilt wird, allerdings so aus, dass sie Ludwig Feuerbach ohne weiteres für seinen Atheismus in Anspruch nehmen könnte und der Religionskritik, wie sie Menschen ohne Gottesglauben bevorzugt üben, kräftig Wasser auf die Mühlen leitet. Denn der Vortrag sagt: Mit der Religion, in welcher »sich das Selbst herstellt«, wie es mit einer Kategorie des produzierenden Handelns heißt, verständigt sich der Mensch mit einem »selbsterschaffenen Bild über sich selbst«. *Projektion* heißt dieses Bildschaffen Gottes bei Feuerbach. Es ist dann bloß noch eine wendbare Alternative, ob es sich um eine *Illusion* oder um eine unerlässliche transzendentale Bedingung menschlichen Selbstverständnisses handelt. Im

---

[5] Vgl. MARTIN LUTHER, Scholion zu Römer 5, 4, WA 56, 304, 25-29.

[6] Vgl. ULRICH BECK, Der eigene Gott. Friedensfähigkeit und Gewaltpotential der Religionen, Frankfurt a. M./Leipzig 2008, bes. 123-175.

ersteren Fall wird die Projektion ein Opfer des über sie aufklärenden Atheismus. Er hat die Gestalt einer Anthropologie, die das Wesen des Menschen als das »höchste Wesen« versteht.[7] In der Gottesprojektion spiegeln, reflektieren Menschen demnach nur ihr eigenes Wesen und die Eigenschaften dieses Wesens. Da kann jeder kritische Religionslose freudig zustimmen.

Im anderen Fall dürfte es eigentlich überhaupt keinen religionslosen Menschen geben, da der, welcher sich im Bildschaffen Gottes nicht selbst »herstellt«, sich selbst als Mensch eigentlich überhaupt nicht verstehen kann. Friedrich D. E. Schleiermacher hat gemeint, einen solchen Zustand des Selbstbewusstseins »in seiner höchsten Steigerung« müsse man »durch die Ausdrükke *Gottlosigkeit* oder besser *Gottvergessenheit* bezeichnen.«[8] Ihm fehle die »Leichtigkeit [...], das Gottesbewußtsein in den Zusammenhang der wirklichen Lebensmomente einzuführen und darin festzuhalten«.[9] Schleiermacher konnte und wollte aber nicht zugeben, dass das Gottesbewusstsein bei Menschen im Zustand der »Gottvergessenheit« gleich »Null« sei.[10] Denn diese Meinung würde sich einer der von ihm so genannten »natürlichen Kezereien« des Christentums annähern, in unserem Falle dem Manichäismus, der Menschen überhaupt als unfähig zur Gottesbeziehung versteht, wie sie durch Jesus von Nazareth erschlossen ist.[11] Die bei Christian Danz dogmatisch über die Analyse des Phänomens des religiösen Aktes gelegte Matrix müsste also streng genommen zu dem Urteil führen, dass es »Religionslosigkeit« als völlige Abwesenheit des Gottesbewusstseins nicht geben kann.

Merkwürdigerweise aber kommt der Vortrag, nachdem er sich teilweise mit der Religionssoziologie und mit einer anzufragenden Schleiermacher-Interpretation auf den Weg zu diesem Urteil begeben hat, bei diesem Urteil gar nicht oder nur gebrochen an. Vielleicht hängt das damit zusammen, dass dem religiösen Akt Unableitbarkeit und Kontingenz zugesprochen wurde. Gewissermaßen ein *Selbstbewusstseins-Offenbarungspositivismus* würde dann verhindern, dass die religiöse Reflexionsleistung allgemeine anthropologische Geltung beanspruchen kann. Das leuchtet aber überhaupt nicht ein, weil es zum religiösen Selbstbewusstsein auf der Linie von Schleiermachers Theorie gehört, menschliches Selbstbewusstsein in sein Wesen zu bringen. Aus diesem Grunde ist die Polemik am Ende des Vortrags gegen Wolfhart Pannenbergs Satz, »daß der Mensch nur in der Gottesbeziehung zu sich selbst kommen kann«[12], auch nicht angebracht. Dieser Satz definiert zwar nicht Pannenbergs »Begriff der Religion« (wie

---

[7]   Vgl. Ludwig Feuerbach, Das Wesen des Christentums, in: Ludwig Feuerbach, Gesammelte Werke. Band 5, hrsg. von Werner Schuffenhauer, Berlin [2]1984, 444.

[8]   Friedrich Daniel Ernst Schleiermacher, Die christliche Glaube nach den Grundsätzen der evangelischen Kirche im Zusammenhange dargestellt, Teilband 1, hrsg. von Rolf Schäfer, in: Friedrich Daniel Ernst Schleiermacher, Kritische Gesamtausgabe, Band 13,1, Berlin/New York 2003, 96.

[9]   Ebd.

[10]   Vgl. a. a. O., 97.

[11]   Vgl. a. a. O., 156-158.

[12]   Wolfhart Pannenberg, Anthropologie in theologischer Perspektive, Göttingen 1983.

fälschlich behauptet wird), sondern bringt sein Verständnis der Gottebenbild-lichkeit des Menschen zum Ausdruck. Gesetzt aber den Fall, er würde die Religion definieren, dann ist zu fragen: Was gibt es auf der Basis des vorgetragenen Religionsverständnisses dagegen eigentlich einzuwenden? Die Antwort, die gegeben wird, ist: Einem Religionsbegriff, der Religion geradezu als »konstitutiv für das Menschsein als solches« ansieht, fehle die analytische Schärfe und es sei um seine »empirische Triftigkeit« nicht gut bestellt. Das soll ja wohl heißen, faktisch, objektiv oder wenigstens statistisch stimmt das nicht. Der Mensch kann auch ohne die Gottesbeziehung zu sich selbst kommen. Ich lasse die Frage beiseite, ob ein solches Urteil überhaupt »empirisch« gewonnen werden kann. Mich interessiert, ob mit dem Zu-sich-selbst-Kommen ohne Gott die »Religions-losigkeit« charakterisiert werden kann, damit endlich theologisch zu entscheiden ist, was es damit auf sich hat. Diese Entscheidung umgeht der Vortrag jedoch.

Anknüpfend an Unterscheidungen, die unser Jubilar Matthias G. Petzold in Bezug auf das Verständnis von »Religionslosigkeit« getroffen hat, wird nämlich zunächst die »Religion (!) ohne Gott« als eine Option der Moderne stark gemacht. Zu ihr soll Friedrich Schleiermacher in seiner zweiten »Rede über die Religion« den Anstoß gegeben haben. Welche konkreten religiösen Vollzüge diese »Religion ohne Gott« jedoch auszeichnen, wird wiederum nicht gesagt. Nach Lage der Dinge müssen wir hier heute aber sicherlich an die individuali-sierte »Bastelreligiosität« denken, die Ingolf U. Dalferth auch »Cafeteria-Religion« genannt hat.[13] Es dürfte jedoch mehr als zweifelhaft sein, dass Schleiermacher dergleichen religiöses Herumprobieren befördern wollte, als er die Religion des Gefühls dem Fürwahrhalten eines metaphysischen Begriffsgottes entgegen gesetzt hat.

Aber auch abgesehen davon weiß man nicht so recht, was auf dem Hinter-grund einer Religionstheorie aus der »Teilnehmerperspektive«, die sich des Got-tesgedankens bedient, von der bedeutungsvollen Betonung der »Religion ohne Gott« zu halten ist, wenn es um die Beurteilung von »Religionslosigkeit« geht. Denn diese »Religion ohne Gott« bestätigt nur Karl Barths Urteil, dass Religion »geradezu *die* Angelegenheit des *gottlosen* Menschen« sei und darum der theo-logischen Kritik unterzogen werden muss.[14] Für das Verständnis von »Religions-losigkeit« ist damit aber eigentlich nichts gewonnen. Das gilt auch für die Fest-stellung, der Funktionsverlust von Religion in der modernen Gesellschaft führe zur »Autonomisierung der Religion« in der Weise bloß »religiöser Kommunika-tion«. Dort, wo weder an Gott geglaubt noch gebetet noch auf ein Eschaton ge-hofft wird, ist das aber offenkundig nicht der Fall.

Dem trägt der Vortrag auch Rechnung. »Ausfall von Transzendierung« wird wiederum mit Matthias G. Petzold schlussendlich als »Kern des Phänomens der

---

[13] Vgl. INGOLF U. DALFERTH, »Was Gott ist, bestimme ich!«. Theologie im Zeitalter der »Ca-feteria-Religion«, in: Gedeutete Gegenwart. Zur Wahrnehmung Gottes in den Erfahrungen der Zeit, Tübingen 1997, 10-35.

[14] Vgl. KARL BARTH, Die Kirchliche Dogmatik I/2, Zollikon-Zürich 1948, 327.

Religionslosigkeit« bezeichnet, wobei das »Phänomen« aber weder näher beschrieben noch einer analytischen Untersuchung ausgesetzt wird. Einen *harten*
Kern hat es jedoch offenkundig nicht. Denn mit der Frage, ob sich die »Unbestimmtheit des eigenen Lebens wirklich sistieren« lässt, wird trotz der Anerkennung des Faktischen ein zweifelnder Spalt in diesen Kern getrieben, in dem
die Frage nistet, ob es »Religionslosigkeit« »überhaupt gibt«.

Demgegenüber ziehe ich es vor, zunächst einmal ernst zu nehmen, was
Menschen meinen, wenn sie sagen, sie hätten »keine Religion« und seien auch
nicht »religiös«. Was dabei vor allem gewürdigt werden muss, deute ich hier nur
in aller Kürze und unvollkommen an, da die Bestandsaufnahme in dieser Hinsicht Thema anderer Beiträge zu diesem Symposion ist. Als Äußerung aus dem
ostdeutschen konfessionslosen Milieu, dem ca. 80 % der Bevölkerung zuzurech-
nen sind, bedeutet jene Selbstbezeichnung zweifellos: Menschen *glauben nicht
an Gott* und pflegen keine Beziehung zu Gott. Denn die Verneinung von Religion
ist hier – auch wenn es religionsähnliches oder gar pseudoreligiöses Verhalten
gibt – *atheistisch grundiert*.[15]

Das bedeutet nicht, dass sie von einer argumentierenden Widerlegung des
Gottesglaubens und der Absicht, über seine Verderblichkeit aufzuklären, getragen ist, wie das für die sogenannten »Neuen Atheisten« aus der westlichen Welt
charakteristisch ist.[16] Das Leben ohne Gott und damit ohne die Kirche ist hier
vielmehr durch Generationen hindurch zu einer selbstverständlichen Gewohnheit geworden und prägt so auch das Leben der heranwachsenden Generationen. Wie innerlich hohl die Jugendweihe nun auch immer ist: Eltern, die ihre
Kinder dort massenweise hinschicken, geben zu erkennen, dass sie mit der »Religion«, für welche die Kirche und also der Gottesglaube gut stehen, nichts zu
tun haben wollen. Alles Wissen um den Gottesglauben verflüchtigt sich bis auf
Vorurteile und Ressentiments gegen ihn auf diese Weise fortlaufend. Ich rede
deshalb lieber gar nicht mehr von »Atheismus«, sondern mit Schleiermachers
etwas anders gewendetem Begriff von »Gottesvergessenheit«, die so weit reichen kann, dass auch schon vergessen ist, dass man Gott vergessen hat.[17]

Die säkularistische Lebenseinstellung, die das zur Folge hat, ist auf den ersten Blick einfach. Sie beschränkt sich aufs Irdische. Menschen verstehen sich
als zufälliges Produkt einer Naturgesetzlichkeit und versuchen ihr Leben so
erfreulich und erträglich zu führen und zu gestalten, wie nur irgend möglich.
Wenn es sich dem Ende zuneigt, möchten sie möglichst von Krankheiten verschont bleiben und schmerzfrei sterben. Natürlich gibt es auch viel Leid, Schei-

---

[15] Vgl. hierzu meine Analyse der Situation der Kirche im Osten Deutschland: Die Kirche
im atheistischen Kontext, in: Die evangelische Diaspora. Innerdeutsche Diaspora, Jahrbuch des Gustav-Adolf-Werks 78 (2009), 56-65.
[16] Vgl. hierzu meinen Aufsatz: Das Wesen des christlichen Glaubens an Gott und der
»neue Atheismus« in: Zeitschrift für Religions- und Weltanschauungsfragen 72 (Materialdienst 1/2009), 3-16.
[17] Vgl. meinen Aufsatz: Gottesrede inmitten von Gottesvergessenheit. Zur bleibenden
Herausforderung der christlichen Verkündigung Gottes durch den Atheismus, in: Zeitschrift für Religions- und Weltanschauungsfragen 70 (Materialdienst 10/2007), 363-371.

tern und Verzweiflung auf der einen Seite und viel Verdrängung der Lebensgrenzen auf der anderen. Aber das ist für Menschen, die nicht an Gott glauben, kein Anlass, sich der Religion des Gottesglaubens, wie sie die Kirche vertritt, zu öffnen oder sich auf irgendeine andere Weise einer Macht jenseits der Welt anzuvertrauen. Sie suchen Halt in dem, was ich oben mittlere, kleine oder ganz kleine Transzendenzen in der Immanenz nannte.

Es besteht kein Grund für Theologie und Kirche, solche und ähnliche Lebenseinstellung – mit Dietrich Bonhoeffer geredet – aus apologetischen Gründen »madig« zu machen,[18] wie das z. B. auch im Verdikt des »Ausfalls von Transzendierung« anklingen könnte. Jeder mit Bewusstsein begabte Mensch transzendiert sich selbst in seiner empirischen Vorfindlichkeit. Er verdiente sonst gar nicht, Mensch zu heißen. Dass er sich, da er jenseits der Welt nur auf das Nichts trifft, wo ihn der »leere Raum anhaucht«, mit mittleren und kleinen Erhebungen über das Vorfindliche bescheidet, hebt – theologisch geurteilt – seine Weltoffenheit und damit seine Fähigkeit, sich vom Geheimnis der Wirklichkeit berühren zu lassen, nicht auf. Das geschieht im zwischenmenschlichen Erleben ebenso wie bei ästhetischen Erfahrungen.

Auch trifft die häufig im kirchlichen und theologischen Raum zu hörende Behauptung, dass das Leben ohne Gott und ohne ausdrücklich auf ihn bezogene religiöse Akte zu einem *Verfall der Moral* führen müsse, nicht zu. Hans Joas z. B. sieht vielmehr die *ethische Stabilität* des nicht an Gott glaubenden Milieus einerseits im »Nachklang« der Ethik des Christentums begründet,[19] die – füge ich hinzu – mit der Einprägung von Gemeinschaftswerten auch in der sozialistischen Sozialisation eine gewisse prägende Rolle spielte. Andererseits bleibt nach Joas auch in diesem Milieu die »soziale Reziprozität« eine »Quelle der Moral«.[20] Wir haben es hier – alle ethischen Verwerfungen, die sich auch anderswo finden, zugegeben – durchaus mit einem menschenverträglichen Ethos zu tun, das sich nicht gravierend von dem unterscheidet, welches wir in christlich dominierenden Lebenswelten antreffen.

Was trägt der Vortrag, den ich durchgemustert habe, nun zum Verstehen und zur theologischen Bewertung des hier nur in Umrissen dargestellten Phänomens der sogenannten »Religionslosigkeit« bei? Was fangen die Kirche und vor allem die Gemeinden und die Christinnen und Christen, die in der Begegnung mit Menschen leben, die den Glauben an Gott für eine längst widerlegte Illusion halten, mit dem an, was hier zur Frage ausgeführt wird, ob es »Religionslosigkeit« überhaupt gibt? Dass diese Frage bejaht wird, können sich alle, die mit Massen von nicht-glaubenden Menschen zusammenleben und -wirken, selber sagen. Dazu bedarf es keiner Theologie.

---

[18] Vgl. DIETRICH BONHOEFFER, Widerstand und Ergebung. Briefe und Aufzeichnungen aus der Haft, DBW 8, München 1998, 511.
[19] Vgl. HANS JOAS, Glaube als Option. Zukunftsmöglichkeiten des Christentums, Freiburg/Basel/Wien 2012, 50-56
[20] A. a. O., 59.

Wenn die Theologie sich aber zu Worte meldet, dann muss ein *Erkenntnisgewinn* sichtbar werden. Er müsste die Kirche und die Gemeinden, die Christinnen und Christen in die Lage versetzen, den Glauben an Gott im religionslosen Milieu so darzustellen, zu artikulieren und zu leben, dass er die Gewohnheit des Nichtglaubens *zu unterbrechen* vermag. Das *Umkreisen* der »Religionslosigkeit« mit einem in allen Farben schillernden teils soziologisch, teils bewusstseinstheoretisch, teils offenbarungstheologisch, teils gottlos profilierten, teils das »Unbestimmte« anzielenden Religionsverständnisses weicht dieser Herausforderung aus.

Das ist umso unverständlicher, als es ja im Anschluss an Dietrich Bonhoeffers fragmentarische Überlegungen zur theologischen Beurteilung der Religionslosigkeit eine seit dem Erscheinen von »Widerstand und Ergebung« seit nahezu 50 Jahren andauernde breite Diskussion über die »Religionslosigkeit« gibt. Sie gilt der Frage, wie Christinnen und Christen sich auf Menschen einlassen können, für die der Gottesglaube keine Bedeutung für ihr Leben hat. Der Vortrag ignoriert einfach diese weltweite Diskussion. Auch wenn man (wie ich) Bonhoeffers theologische Intentionen nur teilweise zu rezipieren vermag,[21] bleibt sie bedeutungsvoll. Sie forderte uns nicht nur in der DDR-Zeit, sondern sie fordert uns auch heute dazu heraus, das Zusammenstimmen und Zusammenleben mit Menschen zu suchen, die zu Christus gehören, auch wenn sie nicht an ihn glauben.

»Religionslosigkeit – gibt es das überhaupt«? – Das ist keine realitätsbezogene, sondern eine in Begriffswelten von Religion flügge werdende Frage, welche in Versuchung führt, die Phänomene der »Religionslosigkeit« nur zu umflattern, statt sich ihnen auszusetzen.

---

[21] Vgl. Die gegenwärtige missionarische Herausforderung der Kirche im Lichte der nichtreligiösen Interpretation biblischer Begriffe bei Dietrich Bonhoeffer, in: Barmen – Barth – Bonhoeffer. Beiträge zu einer zeitgemäßen christozentrischen Theologie, Bielefeld 2009, 497-515.

RELIGIONSLOSIGKEIT UND WISSENSCHAFT

Darstellung und Diskussion von Positionen
aus dem »Neuen Atheismus«

Elisabeth Loos

I. Fragestellung

»Sind Wissenschaft und Religion vereinbar?«, fragte das Wissenschaftsmagazin *Spektrum* im Januar 2012.[1] Ähnliche Fragen sind allerorts zu vernehmen, sei es in der Theologie oder den naturwissenschaftlichen Disziplinen. Religiosität oder Religionslosigkeit wird in Folge des verstärkten naturwissenschaftlich-theologischen Dialogs[2] unter neuen Vorzeichen verhandelt: Ist die Entscheidung für die Wissenschaft eine Entscheidung gegen eine religiöse Weltanschauung?[3] Ist Religionslosigkeit als Konsequenz einer wissenschaftlichen Geisteshaltung zu verstehen? Im Rahmen des Nachdenkens über »Religiosität und Religionslosigkeit« soll hier ein Beitrag geleistet werden, der den geographischen Raum Ostdeutschlands verlässt, um Zusammenhänge in den Blick zu nehmen, die unabhängig vom Ort sind – und in der ehemaligen DDR durch die Förderung einer naturalistischen Weltanschauung bei gleichzeitiger Ablehnung religiösen Denkens von besonderer Bedeutung sein könnten.

Die oben genannten Fragen nach Wissenschaft und Religion können auf verschiedene Arten untersucht werden. Das Erheben biographischer Daten von Wissenschaftlern[4] kann Auskunft über die mehrheitlich von ihnen vertretene Haltung zu religiösen Themen geben. Die Interpretation dieser so erhaltenen Korrelationen ist ein zweiter Schritt, der über die empirische Methode hinausgeht und deutlich mehr Spielraum für die Beantwortung der oben genannten Fragen bedeutet. Im Folgenden sollen beide Schritte mit Bezugnahme auf den Neuen Atheismus erläutert werden.

Der Terminus »Neuer Atheismus« wurde im Jahr 2006 in einem Onlineartikel des US-Amerikaners Gary Wolf geprägt und wird seitdem auf religionskriti-

---

[1] Vgl. auch CHRISTIAN TAPP, Vernunft und Glaube, Spektrum der Wissenschaft 2012, 16ff.

[2] MARKUS MÜHLING, Der Dialog zwischen Theologie und Naturwissenschaft. Forschungs- und Literaturbericht, in: Theologische Literaturzeitung 138 (2013), 1419 ff.

[3] »Wissenschaft« wird im folgenden Text im Sinne des englischen »science« verwendet, also bezogen auf die empirischen, sogenannten exakten Wissenschaften. Der Religionsbegriff wird noch eingehender betrachtet werden; an dieser Stelle ist im weiten Sinne ein Bezug zum Transzendenten gemeint.

[4] Im gesamten Text wird das generische Maskulinum verwendet.

sche Beiträge aus aller Welt angewendet. Wolf fasst programmatisch zusammen, wozu sich die Neuen Atheisten berufen fühlen: »This is the challenge posed by the New Atheists. We are called upon, we lax agnostics, we noncommittal nonbelievers, we vague deists who would be embarrassed to defend antique absurdities like the Virgin Birth or the notion that Mary rose into heaven without dying, or any other blatant myth; we are called out, we fence-sitters, and told to help exorcise this debilitating curse: the curse of faith. The New Atheists will not let us off the hook simply because we are not doctrinaire believers. They condemn not just belief in God but respect for belief in God. Religion is not only wrong; it's evil. Now that the battle has been joined, there's no excuse for shirking.«[5] In den USA gelten Richard Dawkins, Daniel Dennett, Sam Harris und Christopher Hitchens als wortführend, während in Deutschland die religionskritische Giordano-Bruno-Stiftung in den letzten Jahren öffentlichkeitswirksam die Debatte über Religion und Atheismus angefeuert hat. Der Neue Atheismus stellt einen Zusammenhang zwischen einer wissenschaftlich-rationalen und gleichzeitig nicht-religiösen Weltanschauung her und betont die Inkompatibilität von (Natur-) Wissenschaft und religiösen Überzeugungen.

Im Anschluss an die Vorstellung der neu-atheistischen Thesen zur Unvereinbarkeit von Naturwissenschaft und Religion werde ich mich genauer damit beschäftigen, wie die Neuen Atheisten mit Begriffen aus dem Bereich des Religiösen umgehen. Es soll gezeigt werden, dass eine massive definitorische Einengung dieser Begriffe vorgenommen wird, die fester Bestandteil der Argumentation der Neuen Atheisten ist.[6] In diesem Zusammenhang soll diskutiert werden, inwiefern das neu-atheistische Verständnis von Sprache im Allgemeinen die ablehnende Haltung des Neuen Atheismus gegenüber religiösen Begrifflichkeiten im Besonderen begründen kann.

1.1. Empirische Untersuchungen zur religiösen Einstellung von Wissenschaftlerinnen und Wissenschaftlern

Der Neue Atheismus versteht sich sowohl in seiner US-amerikanischen als auch in seiner deutschen Ausführung als Sprachrohr einer kritisch-rationalen Vernunft, die es nahelegt sich vom religiösen Glauben abzuwenden. Unterstützung für diese Ansicht wird unter anderem in empirischen Untersuchungen zur Weltanschauung unter Wissenschaftlern (scientists) gesucht.

---

[5]   Gary Wolf, Battle of the New Atheism, 2006, http://old.richarddawkins.net/articles/228.

[6]   Zur Illustration sei kurz Richard Dawkins erwähnt, der von sich sagt, im Sinne Einsteins religiös zu sein, aber davon abrät, in diesem Zusammenhand die Begriffe »religiös« oder »Gott« zu wählen, da dies als Glaube an ein übernatürliches persönliches Wesen missverstanden werden könnte. Die demonstrative Ablehnung jeglicher Religion soll nicht dadurch getrübt werden, dass ein mehrdeutiger Begriff verwendet wird; entsprechend konnotierte Begriffe werden peinlichst vermieden. Richard Dawkins, Der Gotteswahn, Berlin ⁶2009, 32f.

So verweist Richard Dawkins in seinem Buch »Der Gotteswahn«[7] auf mehrere Untersuchungen zum Zusammenhang von Bildung/Intelligenz und religiöser Einstellung und sieht bestätigt, dass die intellektuellen Eliten mit Religion wenig anzufangen wissen. Dafür führt er mehrere Studien sowie persönliche Begegnungen an, die kurz erläutert werden sollen.

Die persönlichen Begegnungen, von denen berichtet wird, beziehen sich auf von Dawkins geschätzte Personen, die erfolgreiche Wissenschaftler und zugleich nicht religiös sind. Unter anderem werden Craig Venter – als »hochintelligent (und nicht religiös)« bezeichnet – und Jim Watson sowie Francis Crick angeführt.[8] Dass es religiöse und anerkannte Naturwissenschaftler gibt, erwähnt Dawkins zwar, fügt aber hinzu, dass diese immer seltener und »in der wissenschaftlichen Welt das Objekt amüsierter Verblüffung«[9] seien.

Anschließend stellt Dawkins Studien vor, die sich mit Nobelpreisträgern und mit den naturwissenschaftlichen Eliten der US-amerikanischen National Academy of Sciences und der britischen Royal Society beschäftigen. Nach einer Untersuchung des Religionspsychologen Benjamin Beit-Hallahmi von 1988 herrsche unter den Nobelpreisträgern für Naturwissenschaften und Literatur ein »bemerkenswertes Ausmaß an Nicht-Religiosität«[10] im Vergleich zu den Bevölkerungsgruppen, aus denen sie stammen.[11] Zu einem ähnlichen Ergebnis kommt eine Studie von Larson/Witham von 1998, die die Mitglieder der US-amerikanischen National Academy of Sciences nach ihrem Gottesglauben und dem Glauben an die menschliche Unsterblichkeit befragte.[12] Anknüpfend an

---

[7] DAWKINS, a. a. O.

[8] A. a. O., 140 (dortige Fußnote).

[9] A. a. O., 140.

[10] BENJAMIN BEIT-HALLAHMI/MICHAEL ARGYLE, The psychology of religious behaviour, belief, and experience, London/New York 1997, 180, zitiert von DAWKINS, a. a. O., 141.

[11] Die weiteren Differenzierungen BEIT-HALLAHMIS zum Thema »Intellektualität und Religion« spart DAWKINS leider aus. So betont BEIT-HALLAHMI: »It is often assumed that individuals who devote their lives to research would be less religious than the general population. This is because scientists are expected to excel in critical thinking. As we are going to see, the picture is more complex.« Im Folgenden legt BEIT-HALLAHMI dar, dass religiöse Individuen in der Regel zu stärkerer Autoritätshörigkeit und Beeinflussbarkeit neigen und daher eine derartige Engstirnigkeit dem wissenschaftlichen Denken eher hinderlich ist. Zugleich ist jedoch zu bemerken, dass je nach akademischem Fach und Konfession feiner unterschieden werden muss. So zeigen Psychologen im Gegensatz zu Physikern eine vergleichsweise schwache religiöse Bindung und jüdische und (liberale) protestantische Wissenschaftler sind sehr viel häufiger unter Wissenschaftlern zu finden als Katholiken. DAWKINS würde vermutlich den wissenschaftlichen Juden und Protestanten ihre aufrichtige Religiosität absprechen und damit sein Bild der Inkompatibilität von Glaube und Wissenschaft erneut bestätigt sehen. BENJAMIN BEIT-HALLAHMI/MICHAEL ARGYLE, a. a. O., 178.

[12] Die drei Antwortmöglichkeiten lauteten jeweils »personal belief«, »personal disbelief« und »doubt or agnosticism«. Auf die Frage nach ihrem Gottesglauben antworteten 7,0% mit »personal belief«, 72,2% hingegen mit »personal disbelief«; die Ergebnisse für den Glauben an die Unsterblichkeit fielen ähnlich aus (7,9% bzw. 76,7%). Die restlichen

diese Studie führt Dawkins an, dass Untersuchungen in der akademischen Mittelschicht ergeben hätten, dass die Gläubigen dort mit 40% zwar immer noch in der Minderheit seien, jedoch eine deutlich größere Gruppe darstellten. Die US-amerikanische Gesamtbevölkerung hingegen glaube zu 90% »an irgendein übernatürliches Wesen«.[13]

Im weiteren Text stellt Dawkins noch einige weitere Studien vor, um seine Argumentation zu illustrieren. Unter anderem wurden Mitglieder der britischen Royal Society befragt[14] und zufällig ausgewählte US-Amerikaner nach Bildungsgrad und Religiosität sortiert[15] – das bereits zuvor angedeutete Bild der intellektuellen Ungläubigen einerseits und der ungebildeten Gläubigen andererseits wird verstärkt. Und da sich Dawkins dessen bewusst ist, dass sich mit einem Potpourri verschiedener Studien und jeweiliger Methoden schwer ein einheitliches Bild zeichnen lässt, führt er zum Schluss noch eine Metastudie an, die 43 Untersuchungen zum Thema Religiosität und Intelligenz/Bildung seit 1927 zusammenführt. Von den 43 Untersuchungen kamen 39 zu dem Ergebnis einer negativen Korrelation von Religiosität und Bildung/Intelligenz.[16]

Auf Grundlage dieser Daten ergibt sich für Dawkins ein schlüssiges Bild: Die intellektuelle, mit besonderer Intelligenz und Einsicht versehene Elite distanziert sich von jeglicher Religiosität, während das gemeine Volk noch in der intellektuellen Unmündigkeit des Glaubens an irgendetwas Übernatürliches gefangen bleibt. Dabei legen Dawkins' Ausführungen nahe, dass die Korrelation von Bildung bzw. Intelligenz und religiöser Affinität als monokausale Ursache-Wirkung-Beziehung zu verstehen sei.

Das deutsche Pendant zu den englischsprachigen Neuen Atheisten ist, wie bereits oben erwähnt, die Giordano-Bruno-Stiftung. Auch hier findet die Studie von Larson/Witham[17] aus dem Jahr 1998 Erwähnung und wird mit der zusam-

---

Prozent fallen jeweils auf »doubt or agnosticism«. Zu kritisieren sind hierbei die sehr eng gewählten Fragen und Antwortmöglichkeiten, die wenig Raum für ein differenziertes Bild lassen. Begründet ist diese Auswahl in der vergleichenden Anlage der Studie, die erstmals 1914 durchgeführt wurde; um die Vergleichbarkeit zu gewährleisten, wurden die Fragen und Antwortmöglichkeiten von 1914 beibehalten. Vgl. EDWARD J. LARSON/ LARRY WITHAM, Leading scientists still reject God, in: Nature 394 (1998), 313.

[13] RICHARD DAWKINS, Der Gotteswahn, 142.

[14] Circa 86% lehnten die Aussage, es gebe einen persönlichen Gott, ab. Dabei zitiert Dawkins aus einer zum damaligen Zeitpunkt noch nicht veröffentlichten Studie von R. ELIZABETH CORNWELL und MICHAEL STIRRAT. DAWKINS, a. a. O., 143. Die Studie wurde 2013 veröffentlicht: MICHAEL STIRRAT/R. CORNWELL, Eminent scientists reject the supernatural. A survey of the Fellows of the Royal Society, in: Evolution. Education and Outreach 6 (2013), 33.

[15] Zwischen Religiosität und Bildung besteht eine negative Korrelation, ebenso wie zwischen Religiosität und Interesse an Naturwissenschaft. Dawkins bezieht sich dabei auf MICHAEL SHERMER, How we believe. The search for God in an age of science, New York 2000. Vgl. DAWKINS, a. a. O., 145.

[16] DAWKINS, a. a. O., 145f.

[17] EDWARD J. LARSON/LARRY WITHAM, Leading scientists still reject God, in: Nature 394 (1998).

menfassenden Schlussfolgerung versehen, dass »eine hohe Korrelation von wissenschaftlichem und religionskritischem Denken« anzunehmen ist.[18]

Im Allgemeinen legt die Giordano-Bruno-Stiftung Wert auf die Feststellung ihrer Wissenschaftlichkeit und Nicht-Religiosität (und die ihrer Mitglieder) und impliziert so ebenfalls, dass es sich dabei um mehr als eine zufällige Korrelation handelt. Auf diese Art der Argumentation, die bei Richard Dawkins und Michael Schmidt-Salomon gleichermaßen Verwendung findet, soll im nächsten Abschnitt eingegangen werden.

1.2. Inhaltliche Gründe für eine Inkompatibilität von Wissenschaft und Glaube

Die 2004 gegründete religionskritische Giordano-Bruno-Stiftung versteht sich als »eine Denkfabrik für Humanismus und Aufklärung, die sich am Leitbild des evolutionären Humanismus orientiert und der sich viele renommierte Wissenschaftler, Philosophen und Künstler angeschlossen haben.«[19] Der Verweis auf die Unterstützung durch »renommierte Wissenschaftler« legt nahe, dass durch die Autorität des Wissenschaftsbetriebes die religionskritische Stiftung in einen seriösen Rahmen gestellt werden soll. Auch wenn der Sprecher der Giordano-Bruno-Stiftung, Michael Schmidt-Salomon, betont, dass die Stiftung nicht in erster Linie als atheistische oder antireligiöse Vereinigung verstanden werden will[20], macht die Kritik an Religion und Kirche den inhaltlichen Kernpunkt der Stiftung aus, wie anhand zahlreicher Aktionen und Publikationen deutlich wird.[21]

Zu beachten ist dabei, dass den Publikationen Schmidt-Salomons eine Definition von Religion zugrunde liegt, die »echte« Religion als »dogmatische Bor-

---

[18] MICHAEL SCHMIDT-SALOMON, Manifest des evolutionären Humanismus. Plädoyer für eine zeitgemäße Leitkultur, Aschaffenburg [2]2006., 148.

[19] Aufklärung im 21. Jahrhundert, Homepage der Giordano-Bruno-Stiftung, http://giordano- bruno-stifung.de, aufgerufen am 07.03.2014

[20] »Ein weit größeres Problem jedoch ist, dass dieser Begriff [der ›neue Atheismus‹, Anm. d. Verf.] gar nicht das widerspiegelt, worum es den meisten Autoren geht. Im Grunde interessiert uns die Frage nach Gott nämlich gar nicht so sehr, sie ist nur ein Randaspekt eines sehr viel größeren Themas. [...] Unter der Oberfläche zeigen sich nämlich die Konturen einer neuen Weltanschauung, die über bloße Religionskritik weit hinausgeht.« MICHAEL SCHMIDT-SALOMON, Der sogenannte »neue Atheismus« – Sinn und Unsinn eines Modeworts, Vortrag in der Evangelischen Stadtakademie München 2009, 7.

[21] Eine Auswahl: Tagung »Wissen statt Glauben« (2004), Veranstaltung »Religionsfreie Zone« u. a. auf dem katholischen Weltjugendtag (2005), dem ökumenischen Kirchentag (2010) und dem Katholikentag (2012), Online-Petition »Nicht den Bock zum Gärtner machen« gegen die religiöse Fundierung von Bildung und Erziehung (2006), Verleihung des Deschner-Preises der Stiftung an Richard Dawkins für sein Buch »Der Gotteswahn« (2007), religionskritisches Kinderbuch »Wo bitte geht's zu Gott? fragte das kleine Ferkel« (2007), Kampagne »Evolutionstag statt Christi Himmelfahrt« (2009), Demonstration in Berlin »Keine Macht den Dogmen« anlässlich des Papstbesuches (2011).

niertheit«[22] und »idealtypisch [unkritisches] [...] Denken«[23] bestimmt. Es ist nachvollziehbar, dass eine Stiftung, die sich über ihre Wissenschaftlichkeit und Seriosität profilieren möchte, in diesem Sinne religionskritisch sein muss. Dass die Definition so und nicht anders gewählt wurde und damit Religion und Wissenschaft unausweichlich zu Antipoden werden müssen, ist eine tief im Selbstverständnis der Stiftung verwurzelte Überzeugung, auf die noch einzugehen sein wird.

Ebenso ist auch bei Richard Dawkins eine solche definitorische Engführung religiöser Begriffe Teil seiner Argumentation. So definiert Dawkins die Bezeichnung »religiös« in seinem eigenen Sinne und empfiehlt die Verwendung des Wortes nur, wenn damit ein direkter Bezug zum »Übernatürlichen« gemeint ist. Ebenso sei das Wort »Gott« nur zu gebrauchen, wenn die Rede »von dem eingreifenden, wundertätigen, Gedanken lesenden, Sünden bestrafenden, Gebete erhörenden Gott der Priester, Mullahs, Rabbiner und der Umgangssprache«[24] ist. Eine Religiosität im Sinne Einsteins, einen metaphorischen oder pantheistischen Gott hält Dawkins für so weit entfernt von der engeren, seiner Ansicht nach zutreffenden Definition von »Religion« bzw. »Gott«, dass er dafür plädiert, sie nicht als »Religiosität« bzw. »Gott« zu bezeichnen.[25] Auch hier leuchtet ein, dass solch eine starre Festlegung auf einen Bekenntniskatalog als Gegenentwurf zu geistiger Beweglichkeit und ambitionierter Wissenschaftlichkeit erscheinen *muss* – da die Konzepte von vornherein als konträr konzipiert werden.

Das spezifische Religionsverständnis der Neuen Atheisten ist gepaart mit einem Wissenschaftsverständnis, was stark von Empirie und Logik bestimmt ist. So schreibt Michael Schmidt-Salomon in dem Kapitel »Glaubst du noch oder denkst du schon?«, dass Logik und Empirie »die besten Instrumente sind, die die Menschheit bisher entwickelt hat, um gültige Erkenntnisse über die Welt zu gewinnen und die menschlichen Lebensverhältnisse humaner zu gestalten.«[26] Deutlich wird hier die Orientierung am praktischen Nutzen für die Menschheit bei der Auswahl der Erkenntnismittel – mit einem historischen Rückblick auf die »Kriminalgeschichte des Christentums«[27] habe eben jenes offensichtlich ausgedient, mit Verweis auf islamistische Attentäter und integrationsunwillige Muslime wird der Islam diskreditiert[28] und die Folgen der »politischen Religion«

---

[22] MICHAEL SCHMIDT-SALOMON, Manifest des evolutionären Humanismus, 36f.

[23] A. a. O., 48.

[24] RICHARD DAWKINS, Der Gotteswahn, 33.

[25] DAWKINS hält daran fest, dass die Verwendung des Begriffes »religiös« im Sinne Einsteins »eine falsche Verwendung des Wortes« sei. DAWKINS, a. a. O., 139.

[26] MICHAEL SCHMIDT-SALOMON, Manifest des evolutionären Humanismus, 37.

[27] So ein Buchreihentitel des GBS-Mitbegründers KARLHEINZ DESCHNER, auf den SCHMIDT-SALOMON gerne verweist, so z. B. SCHMIDT-SALOMON, a. a. O., 8, 52 u. ö.

[28] Da der Islam noch in seiner »authentischen«, d. h. wortgetreuen Version verbreitet werde, stelle er eine große Bedrohung für die Menschheit dar, so wie jede »authentische« Religion. A. a. O., 78–82. Auch der »Scherbenhaufen einer gescheiterten Integrationspolitik« lasse sich nicht zuletzt darauf zurückführen, dass »die demokratiefeindlichen

des Staatssozialismus sind laut Schmidt-Salomon Beweis genug für dessen inhaltliche Unbrauchbarkeit.[29]

Vor dem Schreckensszenario, dass es »wohl nur eine Frage der Zeit« sei, bis islamistische Terroristen eine radioaktiv verschmutzte Bombe zünden[30], entfaltet der Neue Atheismus seine eigene praktische Anleitung zu einer humaneren Welt. Ganz offen erläutert Michael Schmidt-Salomon, dass die Existenz des Neuen Atheismus vor allem auf die Einsicht in einen dringenden Handlungsbedarf zurückgeht und nicht primär, wie man annehmen könnte, auf inhaltliche Streitpunkte mit z. B. der Theologie, die einen Handlungsbedarf *als Folge* nach sich gezogen hätten: »Hätte es die Anschläge islamistischer Terrorgruppen, Bushs ›Kreuzzug gegen die Achse des Bösen‹, die Schüsse Evangelikaler auf Abtreibungsärzte, die vielen Opfer des Karikaturenstreits, all die Steinigungen, Ehrenmorde und so vieles andere mehr in den letzten Jahren nicht gegeben, so hätte sich der neue Atheismus mit aller größter Wahrscheinlichkeit gar nicht erst entwickelt.«[31] Die Wurzel all dieser Probleme seien die Religionen, so Schmidt-Salomon, und die Lösung all dieser Probleme liege in einer weltweiten Ausbreitung einer kritisch-rationalen Wissenschaftlichkeit nach westlichem Vorbild, die zur Läuterung der Gläubigen zu führen habe. In der Konsequenz bedeutet dies, dass das persönliche Bekenntnis für Religion im Deutungsmuster Schmidt-Salomons gleichgesetzt wird mit einer Unterstützung oder zumindest einer Billigung[32] aller augenscheinlich religiös motivierten Übel der Welt. Die Argumentationsweise des Neuen Atheismus nimmt dabei Züge einer Suche nach dem Sündenbock an. Dieser Drang wird mit dem Festlegen des Schuldigen, der Religion an sich, zunächst gestillt; die theoretische Untermauerung wird nachgeliefert. Es lässt ein Bedürfnis nach simplen Problemlösungsmustern erkennen, wenn sämtliche Verbrechen, die im weitesten Sinne mit religiösen Überzeugungen begründet werden, in ihrer Ursächlichkeit auf einen grob konstruierten Kern der Religion schlechthin zurückgeführt werden. Rechtfertigungen der eigenen Taten durch Berufung auf Anweisungen einer (religiösen) Autorität spiegeln meiner Ansicht nach eher ein Bedürfnis nach Verantwortungsabgabe und lassen sich nicht einfach ausmerzen, indem man zu mehr Aufklärung und Vernunft aufruft und Religionsgemeinschaften lächerlich macht; dieser kritische Einwand geht jedoch im neu-atheistischen Sendungsbewusstsein unter. Obgleich Schmidt-Salomon an anderer Stelle auf diese psychische Dispo-

---

Potentiale der Religionen (hier: insbesondere der Islam!) maßlos unterschätzt werden.« (A. a. O., 133).

[29] A. a. O., 33.

[30] A. a. O., 63.

[31] MICHAEL SCHMIDT-SALOMON, Der sogenannte »neue Atheismus«, 3.

[32] Darin sieht SCHMIDT-SALOMON auch die Gefahr des an sich friedlichen »Weichfilter-Christentums«, was nur noch sprachlich den Kontakt zu einer Tradition hält, die es inhaltlich schon längst verlassen hat: Es trübe den Blick für die Gefahren der »reinen, fundamentalistischen, aufklärerisch nicht gezähmten Varianten« der Religion. SCHMIDT-SALOMON, Manifest des evolutionären Humanismus, 33.

sition der Menschen eingeht[33], steht nicht die Psyche des nach Entlastung Suchenden im Mittelpunkt der Ausführungen, sondern die Religion, die als schein-
bare Antwort vom Suchenden ergriffen wird.

Neben dieser ethisch-praktischen Komponente wird die Entscheidung gegen
Religion auf die Ebene des Verstandesvermögens verlagert. Schmidt-Salomon
sieht seine Ansichten zur inhaltlichen Unvereinbarkeit von Wissenschaft und
Glaube bestätigt, wenn Eltern mit Verweis auf ihre religiöse Bindung gegen die
Behandlung der Evolutionstheorie im Schulunterricht klagen: »Der Protest der
Gläubigen gegen die wissenschaftliche Unterweisung ihrer Kinder ist nur allzu
verständlich, *denn nichts enttarnt die Irrtümer der althergebrachten Welterklä-
rungsmodelle schonungsloser als die wissenschaftliche Erhellung der realen Sachverhalte.*«[34] Schmidt-Salomon attestiert einen logisch zwingenden Widerspruch
zwischen traditioneller Religion und der Evolutionstheorie, die hier stellvertretend für die Naturwissenschaft überhaupt verstanden werden darf. Die Wissenschaft sei das beste Instrument, um die Realität zu erklären; dass die Religion
dasselbe Ziel verfolgt, ist eine Behauptung Schmidt-Salomons, die dazu dient,
eine Konkurrenzsituation auf dem Gebiet der »Erhellung der realen Sachverhalte« herzuführen: Wissenschaft versus Religion. Und da die Astrophysik eine
wahrscheinlichere Erklärung für die Entstehung der Erde parat hält als die Genesis, die Biologie die Natur kohärenter zu ordnen weiß als die »archaischen
Mythen«, die Medizin wirksamer gegen grippale Infekte ankommt als Beten und
darüber hinaus Gläubige noch nicht einmal glücklichere Menschen sind, sei die
Religion aufgrund dieser mangelnden Anwendungserfolge auch *»theoretisch
widerlegt«.*[35] Es zeigt sich, dass Schmidt-Salomon der Religion nur dann einen
Sinn zusprechen würde, wenn sie einen bestimmten Zweck messbar und wie-
derholbar erfüllen könnte.

Diese Ansicht spiegelt sich in der Formulierung der »intellektuellen Unred-
lichkeit«, welche die Neuen Atheisten der Religion anlasten.[36] Intellektuelle Redlichkeit wird darin bestimmt, »dass man nicht vorgibt zu wissen oder auch nur
wissen zu können, was man nicht wissen kann«[37]; die Grenzen dieses Wissens

---

[33] Schmidt-Salomon verbindet die Autoritätshörigkeit Adolf Eichmanns mit der
sozialpsychologischen Analyse Erich Fromms zur »Furcht vor der Freiheit« und macht
bestimmte motivationale Faktoren aus, die eine extreme Autoritätshörigkeit bedingen.
Ein Fluchtreflex vor der Überforderung führe dazu, dass statt einer eigenen Meinung ein
»Wille zur Ohnmacht« ausgeprägt werde, der bei Nationalsozialisten ebenso wirksam sei
wie bei unaufgeklärten Gläubigen. Michael Schmidt-Salomon, Jenseits von Gut und
Böse. Warum wir ohne Moral die besseren Menschen sind, München/Zürich 2009, 147-
169.
[34] Schmidt-Salomon, Manifest des evolutionären Humanismus, 10, (Hervorhebung im
Original).
[35] A. a. O., 8, (Hervorhebung im Original).
[36] Thomas Metzinger, Spiritualität und intellektuelle Redlichkeit. Ein Versuch, Vortrag
auf dem Kongress »Meditation und Wissenschaft«, 2013.
[37] A. a. O., 11.

sind im Neuen Atheismus von Logik und Empirie bestimmt.[38] Logik und Empirie wiederum haben sich in der praktischen Verbesserung der Lebensumstände bewährt und definieren, was Wissenschaftlichkeit ist. Indem Schmidt-Salomon »echte Religion« als Antipode zur Wissenschaft konstruiert, kann sie unmöglich in einen Diskurs mit der Wissenschaft treten – und täte sie es doch, wäre sie per definitionem keine »echte Religion«.[39]

2. Begriff und Inhalt

Bei der Auseinandersetzung mit der Religionskritik des Neuen Atheismus fällt die bereits beschriebene Einengung der Begriffe »Religion«, »religiöser Glaube«, »Gott« etc. ins Auge. Es gibt demnach im Neuen Atheismus eine »richtige« und eine »falsche« Verwendung der Begriffe, wobei allein der blinde Glaube der authentische sei und die fundamentalistischen Gläubigen die wahren Gläubigen.[40]

Im neu-atheistischen Vokabular soll jede religiöse Konnotation penibel vermieden werden, auch wenn es um die Beschreibung von Phänomenen geht, die auf den ersten Blick nicht zum empirisch-logischen Wissenschaftsprimat passen wollen. So bemüht sich Schmidt-Salomon um die Etablierung einer »rationalen Mystik«, die Momente des »Außer-Sich Seins« durchaus kennt, aber deutlich macht, dass diese in neurobiologisch erklärbaren »Flow-Momente[n]« bestehen.[41] Schmidt-Salomon geniert sich angesichts des Vokabulars, was er für die Beschreibung eines solchen Flow-Momentes zu Rate ziehen muss: »Nie zuvor und auch nie mehr danach war ich – leider kann ich es nur in dieser esoterisch anmutenden Form ausdrücken – so sehr ›in meiner eigenen Mitte‹, so sehr ›mit mir selbst im Reinen‹, wie in diesem Moment, in dem sich dieses Selbst, mein Ich, verflüchtigte.«[42] Das Unbehagen angesichts solcher Formulierungen macht deutlich, dass Schmidt-Salomon lieber ein in seinem Sinne wissenschaftliches Vokabular verwenden würde, um jeden Eindruck der Nicht-Rationalität oder gar Religiosität zu verhindern. Da der Philosoph, als der Schmidt-Salomon sich versteht, in seinem Verständnis die Aufgabe hat, »alternative Möglichkeiten [zu entwickeln], die Welt in logisch und empirisch kongruenter Weise zu

---

[38] Vgl. SCHMIDT-SALOMON, Manifest des evolutionären Humanismus, 139. Dort führt SCHMIDT-SALOMON aus, dass Behauptungen »logisch/empirisch belegt sein müssen, damit sie von Relevanz sein können.«

[39] Vgl. a. a. O., 7.

[40] Vgl. dazu auch die Schilderungen in SCHMIDT-SALOMONS »philosophischem Groschenroman« mit dem Titel »Stollbergs Inferno«, wo eine klare Hierarchisierung der Glaubensauthentizität anhand der Position in den Ringen des Fegefeuers vorgenommen wird: Die authentisch Gläubigen (z. B. Josemaría Escrivá und die Jungfrau Maria) sitzen nahe bei Gott, die unechten Gläubigen (Hans Küng, Dorothee Sölle und die ganze EKD) schmoren einige Etagen tiefer. MICHAEL SCHMIDT-SALOMON, Stollbergs Inferno, Aschaffenburg ³2007, 18, 24, 33f., 150f., 208 u. a.

[41] SCHMIDT-SALOMON, Jenseits von Gut und Böse, 239.

[42] A. a. O., 240.

begreifen«[43], bedarf es einer angemessenen Begrifflichkeit, um das Begriffene auszudrücken, ohne den Anschein von Unwissenschaftlichkeit entstehen zu lassen. Der Philosoph, so Schmidt-Salomon weiter, habe die Aufgabe, Inhalte »auf den Begriff zu bringen, im Unterschied zum Theologen, der eine metaphysisch begründete Heilsgewissheit voraussetzt«.[44] Die Begriffsbildung münde demzufolge idealerweise in einen Begriff, der dem bestimmten Inhalt eindeutig zugeordnet ist; die Bestimmung des Inhalts geschieht im Neuen Atheismus über die empirisch-logische (Natur-)Wissenschaft, die offenlege, welches die »realen Sachverhalte«[45] sind, über die geredet werden kann. Begriffe gleich welcher Art erlangen so eine definitorische Einfachheit, die esoterische, religiöse und metaphysische Anklänge zu überwinden scheinen. Allein die Kunst dürfe sich die Freiheit nehmen, den Rahmen der intellektuellen Redlichkeit für den Moment zu sprengen.[46]

Für alle anderen Redeweisen könnte Schmidt-Salomon mit Carnap formulieren: »Ein Satz besagt nur das, was an ihm verifizierbar ist. Daher kann ein Satz, wenn er überhaupt etwas besagt, nur eine empirische Tatsache besagen.«[47] Die Sinnhaftigkeit eines Wortes ist nur gegeben, solange eine »scharfe Bedeutung« auszumachen ist, die sich in festgelegten empirischen Kennzeichen manifestiert; sollte dies nicht der Fall sein, »werden wir die Verwendung des Wortes nicht für zulässig halten.«[48] Die letzten Sätze, die sich nahtlos in die Aussagen Schmidt-Salomons einfügen, stammen von Rudolf Carnap. In seinem Aufsatz ›Die Überwindung der Metaphysik durch logische Analyse der Sprache‹ (1931) legt er dar, wie mit der »modernen Logik« schließlich gelinge, was schon oft versucht worden sei: die Beantwortung der »Frage nach Gültigkeit und Berechtigung der Metaphysik«.[49] Während Carnaps Prüfung der empirischen Wissenschaften mit Hilfe der logischen Analyse das »positive Ergebnis« hat, dass »ihr formal-logischer und erkenntnistheoretischer Zusammenhang« erwiesen sei, führt im Fall der Metaphysik »die logische Analyse zu dem negativen Ergebnis, daß *die vorgeblichen Sätze dieses Gebietes gänzlich sinnlos sind.*«[50]

Verblüffend ähnlich muten die Anliegen Carnaps und Schmidt-Salomons dabei an. Beide bedienen sich der Logik und Empirie, um ein wissenschaftlich konsistentes Weltbild zu konstruieren, in dem es eine klare Einteilung in empirisch überprüfbare (also sinnvolle) Sätze und nicht empirisch überprüfbare (also sinnlose) Sätze gibt. Die einzig sagbare und kommunizierbare Welt ist demnach diejenige, die empirisch quantifiziert werden kann. In dieser Ansicht zeigt sich

---

[43] SCHMIDT-SALOMON, Manifest des evolutionären Humanismus, 41.

[44] Ebd.

[45] Vgl. Fußnote 30.

[46] Aufgabe der Kunst sei es, Lebenssinn »*sinnlich erfahrbar*« zu machen. SCHMIDT-SALOMON, a. a. O., 44.

[47] RUDOLF CARNAP, Überwindung der Metaphysik durch logische Analyse der Sprache, in: Erkenntnis 2 (1931), 219-241, 236.

[48] A. a. O., 223.

[49] A. a. O., 219

[50] A. a. O., 219f. (Hervorhebung im Original).

die Annahme, dass die Sprache der Realität nachgeordnet wird und die Bestimmung der Realität Angelegenheit der empirischen Messung und Beschreibung sein sollte. Es geht hier um mehr als die formale Bestimmung eines Satzwertes. Es wird unter der Vorordnung der Empirie verhandelt, was Wirklichkeit ist.

Wie oben erwähnt, ist das offenkundige Versagen der Religion auf dem Gebiet der empirischen Sachverhalte für Schmidt-Salomon Anlass und Grund genug, ihre Unwirklichkeit und Sinnlosigkeit anzunehmen. Eine gründliche Kritik der Wissenschaften und der Möglichkeit ihres Wissens bleibt darüber hinaus bei Schmidt-Salomon aus. Was sich empirisch bewährt hat, wird als Wirklichkeit angenommen. Sprache habe abzubilden, was als diese empirische Wirklichkeit bestimmt wird; ein der Sprache innewohnender Mehrwert oder eine der Sprache eigene Wirklichkeit habe zumindest im akademischen Raum keine Berechtigung.

In der Annahme, dass der Bereich des Empirischen der einzige sei, über den sinnvoll gesprochen werden kann, konvergieren Carnap und Schmidt-Salomon zwar deutlich – doch während Carnap die letzte Konsequenz dieser Einteilung sprachphilosophisch begründen will und so auf die Postulierung von basalen physikalischen »Beobachtungs- oder Protokollsätzen« angewiesen ist, lässt Schmidt-Salomon diese Schlussfolgerungen außer Acht. Freilich herrschte auch bei Carnap bezüglich der Ausgestaltung dieser Sätze eine gewisse Ratlosigkeit[51], die ihn jedoch nicht daran hinderte, sie als das Fundament seiner Sprachphilosophie einzusetzen. Praktische Beispiele, wie z.B. die physikalische Formulierung des Satzes »Herr A. ist jetzt aufgeregt«, offenbaren die Unzulänglichkeit dieser Theorie, die immerhin die Grundlage der wissenschaftlichen Sprache sein sollte: »Der Leib des Herrn A., und insbesondere sein Zentralnervensystem, hat eine physikalische (Mikro-)Struktur, die dadurch gekennzeichnet ist, daß Atmungs- und Pulsfrequenz erhöht ist und sich auf gewisse Reize hin noch weiter erhöht, daß auf Fragen meist heftige und sachlich unbefriedigende Antworten gegeben werden, daß auf gewisse Reize hin erregte Bewegungen eintreten und dergl.«[52] Die Überzeugung, dass die Realität durchweg physikalisch determiniert sei, führt hier zu der Schlussfolgerung, dass auch nicht-reduzierbare (bzw. nicht sinnvoll reduzierbare) Begriffe zwanghaft in eine enge begriffliche Definition genötigt werden müssen, deren Mehrwert nicht ersichtlich ist. Begriffe, deren Inhalt sich über große zeitliche und geographische Räume differenziert hat, und die eine Geistesgeschichte und insofern eine innewohnende Dynamik besitzen, werden ihrer Sinnhaftigkeit beraubt, wenn statische Definitionskriterien angelegt werden. Dass eine solche Festsetzung von Begriffen auch in den

---

[51] »Die Frage nach Inhalt und Form der ersten Sätze (Protokollsätze), die bisher noch keine endgültige Beantwortung gefunden hat, können wir für unsere Erörterung ganz beiseite lassen. Man pflegt in der Erkenntnistheorie zu sagen, daß die ersten Sätze sich auf ›das Gegebene‹ beziehen; es besteht aber keine Übereinstimmung in der Frage, was als das Gegebene anzusprechen ist.« CARNAP, a. a. O., 222f.

[52] RUDOLF CARNAP, Psychologie in physikalischer Sprache, in: Erkenntnis 3 (1932), 107-142, 114f.

Naturwissenschaften nicht stattfindet, legen im Übrigen die lebhaften Diskussionen um Begriffe wie »Gen«, »Energie« oder »Leben« nahe.[53]

Ein solcher Definitionszwang liegt vor, wenn versucht wird, jedem religiösen Begriff eine scharfe Definition zuzuordnen, die nur durch eindeutige Testfragen im Sinne der verifikationistischen Theorie Carnaps bestimmt werden könnte. Wenn Schmidt-Salomon die Bezeichnung »echter Glaube« nur dann zulässt, wenn festgelegte und beobachtbare Kriterien erfüllt sind (Bekenntnis zur leiblichen Auferstehung, Ausgrenzung Andersgläubiger, Angst vor göttlicher Bestrafung in der Hölle etc.), erinnert dieser definitorische Bedingungskatalog an Carnaps aufgeregten Herrn A.; auch dessen Aufregung wird nur als echte Aufregung anerkannt, wenn objektivierbare Kennzeichen vorliegen.

3. Fazit

Die im Neuen Atheismus vorgenommene Einengung der Sprache sehe ich von zwei Faktoren beeinflusst. Zum einen spiegelt sich in der methodischen und inhaltlichen Ausdehnung der Naturwissenschaft auf philosophisch-theologisches Gebiet eine Überschätzung ihres Geltungsbereiches wider; dies entspricht der reduktionistischen Grundhaltung der Strömung, die sich auch in der Sprachphilosophie Carnaps zeigte. Zum anderen lässt sich taktisches Kalkül als Grund für die starre Definition religiöser Begriffe ausmachen: Je konkreter das Feindbild, desto leichter der Angriff. Die stark hervorgehobene Inkompatibilität von Wissenschaft und Religion beruht meiner Ansicht nach auf eben dieser Konkretisierung und Einengung, die jegliche Differenzierung der Begriffe als Sinnentleerung ablehnt. Dies gilt nicht nur für den Begriff der Religion, sondern auch für den der (Natur-) Wissenschaft, deren Idealisierung als reine Verbindung von Empirie und Logik der Praxis nicht gerecht wird.

---

[53] Zum Genbegriff siehe z. B. HELEN PEARSON, Genetics. What is a gene? Nature 441 (2006); MARK B. GERSTEIN/CAN BRUCE/JOEL S. ROZOWSKY/DEYOU ZHENG/JIANG DU/JAN O. KORBEL/OLOF EMANUELSSON/ZHENGDONG D. ZHANG/SHERMAN WEISSMAN/MICHAEL SNYDER, What is a gene, post-ENCODE? History and updated definition, in: Genome research 17 (6) (2007), 669ff. Der Energiebegriff wurde in der Vergangenheit als mechanistischer Gegenbegriff zum vitalistischen Lebensstoff eingesetzt, um wissenschaftlicher über Lebewesen reden zu können; der Begriff blieb jedoch lange eine ungefüllte Leerformel für die mechanistischen Überzeugung der Vitalismusgegner, der nur scheinbar die Unwissenschaftlichkeit des Lebensstoffes überwand. Vgl. ERNST MAYR, Das ist Biologie. Die Wissenschaft des Lebens, Heidelberg/Berlin 2000, 26-29. Vor allem die Diskussionen darüber, was unter »Leben« zu verstehen sei, sind vielfältig und dauern bis heute an, z. B. N. W. PIRIE, The meaninglessness of the terms life and living, in: Perspectives in Biochemistry 11 (1937); ERWIN SCHRÖDINGER, Was ist Leben? Die lebende Zelle mit den Augen des Physikers betrachtet Bern 1946; STEVEN A. BENNER/ALONSO RICARDO/ MATTHEW A. CARRIGAN, Is there a common chemical model for life in the universe? In: Current Opinion in Chemical Biology 8 (2004), 672ff; PATRICK FORTERRE, Defining Life. The Virus Viewpoint, in: Origins of Life and Evolution of Biospheres 40 (2010), 151ff.

Inwiefern der eingeengte Religionsbegriff tatsächlich verbreitet ist und sich in den oben zitierten Studien zur Einschätzung der eigenen Religiosität unter Wissenschaftlern niederschlägt, bleibt reine Spekulation, da die Studien nicht den Versuch unternahmen zu klären, was die Wissenschaftler unter »Religion« eigentlich verstehen. Bezeichnend scheint mir jedoch, dass die Wissenschaftler eher mit dem »Spirituellen« sympathisieren als mit dem »Religiösen«.[54] Dies könnte ein Hinweis sein, dass der Begriff »Spiritualität« an die Stelle der religiösen Begriffe rückt, da er seiner Dynamik bisher weniger beraubt worden ist und daher flexibler gebraucht werden kann. Ein grundsätzlicher Widerspruch zwischen »Spiritualität« und »Wissenschaftlichkeit« ist deswegen weniger plausibel zu konstruieren. Die Folge dieser nachvollziehbaren Abwendung von einem unbrauchbar gemachten Religionsbegriff ließe sich als »spirituelle Areligiosität« bezeichnen und wäre eher als Ausweichbewegung denn als Abwendung zu verstehen.

---

[54] In einer Studie mit insgesamt 296 US-Wissenschaftlern aus den Natur- und Sozialwissenschaften stellte sich heraus, dass sich die Mehrheit als »spirituell« bezeichnet. ECKLUND und LONG stellten gleichzeitig in der Studie fest, dass es sich dabei um eine areligiöse oder bisweilen auch atheistische Spiritualität handelt, da die Verbindungen zum traditionellen Glauben explizit unterbrochen werden sollen. Spiritualität wird im Gegensatz zu den traditionellen Religionsformen nicht als Widerspruch zur wissenschaftlichen Arbeit, mit der sich die Wissenschaftler stark identifizieren, gesehen; in diesem Sinne nennen die Autorinnen das Ergebnis eine »identity-consistent spirituality«. E. H. ECKLUND/E. LONG, Scientists and Spirituality, in: Sociology of Religion 72 (2011), 253ff.

»SCHLUSS. AUS. AUS DIE MAUS.«

Religiöse Indifferenz – Spurensuche in einer Leipziger Eckkneipe

Christiane Nagel

Als die aktuell bei Matthias Petzoldt Promovierenden im Vorfeld des Symposions zu Ehren seines 65. Geburtstags gebeten wurden, sich auf eine die wissenschaftlichen Vorträge *illustrierende Spurensuche* nach dem zu begeben, worüber ihr Doktorvater maßgeblich forscht, nämlich nach *Religionslosigkeit in den neuen Bundesländern* der BRD, entspann sich bei der Verfasserin umgehend folgender Gedankengang: Eine wie auch immer gestaltete (der Auflage nach also nicht wissenschaftliche, sondern eher erfahrungsbezogene) Spurensuche nach einem sozial-anthropologischen Phänomen solcher Art wird am besten durch (nicht ganz wissenschaftliche) *Feldforschung* in Angriff genommen. Somit entwickelte sich schnell ein kleines, methodologisch vielleicht nicht völlig »sauberes«, dafür aber umso vergnüglicheres Forschungsvorhaben, welches im Folgenden nun in essayistischer Form kurz vorgestellt werden soll.

1. Methodologische Vorüberlegungen: Wer? Wie? Was? Wieso? Weshalb? Warum?

Als erstes konkretisierte sich das *Forschungsinteresse* vom Phänomen der allgemeinen Religionslosigkeit hin zum Aspekt der *religiösen Indifferenz*:[1] Nicht »gegnerischer« Atheismus oder bewusst entschiedene Nicht-Religiosität sollten Gegenstand des Projekts sein, sondern »Gleichgültigkeit, Desinteresse, ein Sich-nicht-betroffen-fühlen von religiösen Fragen.«[2] Aus dieser Festlegung des Forschungsgegenstandes heraus ergaben sich folgende *Fragestellungen*: Ist religiöse Indifferenz, wie oben arbeitshypothetisch definiert, bei einer relativ willkürlich gewählten Gruppe von Personen vorfindbar? Wenn ja, wie wiederum äußert sie

---

[1] Denn augenfällig an Religionslosigkeit in Ostdeutschland ist nicht primär »dezidierter Atheismus«, sondern »vielmehr die Selbstverständlichkeit, mit der häufig das *Fehlen* religiöser Bindung vorausgesetzt wird. Oder auch die Selbstverständlichkeit, mit der eine religiöse Verortung *kein* Thema ist.« MONIKA WOHLRAB-SAHR, Religionslosigkeit als Thema der Religionssoziologie , in: Pastoraltheologie 90 (2001), 152-167, 152.

[2] DETLEF POLLACK/MONIKA WOHLRAB-SAHR/CHRISTEL GÄRTNER, Einleitung, in: DIES., Atheismus und religiöse Indifferenz, Opladen 2003, 9-20, 12. Es geht dementsprechend um religiöse Indifferenz im *existenziellen* Sinne, also um das Nicht-Vorhandensein jeglichen individuell-emotionalen Interesses an religiösen Fragestellungen.

sich? Und wie hoch ist in dieser Personengruppe der Anteil als demnach religiös indifferent kategorisierbarer Personen im Gegenüber zu solchen, die man als religiös einstufen könnte?

Bei der Festlegung des diesem Projekt zugrundeliegenden Begriffs von *Religiosität* wurde sich – bei vollem Bewusstsein der Problematik einer Definition von Religion bzw. Religiosität und aus pragmatischen Gründen – für eine Kombination aus funktionalen und substantiellen Ansätzen entschieden. Als religiös gilt der Verfasserin mithin solches menschliches Verhalten, bei dem innerweltliche existenzielle Kontingenzen *sinnstiftend* überwunden werden (funktionaler Aspekt), indem über die eigene Person und vorfindliche Welt hinaus *transzendiert* wird (substantieller Aspekt). Wo sich hingegen individuelle Sinnstiftung ohne Transzendenzbezug rein innerweltlich vollzieht, wo dazu also nicht über die eigene Person hinaus gefragt wird, liegt dieser Festlegung nach Nichtreligiosität vor.[3]

Der nächste Schritt war die Wahl des *Forschungsfelds*: Welche Personengruppe soll in welchem soziokulturellen Umfeld zu welcher Zeit an welchem Ort erforscht werden? Oder zugespitzt auf oben genannte Forschungsinteressen formuliert: Wann und wo reden alle Beteiligten über *Gott und die Welt*? Die Antwort auf diese Frage fand sich schnell: »Es gibt keinen Ort auf dieser Welt, an dem so viel *geredet* wird wie in der Kneipe.«[4] Wenn es also in der deutschen Alltagskultur einen freizeitlichen Rahmen gibt, in dem in ungezwungener Atmosphäre über verschiedenste, die Person individuell betreffende Themen – wie eben auch die Frage nach der eigenen Nicht-/Religiosität – gesprochen werden kann, dann besteht dieser möglicherweise im *Kneipengespräch zum Feierabendbier*.[5]

---

[3] Vgl. dazu ein ähnlicher bzw. dem hier Dargelegten vorausgehender Ansatz bei Detlef Pollack, Was ist Religion? Probleme der Definition, in: Zeitschrift für Religionswissenschaft 3 (1995), 163-190. Als am entferntesten von Religiosität wird hier eine pragmatische Welthaltung beschrieben, in der es »weder zur Aktualisierung von Sinnfragen noch zur Übernahme religiöser Antworten« kommt. a. a. O., 189.

[4] Franz Dröge, Thomas Krämer-Badoni, Die Kneipe. Zur Soziologie einer Kulturform oder »Zwei Halbe auf mich!«, Frankfurt a. M. 1987, 208. Die Verfasserin räumt an dieser Stelle ein, dass die Schnelligkeit der Antwortfindung durchaus vorbeeinflusst gewesen sein kann durch eine gewisse eigene Affinität zum abendlichen Kneipengang. Solche persönlichen heuristischen Voraussetzungen sind – gerade bei empirischer Forschung – natürlich immer offen zu legen.

[5] »Kneipen gehören in Deutschland [...] zu den zentralen Institutionen der Alltagskultur. Das vielfältige Spektrum ihrer Funktionen geht dabei über das Angebot von Getränken – und eventuell Speisen – hinaus: Je nach Bedürfnis der Gäste können Kneipen sowohl Anregung und Abwechslung von der täglichen Routine als auch Erholung und Entspannung bieten. Hier sind soziale Kontakte von hoher Unverbindlichkeit ebenso möglich wie der regelmäßige Austausch mit Gleichgesinnten bis hin zu vielfältigen Formen wechselseitiger sozialer Unterstützung in kleineren oder größeren Krisensituationen.« Gudrun Schwibbe, Forschungsfeld: Kneipenkultur, in: dies., Kneipenkultur. Untersuchungen rund um die Theke, Münster 1998, 1-9, 1.

Die Kneipe ist ein Ort der Kommunikation:[6] Nicht einfach nur der Konsum bestimmter Getränke, sondern soziale Kontakte sind hauptsächlicher Beweggrund für ihren Besuch.[7] Dadurch zieht sie folglich auch nur ein bestimmtes Klientel an Personen an, nämlich solche, die einerseits in ihrer Freizeit das Bedürfnis »nach Kontakt, zwischenmenschlicher Beziehung, Austausch«[8] haben und die andererseits über jene »sozialen Kompetenzen wie Reden, Regelbeherrschung, Normtoleranzen, [...] milieutypischen Witz [...] [und] die diesen Kriterien vorausgesetzten Fähigkeiten zu einer flexiblen, überzeugten und überzeugenden *Ich-Präsentation* in der Öffentlichkeit [verfügen].«[9] Somit ergab sich aus der Entscheidung für die Kneipe als Ort dieses kleinen Forschungsprojekts schon eine gewisse Vorauswahl die zu befragenden Personen betreffend. Denn schließlich ist an dieser Stelle natürlich grundsätzlich daran zu erinnern, dass gesamtgesellschaftlich gesehen »einer absoluten Minderheit von Kneipenbesuchern [...] eine große Mehrheit von Nicht-Kneipengängern gegenüber [steht].«[10] Führt man also eine Befragung zum Thema individueller Religiosität beim abendlichen Bier in einer Kneipe durch, hat man es mit einer spezifischen Auswahl von Personen zu tun.

Zunächst wurde relativ willkürlich eine Leipziger Eckkneipe ausgewählt:[11] Gelegen im Zentrum der Stadt ist sie weder ihres Interieurs und Angebots noch ihrer Zielgruppe nach einer bestimmten Szene oder einem spezifischen Milieu zuzuordnen – sowohl UniversitätsprofessorInnen als auch Geschäftsführende sowie Angestellte kehren teilweise sporadisch, teilweise regelmäßig ein. Es gibt eine feste Stammkundschaft genau so wie ein gewisses Laufpublikum. Bei der Durchführung der Befragung wurde versucht, alle diese Personengruppen in der Auswahl zu berücksichtigen.

So ergab sich zusammengefasst folgendes Bild die insgesamt 12 Befragten betreffend: Mit einer Altersspanne von 19 bis 62 Jahren wurde ein Durchschnittsalter von rund 35 Jahren erreicht. Darunter waren von Studierenden

---

[6]   Dabei ist am Rande darauf hinzuweisen, dass *Kneipengespräche* einige formale Spezifika aufweisen: »Argumentationslosigkeit und Konsensregel konstituieren einen Formzusammenhang des Redens, der es einerseits gestattet, ein Höchstmaß an topischem Interesse und seiner subjektiven Durchdringung einzubringen, ohne daß[!] damit andererseits die Grenzen der Kollektivität, der In-group, gesprengt würden.« Dröge/Krämer-Badoni, Die Kneipe, 217.

[7]   Vgl. Hanna Würth, »Die Runde geht auf mich!«. Eine Untersuchung über den Umgang mit Alkohol und das Trinkverhalten in Kneipen, in: Schwibbe, Kneipenkultur, 185-193, 191.193. Vgl. auch Kai-Peter Diana, Alina Kupisch, Schweigen ist Silber, Reden ist Gold. Kommunikation in der Kneipe, in: Schwibbe, Kneipenkultur, 195-210, 208.

[8]   Dröge/Krämer-Badoni, Die Kneipe, 68.

[9]   Ebd. [Hinzufügung: C. N.].

[10]   Ebd., 61, [Hinzufügung: C. N.].

[11]   Willkürlich bedeutet in diesem Fall allerdings, dass es sich um eine der Verfasserin bereits bekannte Kneipe handelt, in der sie mit relativ hoher Sicherheit davon ausgehen konnte, verhältnismäßig leicht mit den anzutreffenden Personen ins Gespräch zu kommen. Bei den Befragten handelte es sich aber größtenteils dennoch um der Verfasserin zuvor nicht bekannte Personen.

und Auszubildenden über Angestellte und Geschäftsführende bis hin zu einem Rentner im Grunde alle oben angerissenen Personengruppen vertreten. Des Weiteren wurden sowohl StammkundInnen als auch sich nur auf der Durchreise durch Leipzig Befindende mit einbezogen. Ebenso relativ ausgewogen war die Verteilung der Geschlechter: Knapp die Hälfte der Befragten waren weiblich.[12]

Mit dieser eher heterogenen Gruppe von Personen wurden an insgesamt fünf Abenden (sowohl wochentags als auch am Wochenende) face-to-face-Interviews von 16 Fragen Umfangs durchgeführt. Dabei fiel die Wahl auf einen innovativ-interpretativen, qualitativen, kreativ-soziologischen Ansatz, der konkret in einer Kombination aus Fragen des ALLBUS-Katalogs und aus eigenen Fragestellungen bezüglich der individuellen Nicht-/Religiosität, Spiritualität, Konfessionalität, religiösen Praxis und Haltung zu Religion respektive Kirche im Allgemeinen bestand. Die Gesprächsdauer schwankte – bedingt durch die Redseligkeit der Befragten (und der Interviewerin) – zwischen mindestens 5 und maximal 25 Minuten.

2. Auswertung: Der! Die! Das!

Im Folgenden sollen nun die Ergebnisse dieser Feldforschung präsentiert werden. Zunächst wurden die Teilnehmenden auf ihre etwaige *Konfessionalität* hin befragt. Dabei ergab sich folgendes Bild: Von zwölf Personen war lediglich eine konfessionell, nämlich evangelisch-lutherisch, gebunden.[13]

Die Rede von einer »*Kultur der Konfessionslosigkeit*«[14] der neuen Bundesländer erscheint also unverändert angebracht und wird durch den hier befragten

---

[12] Entgegen der gängigen Vorstellung, dass das Feierabendbier in der Kneipe eher typisch für das männliche Geschlecht sei, »scheint der Kneipenbesuch heutzutage selbstverständlicher Bestandteil weiblicher Freizeitgestaltung zu sein«. BETTINA KÖHN/ANNIKA M. MIHR, »Ich glaub, man kann auch nicht überall reingehen«. Eine empirische Untersuchung über Frauen und Kneipen, in: SCHWIBBE, Kneipenkultur, 229-240, 231.

[13] Vergleicht man diese Zahlen mit den ALLBUS-Daten, wird deutlich, dass es sich hierbei durchaus um eine für den Osten der Republik typische Situation handelt: Gegen ca. 68% Konfessionslosen stehen 29%, die Mitglied in einer der beiden Großkirchen sind. Quelle: ALLBUS 2012 – Studiennummer 4614, eigene Berechnungen.

[14] GERT PICKEL, Konfessionslose in Ost- und Westdeutschland – ähnlich oder anders?, in: DETLEF POLLACK/GERT PICKEL, Religiöser und kirchlicher Wandel in Ostdeutschland 1989-1999, Opladen 2000, 206-235, 207. Dem gegenüber steht eine »Zugehörigkeitskultur zur Kirche in Westdeutschland«. Ebd.
Nach aktueller Datenlage sind in den alten Bundesländern immerhin ungefähr 74% Angehörige einer der beiden Großkirchen und lediglich (aber gleichzeitig immerhin) 18% Konfessionslose. Quelle: ALLBUS 2012 – Studiennummer 4614, eigene Berechnungen.
Interessant ist dabei, dass – bei seit der Wende stetig ansteigender Zahl der Konfessionslosen in Ost- und Westdeutschland – sich die Zahl der Konfessionslosen in den alten Bundesländern seit den 1980er Jahren sogar ca. verdreifacht hat. Vgl. Gert Pickel, Atheistischer Osten und gläubiger Westen? Pfade der Konfessionslosigkeit im innerdeutschen

Personenkreis anschaulich illustriert. Schaut man genauer nach den Gründen für diese institutionell-religiöse Ungebundenheit, zeigten die elf Konfessionslosen ein relativ einheitliches Muster: Bei allen fehlt schlicht ergreifend der lebenspraktische Bezug zur institutionalisierten Religion: »Ich bin so nicht groß geworden« oder »Es zieht mich da nichts hin«, waren hier die gängigen Antworten.[15] Bei der evangelisch-lutherischen Person ist augenfällig, dass auch ihrer konfessionellen Gebundenheit keine individuell-weltanschauliche Fundierung zugrunde liegt, sondern vielmehr ein sehr diesseitig orientierter Pragmatismus den Beweggrund darstellt, Mitglied der Kirche, in die sie durch die Familie hineingewachsen war, zu bleiben: So befand sich diese Person zur Zeit der Befragung in einer beruflichen Ausbildung mit der Perspektive, später möglicherweise auch in kirchlichen Einrichtungen angestellt zu werden. Ohne diesen Aspekt der Profession, so die betreffende Person, hätte sie aufgrund mangelnden individuellen Bezugs die evangelisch-lutherische Landeskirche Sachsens schon längst verlassen.

Gleiches spiegelte sich auch bei den Vier der Konfessionslosen wider, die irgendwann aus der Kirche ausgetreten waren. Die Entscheidung dafür fiel ausnahmslos bereits im Jugendalter – spätester Anlass war der Zeitpunkt der Konfirmation. Die Gründe dafür lagen nie in einer dezidiert ablehnenden Haltung gegenüber Kirche respektive Religion, sondern auch hier wieder in einem nicht vorhandenen individuellen Bezug. Dabei galt ihnen selbst der amtliche Akt des Kirchenaustritts als derart bedeutungslos, dass er zu Teilen nicht einmal »offiziell« vollzogen wurde.[16]

Ein dafür typischer Interviewverlauf sei an dieser Stelle kurz skizziert: Auf die Frage nach etwaiger religiös-konfessioneller Gebundenheit antwortete ein Gesprächsteilnehmer zwar verneinend, gab im nächsten Schritt des Interviews

---

Vergleich, in: GERT PICKEL/KORNELIA SAMMET, Religion und Religiosität im vereinigten Deutschland. Zwanzig Jahre nach dem Umbruch, Wiesbaden 2011, 43-77, 45.

[15] Zwar wurden die Teilnehmenden ganz allgemein gefragt, ob sie Mitglied irgendeiner Form von spirituell-religiöser Gemeinschaft wären. Allerdings wohl bedingt durch den vorherrschenden westeuropäischen bzw. konkret bundesdeutschen Kulturraum interpretierten sie die Frage von selbst immer als Frage nach ihrer *Kirchenzugehörigkeit.*

[16] Zumal ein Kirchenaustritt in den neuen Bundesländern der gesellschaftlich legitimen Mehrheitskultur entspricht. Im Westen der Republik hingegen steht der Vollzug einer solchen Entscheidung gegen den sozialen Mainstream. Vgl. a. a. O. 44. An dieser Stelle ist allerdings zu betonen, dass die Befragten – bis auf zwei Ausnahmen allesamt im Osten Deutschlands sozialisiert – keinesfalls eine dezidiert negative Einstellung zu den christlichen Großkirchen haben. Aufgefordert, den Satz »Ich finde es gut, dass es Kirche gibt, weil« zu beenden, nennen rund zwei Drittel das soziale Engagement und die seelsorgerlichen Dienstleistungen der Kirchen »für die, denen's hilft« als positiv. Die Aussage »Ich fände es besser, wenn es Kirche nicht gäbe, weil« wollen wieder ca. zwei Drittel gar nicht erst vervollständigen: »Für die, die dran glauben, ist es doch okay. Als Halt. Jeder braucht was, woran er sich halten kann.« Die Übrigen nennen Kreuzzüge und aktuelle Missbrauchsskandale als etwas, das mit der Nichtexistenz der Kirchen vielleicht vermeidbar gewesen wäre. Und nur eine Person beendet den Satz mit »weil Kirche nicht in unser aufgeklärt-wissenschaftliches Weltbild passt.«

allerdings an, als Kind getauft worden zu sein. Als dann gefragt wurde, wann denn der Kirchenaustritt vollzogen wurde, kam zur Antwort: »Wie – wann? Na, ich bin einfach nicht mehr hingegangen.« Als die Verfasserin dann anmerkte, dass er technisch gesehen dann doch noch Kirchenmitglied sein müsste, klärte die betreffende Person das Missverständnis auf mit dem Hinweis: »Nee, ich bin wirklich nicht kirchlich. Ich war da seit meiner Kindheit nicht mehr. Habe ja auch noch nie Kirchensteuer gezahlt.«[17]

Da vorliegendes Projekt nun aber nicht Konfessionalität, sondern Religiosität bzw. religiöse Indifferenz zum Forschungsgegenstand hat, wurden die Befragten im nächsten Interviewschritt gebeten, ihre eigene *Religiosität* auf einer Zehnerskala (von 1 = nicht religiös bis 10 = religiös) selbst einzuschätzen.[18] Dabei ordneten sich die elf Konfessionslosen mit einem Mittelwert von 3,5 als eher nicht religiös ein.[19] Erscheint dieser Wert nicht sonderlich unerwartet, erstaunt dafür zunächst die Angabe der evangelisch-lutherischen Person umso mehr: Mit einem Wert von 4 ordnete sich auch diese Person – trotz ihrer konfessionellen Gebundenheit – als eher nicht religiös ein und begründete dies außerdem wie folgt: »Rein gefühlsmäßig würde ich ja 1 ankreuzen. Aber ich gehöre ja [eben aus beruflichen Gründen, Anm. d. Vfn.] nun mal doch noch zur Kirche.«[20]

---

[17] Das Argument der Kirchensteuer fungiert hier also *nicht als Grund, sondern als Beweis* für die Nichtzugehörigkeit zur Kirche. Vgl. dazu ebd. »Allerdings bietet die Kirchensteuer eine gute, weil rationale und überwiegend akzeptierte Begründungsstrategie [für einen Kirchenaustritt].« a. a. O., 61. Säkularisierungstheoretisch gedacht lässt sich also sagen: »Langfristige gesellschaftliche Entwicklungen bestimmen die Abwendung von der Kirche, lebenszyklische Erfahrungen mit der Kirchensteuer und kirchenpolitische Skandale den Zeitpunkt.« a. a. O., 74.

[18] Orientiert wurde sich hier an der Vorgehensweise des ALLBUS-Fragenkatalogs.

[19] Über die Hälfte der Konfessionslosen gab sich auf der oben genannten Skala einen Wert von 1 oder 3. Niemand aus dieser Gruppe ordnete sich bei 8, 9 oder 10 ein. Diejenigen, die ihr Kreuz bei 6 oder 7 machten, begründeten dies bspw. damit, dass sie den Großeltern zuliebe den Weihnachtsgottesdienst besuchten und dementsprechend also doch irgendwo einen Bezug zum Thema Religion hätten.

Dass gerade der Gottesdienstbesuch eine deutlich untergeordnete Rolle im Leben der Befragten spielt, wurde evident bei der Abfrage etwaiger religiös-institutionalisierter Praxis: 42% gehen *nie* in den Gottesdienst und begründen dies damit, dass solches noch nie Gegenstand ihres Alltags war. Ca. ein Drittel gab an, zu Taufen oder Beerdigungen *und (den Großeltern zuliebe) zu Weihnachten* in Kirchen zu gehen. (In diese Gruppe fällt auch die evangelisch-lutherische Person.) Und immerhin ein Viertel aller Befragten geht nur zu Beerdigungen oder Taufen, also *wenn man eingeladen wird*, in Gottesdienste. Der allsonntägliche Gottesdienstbesuch kommt für alle Beteiligten von vornherein nicht in Frage.

[20] Zur Relativierung dieser Zahlen hier wieder der Vergleich mit den ALLBUS-Daten: In den neuen Bundesländern ordnen sich die Konfessionslosen bei einem Mittelwert von 1,7 als *nicht religiös* ein – die gleiche Personengruppe erreicht im Westen der Republik den leicht höheren Wert von 2,6. (Der sehr deutliche Wert Ostdeutschlands kann u. a. mit dem Hinweis darauf gesehen werden, dass es sich bei den Betreffenden teilweise um Konfessionslose in der dritten Generation handelt. Zu diesem Phänomen der »Folgekonfessionslosigkeit« vgl. ebd., 63.) Die evangelisch-konfessionell Gebundenen erreichen in

Um begrifflichen Engführungen, wie der einseitigen Fokussierung auf den Aspekt (institutionalisierter) Religiosität und dadurch eventuell vorhandenen verständnisleitenden Voreinschränkungen, zu entgehen, wurden die Befragten in einem weiteren Schritt gebeten, ihre eigene *Spiritualität* einzuschätzen.[21] Dabei ergab sich rein zahlenmäßig keine sonderliche Verschiebung bei der Gruppe der Konfessionslosen: Mit einem Mittelwert von 3,9[22] können sie auch wieder als eher nicht spirituell eingestuft werden.[23] Interessant ist hier erneut die Angabe der evangelisch-lutherischen Person: Ohne zu zögern oder zu kommentieren legte sie sich auf den Wert von 1 (also gar nicht spirituell) fest.[24]

Nach diesen eher einführenden Items wurden die Teilnehmenden auf konkrete religiöse Inhalte hin befragt. So wurden sie im folgenden Interviewverlauf

---

den neuen Bundesländern einen Wert von 6 und sind somit auch höchstens als *moderat religiös* einstufbar. Ein ähnliches Bild zeigen die Evangelischen in Westdeutschland mit dem leicht niedrigeren Wert von 5,3. Quelle: ALLBUS 2012 – Studiennummer 4614, eigene Berechnungen.

[21] Dabei wurde eine ähnliche Skala wie zum Item der Religiosität angewandt – von *1 = nicht spirituell* bis *10 = spirituell*. Auch hierfür diente der ALLBUS-Fragenkatalog als Vorlage.

[22] Dieser Wert ergab sich aus folgenden Angaben: Über 50 % der Befragten machten ihr Kreuz bei 1, 2 oder 3 und niemand bei 9 oder 10. Je eine Person gab einen Wert von 6, 7 oder 8 an; verbunden immer mit Begründungen wie bspw. der folgenden: »Naja, man denkt ja schon über den eigenen Tod nach.« Bereits das *innerweltliche* Reflektieren auf die eigene Endlichkeit wird hier als spirituell eingestuft.

[23] Auch an dieser Stelle können die Daten der Vergleichsgruppen des ALLBUS komparativ herangezogen werden: Sowohl Konfessionslose in den alten Bundesländern als auch evangelisch-konfessionell Gebundene in beiden Teilen der Republik erreichen auf dieser Skala einen Wert von 3 (also eher nicht spirituell). Herausstechend sind an dieser Stelle wieder die Konfessionslosen in Ostdeutschland mit dem niedrigsten Wert aller Vergleichsgruppen von 1,9. Quelle: ALLBUS 2012 – Studiennummer 4614, eigene Berechnungen.

[24] Neben der Selbsteinschätzung der individuellen Spiritualität wurden die Teilnehmenden auch im Gespräch gefragt, ob sie denn irgendwelche Glücksbringer hätten oder vor schwierigen Situationen Glück bringende Rituale vollzögen. Die knappe Mehrheit verneinte dies entschieden. Die Anderen beschrieben kleine Talismane wie Glückspfennige (»Damit das Geld nie ganz alle geht.«) oder z.B. auch gut erprobte Prüfungskugelschreiber. Dass solche Formen des Versuchs der Beeinflussung an sich unverfügbarer Lebenssituationen jedoch keinesfalls gleichsetzbar sein können mit etwaiger über das Vorfindliche hinaus transzendierender *Ersatzreligiosität*, veranschaulicht das folgende Beispiel eines Freizeithandballers: »Sportler sind immer abergläubisch. Ich [als Torwart] begrüße z. B. immer vor jedem Spiel mein Tor. Und wenn der Pfosten gut mitarbeitet, wird er auch gestreichelt. Das heißt ja aber nicht, dass man da an sein Tor glaubt. Oder an wen da oben.« Dem Sprechenden, einer der Konfessionslosen, die keinerlei Vorstellung einer Existenz Gottes oder Jenseits anhängen, scheint seine Selbstironie also durchaus bewusst zu sein.

gebeten, sich zustimmend oder ablehnend zu Aussagen über bestimmte *Gottes-vorstellungen* zu positionieren. Dabei ergab sich folgendes Bild:[25]

	Es gibt einen Gott, der sich mit jedem persönlich befasst.	Es gibt einen Gott, der Gott für uns sein will.	Unser Leben wird letzten Endes bestimmt durch die Gesetze der Natur.	Das Leben ist nur ein Teil der Entwicklung in der Natur.	Es kann sein, dass es Gott gibt. Aber wenn, dann betrifft mich das nicht.
Konfessionslose (n = 11)	4,4	4,6	1,7	1,4	3,3
Evangelisch-Lutherisch (n = 1)	5	5	1	2	5

Tabelle 1 – Angaben: Mittelwerte einer 5er Skala von 1 = niedrigste Ablehnung bis 5 = stärkste Ablehnung.

Auf den ersten Blick wird deutlich, dass jegliche auch nur christlich-religiös anmutenden Gottesvorstellungen deutlich abgelehnt werden[26], wohingegen Aussagen, die mit einem naturwissenschaftlichen Weltbild kompatibel sind, klare Zustimmung finden.[27] Allerdings zeigte das immer parallel stattfinde Gespräch zwischen Interviewerin und Befragten, dass es bei derartiger Ablehnung nie um eine grundsätzliche Verneinung der Möglichkeit solcher Vorstellungen ging, sondern immer darum, dass die vorgeschlagenen Gottesvorstellungen nicht den eigenen Empfindungen entsprechen: »Nee, auf die Idee käme *ich* gar nicht.«[28]

Des Weiteren wurden etwaige *Jenseitsvorstellungen* abgefragt, indem die Möglichkeit gegeben wurde, frei zu antworten auf die Frage »Was, denkst du,

---

[25] Die folgenden abgefragten Gottesaussagen sind teilweise eigenständige Formulierungen und teilweise ebenfalls aus dem ALLBUS-Fragenkatalog übernommen.

[26] Vor allem die zweite Aussage »Es gibt einen Gott, der Gott für uns sein will« findet Ablehnung bzw. Unverständnis. Kopfschütteln und der Ausruf »Albern!« war z. B. die Reaktion einer Befragten.

[27] Wieder zeigt die Datenlage des 2012er ALLBUS ein ähnliches Bild: Konfessionslose in den alten und vor allem in den neuen Bundesländern lehnen Aussagen religiösen Inhalts ab. Selbst die Evangelischen erreichen in beiden Teilen Deutschlands einen Mittelwert von 3 – Zustimmung und Ablehnung halten sich in dieser Vergleichsgruppe also die Waage. Quelle: ALLBUS 2012 – Studiennummer 4614, eigene Berechnungen.

[28] Dies begründet vielleicht auch die leicht schwächere Ablehnung bei der letzten Aussage »Es kann sein, dass es Gott gibt. Aber wenn, dann betrifft mich das nicht.« An dieser Stelle muss ebenfalls angemerkt werden, dass die Befragten auch keine alternativen Gottesvorstellungen zu den ihnen vorgeschlagenen äußerten. Die einzelnen Gespräche zeigten vielmehr, dass die Teilnehmenden kein Bedürfnis hatten, nach transzendenten Bezugspunkten zu fragen.

passiert nach dem Tod?« Die einzelnen, teils sehr ausführlichen, teils sehr knappen Reaktionen lassen sich in vier Gruppen kategorisieren.

Exakt die Hälfte aller Teilnehmenden (inklusive der evangelisch-lutherischen Person) antwortete im Großen und Ganzen mit einer der folgenden Formulierungen: »Schluss. Aus. Tschüssi«, »Lampe aus und Schluss«, »Schicht im Schacht«, »Wenn die Sicherung durch ist, ist's durch« oder auch »*Schluss. Aus. Aus die Maus.*« Ein Viertel der Befragten beschrieb eine Form der geistigen Weiterexistenz im Andenken von Familie oder Bekannten.[29] Eine Person hoffte auf eine Form von Wiedergeburt auf dieser Erde. Und zwei der Befragten reagierten mit »Das weiß ich nicht« bzw. mit »Das kann man nicht wissen« Augenfällig ist, dass die Vorstellungen aller Teilnehmenden, von dem, was nach dem Tod kommt, komplett auf das Diesseits bezogen waren. Gedanken einer *jenseitigen* Weiterexistenz, also außerhalb der vorfindlichen Weltstruktur, wurden von niemandem geäußert.[30]

Um herauszufinden, ob in Bezug auf die eigene Endlichkeit dennoch gewisse Transzendierungssehnsüchte bestehen, wurden die Teilnehmenden direkt im Anschluss gefragt, was sie – wenn sie es sich aussuchen könnten – für sich nach dem Tod wünschen würden. Über fünfzig Prozent deutete beachtlicher Weise diese Frage um und antwortete: »Dann würde ich erst gar nicht sterben.« Wieder konstant ein Viertel wählte wie zuvor für sich die Weiterexistenz im Andenken der Angehörigen. Und immerhin noch zwei Personen antworteten bspw. wie folgt: »Trotzdem game over. Dann kriegt man eh nichts mehr mit. Und irgendwer muss sterben, wenn's auch wieder neue Kinder geben soll.« Alle Gruppen zeigen damit, dass keinerlei unbefriedigtes Bedürfnis für transzendierende Kontingenzbewältigung zu bestehen scheint. Der Gedanke, dass Leben in all seinen Zusammenhängen die vorfindliche Welt nicht übersteigt, wird hingegen als sinnstiftend und erfüllend erfahren.

Vor dem Hintergrund, dass es also für die Befragten mehrheitlich keinerlei Form von Gott oder ewigem Leben gibt, fragte im Fortlauf des Interviews die Verfasserin in Gedenken an einen Philosophen des Protestantismus:[31] »Woher weißt du, was gut und böse ist?« Lassen sich zwar die Antworten entsprechend der zugegeben leichten Diffusität der Fragestellung nicht kategorisieren, zeigt sich dennoch wieder ein gewisses Grundmuster bei allen Beteiligten.

So werden jegliche *Moralvorstellungen* aus dem konkreten Umfeld der eigenen Person bezogen – sei es die genossene gute Erziehung, seien es gesell-

---

[29] Dabei wurden teilweise (pseudo-) naturwissenschaftlich unterlegte Deutungsmuster angewandt, wie z.B. bei folgender Aussage eines Befragten: »Energie kann nie verloren gehen, sondern wird immer umgewandelt. Und meine Energie geht dann in der Natur weiter. Als Wurmfutter oder was weiß ich.«

[30] Denn schließlich weisen weder der Wunsch nach einem Weiterleben in der Erinnerung nahestehender Menschen noch der Gedanke eines Wiedergeburtszyklus über das Diesseits hinaus.

[31] »[Die] Postulate [der reinen praktischen Vernunft] sind die der *Unsterblichkeit*, der Freiheit [...] und des *Dasein Gottes*.« IMMANUEL KANT, KpV A, 238.

schaftliche Konventionen oder schlicht das eigene »Bauchgefühl«: »Wenn ich's so sehe, also vor allem Gewalt oder so, *dann weiß ich einfach,* dass es falsch ist.« Überirdische ethische Kontroll- oder Norminstanzen, die zu einem moralisch guten Leben verpflichteten, werden im Gespräch erst gar nicht in Betracht gezogen.

Die sich im bisherigen Interviewverlauf deutlich äußernde Tendenz, weder religiöse Inhalte zu nutzen noch über die vorfindliche Welt hinaus zu transzendieren, zeigte sich vor allem auch bei den Frageblöcken, in denen die Beteiligten angehalten wurden, über den Sinn ihres Lebens zu reflektieren. Zunächst ergab sich dabei folgendes Bild:[32]

	Das Leben hat für mich nur eine Bedeutung, weil es einen Gott gibt.	*Das Leben hat einen Sinn, weil es nach dem Tod noch etwas gibt.*	*Das Leben hat nur dann einen Sinn, wenn man ihm selber einen Sinn gibt.*	*Für mich besteht der Sinn des Lebens darin, dass man versucht, das Beste daraus zu machen.*	*Das Leben hat meiner Meinung nach wenig Sinn.*	*Meiner Meinung nach dient das Leben zu gar nichts.*
Konfessionslose	5	3,5	1	1,5	5	5
Evang.-lutherisch (n = 1)	5	5	2	2	5	5

Tabelle 2 – Angaben: Mittelwerte auf einer 5er Skala von 1 = niedrigste Ablehnung bis 5 = stärkste Ablehnung

Religiös konnotierte Aussagen werden von allen Befragten abgelehnt;[33] deutliche Zustimmung erfahren hingegen wieder all jene, die vollständig auf die eigene Person bezogen sind.[34] Hervorzuheben ist an dieser Stelle, dass *Sinnstiftung*

---

[32] Wieder war der ALLBUS-Fragenkatalog Quelle der Inspiration für die vorgeschlagenen Aussagen über den Sinn des Lebens.

[33] Die zweite Aussage, die die Vorstellung eines ewigen Lebens als sinnstiftend evoziert, findet bei den Konfessionslosen zwar nur leichte Ablehnung. Allerdings muss dies vor dem Hintergrund gesehen werden, dass es sich hierbei um die 25 % handelt, die vorher schon angaben, dass sie hofften im Andenken ihrer Angehörigen weiterzuleben.

[34] Dieses Ergebnis illustriert wieder anschaulich die Datenlage des aktuellen ALLBUS: Konfessionslose in den alten und neuen Bundesländern lehnen am deutlichsten »Gott« oder ein »ewiges Leben« als sinnstiftend ab. Auch die Evangelischen in Ost und West zeigen in Bezug auf diese Aussagen (mit einem Mittelwert von 3,6) eine leichte Ablehnung. Auf die eigene Person bezogene Sinnbestimmungen erfahren von allen Vergleichsgruppen deutliche Zustimmung – am stärksten von den Konfessionslosen in Ostdeutschland. Den Sinn des Lebens verneinende Aussagen werden wiederum von allen – ohne Unterschiede zwischen den Gruppen – deutlich abgelehnt. Quelle: ALLBUS 2012 – Studiennummer 4614, eigene Berechnungen.

in Bezug auf das eigene Leben als von allen äußerst wichtig empfunden wird – Sinn negierende Aussagen wurden von allen Beteiligten sofort und geradezu inbrünstig abgelehnt: »Dann kann man ja gleich sterben gehen.«

Was sich hier also zeigt, ist nicht überraschend, dafür aber deutlich illustriert: Dass es keiner transzendierenden Religiosität bedarf, um sein Leben als sinnhaft zu empfinden. Dies bestätigten die Befragten vor allem auch noch einmal, als sie gebeten wurden, den Sinn ihres Lebens nunmehr in eigenen Worten zu beschreiben. Hierbei bot sich ein erstaunlich homogenes Bild – alle nannten als ihrem Leben Sinn gebend auf die eine oder andere Art folgende drei Aspekte: lang anhaltende Gesundheit, das Zusammensein mit Familie und Bekanntenkreis, Selbstzufriedenheit und -verwirklichung. Ein gelingendes irdisches Dasein also in sozialer Gemeinschaft ohne große Unglücksfälle stellt den Befragten den Sinn ihres Lebens dar.

3. »Schicht im Schacht!« – Schlussfazit

Die (zugegebenermaßen nicht immer zweifelsfrei belastbaren)[35] Ergebnisse vorliegenden Forschungsprojekts sind sowohl deutlich als auch anschaulich: Niemand der Interviewten kann nach den anfangs genannten Kriterien als *religiös* eingestuft werden. Weder werden religiöse Inhalte tradiert, noch findet über das Vorfindliche hinaus transzendierende Sinnstiftung statt. Selbst die evangelisch-konfessionell gebundene Person zeigt keinerlei in diesem Sinne »religiöses« Verhalten. Vielmehr weisen alle Beteiligten ein grundsätzliches Desinteresse für Religiosität in ihrem eigenen Leben auf.[36] Kein gegnerischer Atheismus, keine weltanschaulich absolute Areligiosität, sondern schlicht ergreifend *religiöse Indifferenz* kann als die bei den Teilnehmenden vorfindliche Grundhaltung konstatiert werden.[37]

---

[35] Auf eine Fehleranalyse muss an dieser Stelle schon allein aus Platzgründen verzichtet werden – ihr Umfang wäre erwartungsgemäß immens. Denn schließlich wurde versucht, der eingangs erwähnten Anforderung der »Nichtwissenschaftlichkeit« mit besten Wissen und Gewissen – und einem freundlichen Augenzwinkern – Folge zu leisten.

[36] Solches darf allerdings nicht etwa mit Ignoranz gegenüber religiösen bzw. religionsbezogenen Themen verwechselt werden. Vielmehr zeigten die Teilnehmenden, dass sie grundsätzlich informiert waren – so kannten sie bspw. kirchliche Ritualfeste, hatten eine Meinung zum damals aktuellen Rücktritt des heutigen Papstes Emeritus Benedikt XVI, und Einige hatten auch schon einmal eine Bibel in der Hand gehabt: »Das ist gutes Hintergrundwissen – für *Southpark* oder *Die Simpsons*« bzw. »Man muss doch seine Kultur kennen.«

[37] Eine besondere Position stellt hier möglicher Weise die evangelisch-konfessionell gebundene Person dar: So zeigte sich im Gesprächsverlauf vor allem im Zusammenhang der Selbsteinschätzung als »eher nicht religiös« und »gar nicht spirituell« verbunden mit der absoluten Ablehnung irgendeiner Existenz Gottes die Tendenz eines bewussten Atheismus – bewusst vor allem insofern, als dass diese Person »rechtfertigen« musste, warum sie trotz mangelnden Bezugs zur christlichen Religion noch Kirchenmitglied ist. Da aber

Sowohl ethische Normen als auch Strategien der Kontingenzbewältigung werden innerweltlich aus dem eigenen konkreten Umfeld heraus generiert – von etwaigen Transzendierungssehnsüchten herrscht hier keine Spur. Solches wird auch keinesfalls als Verlust empfunden; im Gegenteil wird das eigene Leben sowohl im individuellen als auch im sozialen Zusammenhang als sinnhaft wahrgenommen – Religion bzw. Religiosität brauchen die Befragten dazu nicht. Dabei kann aber – wie nochmals zu betonen ist – von keiner feindlichen Haltung gegenüber Kirche, Religion und ihren AnhängerInnen gesprochen werden: Vielmehr fühlen sich die Teilnehmenden von den Ansichten ihrer religiösen Mitmenschen einfach nicht angesprochen: Sie stellen keine religiöse Frage und suchen keine religiöse Antwort.[38] Solches ist zu registrieren und zu respektieren, wie eine der Interviewten am Ende ihres Gesprächs noch einmal betonte: »Ich hab nix gegen Gläubige – solange sie mich nicht missionieren wollen. Jeder soll mal nach seiner Façon selig werden. Und ich eben nach meiner. [...] Denn mal prost.«

---

dabei einerseits von keiner Gegnerschaft zu Religion an sich gesprochen werden kann, sondern die Haltung zur eigenen konfessionellen Gebundenheit vielmehr von absolutem Pragmatismus geprägt ist, und andererseits das Interview auch bei dieser Person vor allem eher ein grundlegendes Sich-nicht-betroffen-Fühlen von religiösen Themen zeigte, sei hier von *A-Theismus* nur insofern die Rede, als dass diese Person die Möglichkeit einer Existenz (des christlichen) Gottes grundsätzlich verneint. Insgesamt ist auch für die weltanschauliche Verortung dieses Menschen fundamental, dass religiöse Fragen im Allgemeinen einfach nicht gestellt werden, weswegen auch er als religiös indifferent eingestuft werden kann. Es sei wohl an dieser Stelle angemerkt, dass religiöse Indifferenz solche a-theistischen Positionen zwar beinhalten kann, diese aber nicht konstitutiv für sie sein müssen.

[38] Vgl. DETLEF POLLACK, Was ist Religion? Probleme der Definition, in: Zeitschrift für Religionswissenschaft 3 (1995), 163-190, 189.

SIND OSTDEUTSCHE RELIGIONSLOS?

Empirischer Stand und Perspektiven der Entwicklung

Gert Pickel

1. Einleitung: Sind Ostdeutsche religionslos?

In den letzten Jahrzehnten wurde im Rahmen der Diskussionen um Säkularisierung und deren Ausbreitung in Deutschland immer wieder auf den Osten Deutschlands verwiesen. Dessen Sondersituation einer weitgehend entkonfessionalisierten Gesellschaft ließ die Frage aufkommen, ob es sich – nachdem der erhoffte Aufschwung des (in Ostdeutschland vor allem evangelischen) Christentums nach 1990 ausgeblieben war – vielleicht sogar um eine Gesellschaft handelt, der persönliche Beziehungen zu Religion vollständig abhandengekommen sind. Eine der Voraussetzungen für das Zutreffen einer solcher These wäre, dass Ostdeutsche an sich *religionslos* sind – also eben nicht nur distanziert zur Institution Kirche stehen, sondern auch keine individuellen Formen der Religiosität pflegen. Solchen Äußerungen wird immer wieder entgegengehalten, dass Religiosität nicht mit einer Bindung an die Kirche gleichzusetzen ist und man aus den Betrachtungen zur Konfessionslosigkeit vorschnell ein Verschwinden von Religion ableite. Ist es nicht so, dass die Nachfrage nach Spiritualität floriert? Zudem könnte es ja auch einfach sein, dass die Ostdeutschen noch auf die richtigen Angebote warten, die von den derzeitigen deutschen Großkirchen so (noch) nicht geboten werden. Sie suchen zwar vielleicht nicht aktiv nach religiösen Angeboten, sind diesen aber nicht grundsätzlich abgeneigt, religiös indifferent und für eine Rückbesinnung zum Glauben nicht ganz verloren.[1]

Wenn man sich der Frage widmet, ob Ostdeutsche religionslos oder vielleicht nur religiös unentschieden sind, dann ist es notwendig, sich an die Ausgangssituation für diese Frage zu erinnern. Mit der Wiedervereinigung 1990 erweiterte sich die Bundesrepublik um ein Gebiet, das seit 1945 eine deutlich andere religiöse (oder eher nichtreligiöse) Kultur entwickelt hatte, als dies in Westdeutschland im gleichen Zeitraum der Fall war. Zwar hatte sich der Anteil der Konfessionsmitglieder beider großen christlichen Kirchen auch in Westdeutschland seit den 1970er Jahren ständig verringert, nichtsdestoweniger konnte man dort bis zur Wiedervereinigung immer noch guten Gewissens von einer intakten *Kultur der Konfessionszugehörigkeit* sprechen. Gleiches war zum

---

[1] MATTHIAS PETZOLDT, Zur religiösen Lage im Osten Deutschlands. Sozialwissenschaftliche und theologische Interpretationen, in: BERTELSMANN STIFTUNG (Hrsg.), Woran glaubt die Welt? Analysen und Kommentare zum Religionsmonitor 2008, Gütersloh 2009, 146.

Zeitpunkt 1990 für das ostdeutsche Beitrittsgebiet nicht (mehr) zutreffend. Vor allem als Folge der politischen Unterdrückung der Kirchen und einer Diskreditierung von Religion unter dem DDR-Regime hatte sich über die Jahrzehnte des Sozialismus, in unterschiedlichen Wellen[2], eine *Kultur der Konfessionslosigkeit*[3] herausgebildet. In ihr stellte die Mitgliedschaft in einer der christlichen Kirchen, aber auch in anderen Religionsgemeinschaften, eher die Ausnahme als die Regel dar.

Nach dem Wegfall der für die Religionen ungünstigen politischen Rahmenbedingungen hofften nicht wenige Betrachter (speziell innerhalb der christlichen Kirchen), dass nach dem Mauerfall eine Rückkehrbewegung zu den christlichen Kirchen einsetzen würde. Diese Hoffnung beruhte nicht zuletzt auf der aktiven und weitgehend von den Ostdeutschen positiv bewerteten Rolle, welche die Kirchen und ihre Akteure im Prozess des Umbruchs spielten. Hatten sie nicht maßgeblich und produktiv am politischen Umbruch mitgewirkt? Hatten die Kirchen nicht als fast einzige Institution den Raum für oppositionelle Gruppen geboten, die dann den Umbruch umsetzten? Musste dies nicht zu einer Honorierung aus der Bevölkerung heraus führen? Bereits wenige Jahre nach der Wiedervereinigung stellte man mit Ernüchterung fest, dass sich diese Hoffnungen wohl nicht wie erwartet erfüllen würden. Im Gegenteil – die Zahl der Kirchenmitglieder schrumpfte auf dem ostdeutschen Bundesgebiet von dem schon niedrigen Niveau aus weiter und *eine Rückkehr des Religiösen war in Ostdeutschland weit und breit nicht zu erkennen.*

So ernüchternd dies für die deutschen Großkirchen war, so schnell entwickelten sich *alternative Deutungsmuster*, die eine gewisse Hoffnung auf ein Überleben des Religiösen zu bewahren versuchten, diesmal allerdings jenseits institutioneller christlicher Verfasstheit. Zum einen wurde, ganz in der Tradition individualisierungstheoretischer Deutungsversuche religiöser Entwicklungen in Westdeutschland, zwar die zunehmende Distanzierung der Deutschen gegenüber den religiösen Institutionen als realer Trend anerkannt, diese aber als eine Weiterentwicklung des Protestantismus in Richtung eines *individualisierten Glaubens* gedeutet. Zum anderen wurde die Entwicklung als eine temporäre, vergängliche Phase gedeutet, die sich nicht durch Religionslosigkeit, sondern durch eine *religiöse Unentschiedenheit* vor dem Hintergrund einer notwendig gewordenen Suche nach alternativen religiösen Angeboten auszeichne. Säkularisierung sei kein Problem des Verschwindens des Glaubens, sondern ein sichtbarer Ausdruck fehlender guter religiöser Angebote. Letztere müssten auf-

---

[2]   DETLEF POLLACK, Kirche in der Organisationsgesellschaft. Zum Wandel der gesellschaftlichen Lage der evangelischen Kirchen in der DDR, Stuttgart 1994.
[3]   GERT PICKEL, Konfessionslose in Ost- und Westdeutschland – ähnlich oder anders? In: DETLEF POLLACK/GERT PICKEL, Religiöser und kirchlicher Wandel in Ostdeutschland 1989-1999, Opladen 2000, 206-235.

grund der sich pluralisierenden Anforderungen der Gläubigen eben auch pluraler ausfallen.[4]

Vor dem Hintergrund dieser Annahmen wird im Folgenden der Frage nachgegangen, ob in Ostdeutschland nun vornehmlich Konfessionslose oder doch eher Religionslose leben – oder vor allem religiöse Indifferenz vorherrscht?[5] Zu klären ist auch, ob sich diese Situation seit 1989 geändert hat – und welche die Gründe hierfür sind. Gelingt es, diese Fragen zu beantworten, dann kann man – natürlich mit der gebotenen Vorsicht – Schlussfolgerungen in Bezug auf zukünftige Entwicklungen ziehen. Hierfür ist es aber notwendig über lose Überlegungen und Reflexionen hinauszugehen und empirisches Datenmaterial heranzuziehen.[6]

2. Was ist Religionslosigkeit? Begriffsklärungen: Religionslosigkeit oder religiöse Indifferenz

Zuerst stellt sich die Frage: Was sind, analytisch gesehen, Religionslose? Kann es so etwas überhaupt geben? Wird hier vielleicht die Mitgliedschaft in der Kirche mit der Bindung an Religion verwechselt? Beginnen wir mit der institutionellen Seite und der Konfessionslosigkeit. *Konfessionslosigkeit* ist seit Jahrzehnten ein in der Forschung zu Religion bekannter und verbreiteter Begriff. Er bezeichnet die formelle Nichtzugehörigkeit zu einer Religion. In Deutschland meint dies in der Regel die Nichtzugehörigkeit zu einer der beiden großen, angestammten christlichen Kirchen oder Konfessionen, woraus sich der Begriff *Konfessionslosigkeit* ableitet. Damit wird bereits deutlich, dass die deutsche Betrachtung immer noch stark von einer westlich-christlich orientierten Wahrnehmung dominiert wird. Erweitert man den Blick auf andere Religionen, dann müsste man bereits auf der institutionellen Seite von *Religionslosigkeit* sprechen, wenn es dem Individuum an einer Zugehörigkeit zu einer Religion fehlt. Anders als in Deutschland mit einer stark formalisierten Zugehörigkeitsstruktur, sind diese Zugehörigkeiten weltweit weit weniger gut identifizierbar. Zumeist beruhen sie auf Selbstzuschreibungen.[7] Diese sind in der Regel fluider als formal-rechtliche Zugehörigkeiten, wenn sie auch hinsichtlich der religionsso-

---

[4] FRIEDRICH WILHELM GRAF, Die Wiederkehr der Götter. Religion in der modernen Kultur, München 2004.

[5] MONIKA WOHLRAB-SAHR, Das stabile Drittel. Religionslosigkeit in Deutschland, in: BERTELSMANN STIFTUNG (Hrsg.), Woran glaubt die Welt? Analysen und Kommentare zum Religionsmonitor 2008, Gütersloh 2009, 151-168.

[6] Hierbei werden mehrere Datenquellen berücksichtigt. Aus Anlass des Symposiums für Matthias Petzoldt wird speziell auf die neuen Daten des Bertelsmann Religionsmonitors zurückgegriffen.

[7] OLAF MÜLLER, Kirchlichkeit und Religiosität in Ostmittel- und Osteuropa. Entwicklungen – Muster – Bestimmungsgründe, Wiesbaden 2013.

ziologischen Frage nach Zugehörigkeit über die Eigenzuschreibungen möglicherweise sogar gehaltvoller sind.

Hier wird nun ein Problem der Begriffsverwendung von *Religionslosigkeit* erkennbar. So wird häufig bei der Verwendung des Begriffs Religionslosigkeit davon ausgegangen, dass gar keine Beziehungen bzw. *affektive Bindungen* an Religion(en) vorliegen. Damit greift man aber deutlich über die Merkmale reiner Zugehörigkeit hinaus. So können auch (bekennende) Nichtmitglieder einer religiösen Gemeinschaft Bindungen an ihre Religion besitzen, beruht doch die Zugehörigkeitsbeschreibung allein auf formalen Zugehörigkeitsmerkmalen, während formale Mitglieder sich selbst als religionslos beschreiben könnten. Vor diesem Hintergrund ist es günstig eine Begriffssetzung vorzunehmen, die Religionslosigkeit erst einmal auf die formale Seite beschränkt, auch wenn sie konzeptionell-sprachlich auf das ganze System Religion hinausgreifen kann. Es wird also eine Unterscheidung zwischen der individuellen Religiosität und Religion als Zughörigkeitskomponente vorgenommen.

Hilfreich ist hier folgende Differenzierung von Matthias Petzoldt zwischen Religion und Religiosität: »Religionslosigkeit bezeichnet den Ausfall von Religion, während religiöse Indifferenz das Ausbleiben der Religiosität artikuliert. Religiöse Indifferenz thematisiert den Tatbestand auf der Ebene der Religiosität als des subjektiven Vollzugs von Religion. Auf den Begriff gebracht wird hiermit der *Ausfall des Vollzugs von Religion* vor dem Hintergrund des Ausfalls der Transzendierung. Damit ist keine Transzendierungsverweigerung gemeint, sondern Desinteresse.«[8] Damit kommen ein neuer Begriff sowie eine notwendige Differenzierung ins Spiel. Der Begriff ist der der *religiösen Indifferenz*, die Differenzierung ist die zwischen Religion als Institution und Religiosität als die Bindung des Einzelnen an religiöse Überzeugungen, Moralvorstellungen und Denksysteme. Oft wird religiöse Indifferenz als Religionslosigkeit verstanden – und bezeichnet. Damit wird allerdings die Unterscheidung zwischen der Kategorie der (Nicht)Zugehörigkeit zu einer religiösen Gemeinschaft und einer subjektiven Religiosität unklar. Religion umfasst also mehr als die reine Zugehörigkeitskategorie. Religionen sind breite Denksysteme, welche affektive, kognitive und evaluative Beziehungen von Menschen gegenüber einer imaginären Transzendenz oder einem unspezifischen Gegenüber beinhalten.

Erschwert wird die Bestimmung dadurch, dass sich der Begriff *religiöse Indifferenz* durch eine erhebliche *Unschärfe* auszeichnet. So beschreibt er auf der einen Seite den Zustand der Gleichgültigkeit gegenüber religiösen Fragen und Antworten recht gut: Gleichgültigkeit ist nicht Ablehnung! Auf der anderen Seite muss man allerdings in der Verwendung des Begriffs der religiösen Indifferenz bemerken, dass dies möglicherweise zu positive Deutungen des bezeichneten Realzustandes hervorbringt. So wird religiöse Indifferenz als eine Art von *religiöser Unentschiedenheit* interpretiert, welche dann im Verlauf der weiteren

---

[8] MATTHIAS PETZOLDT, Zur religiösen Lage im Osten Deutschlands. Sozialwissenschaftliche und theologische Interpretationen, in: BERTELSMANN STIFTUNG (Hrsg.), Woran glaubt die Welt? Analysen und Kommentare zum Religionsmonitor 2008, Gütersloh 2009, 137.

Interpretation als Zustand verstanden werden kann, der leicht zu verändern sei. Der religiös indifferente Mensch habe eben die für ihn passende Form der Religiosität und Spiritualität noch nicht gefunden, bzw. fehlte bislang einfach nur das entsprechende Angebot seitens der Religionen. Die in diesem Zusammenhang entstehende Verwendung eines abgewandelten Begriffs wie *religiöse Unbestimmtheit* verdeutlicht die sich einschleichende Deutung als eine doch sehr offene Kategorie.[9] Hier ist Vorsicht hinsichtlich zu schneller und zu positiver Schlüsse über religiöse Indifferenz angebracht.

Wie lässt sich die Gruppe der Menschen, denen Religion wirklich vollständig gleichgültig ist und die nicht auf der Suche nach Spiritualität und Religiösem sind, näher betrachten? Um an dieser Stelle mehr Trennschärfe zu erreichen möchte ich noch die Kategorisierung *Areligiosität* oder *religiöses Desinteresse* einbringen (siehe Abb. 1). Stärker noch als religiöse Indifferenz markieren diese beiden Begriffe eine uninteressierte Haltung zu allem Religiösen. Personen, welche in diese Kategorie fallen, zeichnen sich nicht nur durch ein fehlendes Interesse an Religion aus, sondern äußern dieses auch bewusst. Ihr Hintergrund ist die *fehlende Notwendigkeit sich* in modernen Gesellschaften *mit Religion zu beschäftigen*. Da dies zur Strukturierung des Lebensalltages nicht mehr gesellschaftlich gefordert ist, fehlt der Zwang, sich mit Religion auseinanderzusetzen. Anders als für die Kategorie der offener definierten *religiös Indifferenten* bestehen in diesem Fall wenig Hinweise auf eine irgendwann anstehende Zuwendung zu einer Kirche oder Religion bzw. eine Entfaltung persönlicher Spiritualität oder Religiosität.[10]

Deutlich schärfere Abwehrhaltungen gegenüber Religion kennzeichnen die Zugehörigkeiten zu den Gruppen der Atheisten und der Antireligiösen. *Atheismus* drückt die Überzeugung aus, dass es keinen Gott (oder ähnliches) gibt. Anders als bei religiösem Desinteresse, in dem man sich dessen vielleicht nicht sicher ist, es einen aber einfach nicht interessiert, lehnen Atheisten religiöse Vorstellungen bewusst ab. Religion ist ihnen nicht gleichgültig, sie gehen davon aus, dass es so etwas (wie auch Götter oder höhere Mächte) nicht gibt. Verstärkt tritt diese Haltung in der *Antireligiosität* auf. Ihre Nuance ist eine ablehnende bis feindliche Haltung gegenüber Religion (und auch den Kirchen), die nicht nur von der Überzeugung einer Abwesenheit Gottes geprägt sind, sondern auch von der Überzeugung, dass dies eine für die Menschen schädliche Illusion darstellt, die es »auszumerzen« gilt. Hier sei darauf hingewiesen, dass man vermutlich

---

[9] Siehe eine explizitere Darstellung in MIRIAM ROSE/MICHAEL WERMKE, Konfessionslosigkeit heute. Zwischen Religiosität und Säkularität, Leipzig 2014.
[10] Siehe auch GERT PICKEL, Religion und Religiosität im vereinigten Deutschland. Eine religionssoziologische Bestandsaufnahme, in: ANDREA SCHULTE (Hrsg.), Evangelisch Profil zeigen im religiösen Wandel unserer Zeit. Die Erfurter Barbara-Schadeberg-Vorlesungen, Münster 2014, 19-56.

die Vertreter des sogenannten *neuen Atheismus* eher der Kategorie der Antireligiösen zuordnen könnte.[11]

Abb. 1: Atheismus, Areligiosität, religiöse Indifferenz

Begriff	*Definition im Gottes- und Religionsbezug*	*Empirische Konsequenz*
Konfessionslosigkeit	Status der Nichtmitgliedschaft in einer Konfession oder Kirche [soziale Gemeinschaft]	Existenz von Personen ohne (selbstzugeschriebene) Zugehörigkeit zu einer christlichen Kirche (Konfession)
(Formale) Religionslosigkeit	Status der Nichtmitgliedschaft in jeglicher Religion [soziale Gemeinschaft]	Existenz von Personen ohne (selbstzugeschriebene) Zugehörigkeit zu einer Religion
Religiöse Indifferenz	Unentschiedenheit oder Gleichgültigkeit gegenüber der Existenz Gottes bzw. in der Gottesfrage	Existenz von Personen, die Religion für ihr Leben als kaum bis gar nicht bedeutsam empfinden.
Areligosität oder religiöses Desinteresse	Desinteresse an der Existenz Gottes und Religiösem	Existenz von Personen, denen Religion für ihr Leben egal ist und die sich bewusst als nicht religiös bezeichnen
Atheismus	Negierung der Existenz eines Gottes	Existenz von Personen ohne Gottesglauben (Referenz: Säkularisierungstheorie)
Antireligiosität	Feindschaft oder ablehnende Haltung gegenüber jeglicher Religion	Existenz von Personen mit antireligiösen Positionen

Quelle: Eigene Zusammenstellung.

Angesichts dieser breiten Differenzierung wird erkennbar, dass Konfessionslosigkeit nicht einfach mit Religionslosigkeit gleichzusetzen ist. Allerdings deuten Ergebnisse der empirischen Forschung an, dass Konfessionslosigkeit häufig ein Schritt in Richtung von Religionslosigkeit, bzw. eine ihrer Vorstufe sein kann.[12] In welche Kategorie die meisten Ostdeutschen zu zählen sind kann man nur mithilfe von empirischen Befunden beantworten.

---

[11] RICHARD DAWKINS, Der Gotteswahn, Berlin 2008; DANIEL DENNETT, Den Bann brechen. Religion als natürliches Phänomen, Berlin 2008.
[12] CHRISTEL GÄRTNER/DETLEF POLLACK/MONIKA WOHLRAB-SAHR, Atheismus und religiöse Indifferenz, Opladen 2003; MONIKA WOHLRAB-SAHR, Das stabile Drittel. Religionslosigkeit in Deutschland, in: BERTELSMANN STIFTUNG (Hrsg.), Woran glaubt die Welt? Analysen und Kommentare zum Religionsmonitor 2008, Gütersloh 2009, 151-168.

3. Religionssoziologische Erklärungsstränge – Säkularisierung als Triebkraft der Religionslosigkeit?

Vor der Frage nach der empirischen Sachlage des Bestands von Religionslosigkeit steht die Klärung des Hintergrunds der verschiedenen Phänomene wie Konfessions- oder Religionslosigkeit bzw. religiösen Indifferenz. Dieser Hintergrund ist die für den westeuropäischen Raum angenommene (und beobachtete) *Säkularisierung,* welche lange Zeit das einzige »Paradigma« der Erklärung religiöser Entwicklungen in der Gegenwart war. Selbst wenn diese Dominanz heutzutage nicht mehr zutrifft, kommt ihr gerade für die Interpretation der europäischen (und damit auch der deutschen) Entwicklung immer noch eine große Relevanz zu.[13] Besonders weil sie mittlerweile eine ganze Bandbreite an unterschiedlichen Erklärungsangeboten für die europäischen Entwicklungen vereint.[14] Da ist es nicht überraschend, dass sie aus Sicht einiger Forscher den Status einer Theorie für sich beanspruchen kann.

Nun ist in den aktuellen gesellschaftswissenschaftlichen Debatten nicht mehr Säkularisierung in ihrem Ursprungssinn als Enteignung der Kirchen der Diskussionspunkt, sondern die grundsätzliche Haltung der neuzeitlichen Menschen zur Religion. Die Säkularisierungstheorie geht davon aus, dass zwischen dem Prozess der Modernisierung und Religion ein generelles *Spannungsverhältnis* besteht. Dieses Spannungsverhältnis nimmt im Zuge des voranschreitenden Modernisierungsprozesses (seit Beginn der Industrialisierung) zu und hat aufgrund der Verzahnung einen zunehmenden *sozialen Bedeutungsverlust von Religion* zur Folge. Dieser äußert sich in der Trennung von Kirche und Staat und anderen Formen funktionaler Differenzierung, der Privatisierung des Religiösen, aber auch in einer Abkehr von religiös bestimmten Normen durch die Menschen.[15] Damit wird ersichtlich: Säkularisierung ist ein Prozess. Dieser Prozess ist vom Zustand der *Säkularität* zu unterscheiden.[16] Letztere Bezeichnung für eine Gesellschaft gilt nur dann, wenn Religion keine soziale Bedeutung mehr

---

[13] GERT PICKEL, Die Situation der Religion in Deutschland – Rückkehr des Religiösen oder voranschreitende Säkularisierung? In: GERT PICKEL/OLIVER HIDALGO (Hrsg.), Religion und Politik im vereinigten Deutschland. Was bleibt von der Rückkehr des Religiösen? Wiesbaden 2013, 73-78.

[14] GERT PICKEL, Religionssoziologie. Eine Einführung in zentrale Themenbereiche, Wiesbaden 2011, 137-177.

[15] PHILIP GORSKI, Historicizing the Secularization Debate. Church, State and Society in Late Medieval and Early Modern Europe, ca. 1300 to 1700, in: American Sociological Review 65 (2000), 138-167; GERT PICKEL, Contextual secularization. Theoretical Thoughts and Empirical Implications, Religion and Society in Central and Eastern Europe 4/1 (2011), 3-20.

[16] Dabei ist derzeit eine Diskussion im Gange, in der es um die Frage geht, ob die Einstufung von etwas als »säkular« immer der »religiösen« diametral gegenübersteht oder ob es nicht auch davon unabhängige Säkularität gibt. CORA SCHUH/MARIAN BURCHARDT/MONIKA WOHLRAB-SAHR, Contested Secularities. Religious Minorities and Secular Progressivism in the Netherlands, in: Journal of Religion in Europe 5 (2012), 349-383.

besitzt. Diese Differenzierung ist wichtig: Sie ermöglicht, dass Gesellschaften zwar dem Prozess einer Säkularisierung unterworfen sein können, dabei aber nicht gleich als »säkular« anzusehen sind.[17] Säkularisierung ist auch nicht gleichzusetzen mit *Säkularismus*. Säkularismus bezeichnet in der Regel eine normative Ideologie und nicht die empirische Bestandsaufnahme gesellschaftlicher Entwicklung (Abb. 2). Er beschreibt eine Forderung, die von Staaten oder Gruppen an die Struktur einer Gesellschaft gestellt wird, während Säkularisierung nichts anderes als die Abbildung eines realen Prozesses ist – wenn er denn stattfindet. Entsprechend ist der Begriff der Säkularisierung im Verständnis der Säkularisierungstheorie auch strikt *wertneutral*.

Abb. 2: Säkularisierung – Säkularität – Säkularismus

Säkularisierung	Prozess des sozialen Bedeutungsverlustes von Religion in sich modernisierenden Gesellschaften
Säkularität	Zustand einer Gesellschaft, in der Religion keine soziale Bedeutung mehr besitzt
Säkularismus	Ideologische Haltung, die normativ eine Abkehr von religiösem Einfluss auf andere Lebensbereich fordert

Quelle: Eigene Zusammenstellung.[18]

Glaubt man manchen Verlautbarungen, so müsste Europa mittlerweile als säkular bezeichnet werden. Doch bei solchen Aussagen ist Vorsicht geboten, machen sie doch Säkularität fast alleine an der Existenz einer *Trennung von Politik und Religion* fest. Dies ist eine Verkürzung und nur eine Ebene, auf der Säkularisie-

---

[17] In den Debatten zur Säkularisierung finden sich leider immer wieder Fehlinterpretationen: (1) Säkularisierung wird mit dem generellen *Verschwinden* von Religion gleichgesetzt; (2) ihr wird die Vorstellung der *Unumkehrbarkeit* – mit dem Endpunkt einer säkularen Gesellschaft – vorgeworfen; (3) es wird eine weitgehende *Unabhängigkeit* von gesellschaftlichen Rahmenbedingungen angenommen und (4) wird die Säkularisierungstheorie mit Hinweis auf die Existenz hochreligiöser Länder und religiöser Menschen zurückgewiesen. Dies sind aber nur begrenzt tragfähige Argumente, schließt doch die Säkularisierungstheorie weder Schwankungen in der Entwicklung von Religiosität aus, noch ignoriert sie die kulturellen, sozialstrukturellen, politischen und ökonomischen Differenzen zwischen Gebieten oder Veränderungen im Umfeld. Kritische Hinweise auf Bestände (hoher) Religiosität reichen ebenfalls nicht aus, um den Prozess der Säkularisierung auf einfache Weise zu widerlegen, da sie mit Bestandsbetrachtungen argumentieren, obwohl es um Entwicklungen geht. Eine solche Argumentationslinie ist erst dann möglich, wenn man aufgrund von interregionalen Vergleichen zwischen Gebieten »unnatürlich« hohe Werte feststellt, die zudem konträr zur Säkularisierungstheorie stehen oder nicht erklärt werden können. Zu den Kritikern siehe: JEFFREY HADDEN, Toward Desacralizing Secularization Theory, in: Social Forces 65 (1987), 587-611; RODNEY STARK, Secularization. R.I.P., in: Sociology of Religion 60 (1999), 249-273

[18] Gert Pickel, Die Situation der Religion in Deutschland – Rückkehr des Religiösen oder voranschreitende Säkularisierung? In: Gert Pickel/Oliver Hidalgo (Hrsg.), Religion und Politik im vereinigten Deutschland. Was bleibt von der Rückkehr des Religiösen? Wiesbaden 2013: 65-102

rung und Säkularität bestimmt werden können. Soziologisch nennt man sie die Ebene der *funktionalen Differenzierung*. Es existieren noch andere *Dimensionen* der Säkularität und Säkularisierung. So kann man mit Karel Dobbelaere die *individuelle Säkularisierung* (Abkehr der Menschen von den Kirchen und zunehmende religiöse Indifferenz bzw. Areligiosität) von der *gesellschaftlichen* (funktionale Differenzierung) und von der *organisatorischen Säkularisierung* (quasi Selbstsäkularisierung der Kirchen im Bürokratisierungsprozess) unterscheiden.[19] Sie können, müssen aber nicht in die Richtung eines sozialen Bedeutungsverlustes von Religion verlaufen – vor allem nicht gleichzeitig.

Diese Überlegungen lassen sich noch um eine *öffentliche Dimension* erweitern. Diese nimmt José Casanova für seine Hinweise auf eine Wiederkehr der Religion mit Bezug auf deren steigende öffentliche Bedeutung in den Blick.[20] Problematisch daran ist, dass er aus der öffentlichen Bedeutung von Religion eine Art Rückkehr der Religion ableitet und neben der Identifikation einer europäischen Sondersituation den Entwicklungen auf der Ebene individueller Einstellungen eher eine nachgeordnete Bedeutung zubilligt.[21] Gleichzeitig ist nicht zu übersehen, dass neben der Säkularisierungstheorie auch andere Erklärungsalternativen der religiösen Entwicklung in den letzten Jahrzehnten Raum gegriffen haben. Teilweise können sie in verschiedenen Gebieten (wie den USA oder Lateinamerika) sogar als »neue Paradigmen« oder neuer Mainstream religionssoziologischer Deutung angesehen werden. Zentral zu nennen sind hier die Individualisierungstheorie und das religiöse Marktmodell.

Wie bereits angesprochen nehmen Säkularisierungstheoretiker in der Regel Abbruchsprozesse in nahezu allen genannten Dimensionen religiöser Entwicklungen an. Sie müssen nicht zeitgleich passieren, aber der Trend verläuft in allen Dimensionen in die gleiche Richtung. Es kommt zu *wechselseitigen Interdependenzen* zwischen den verschiedenen Dimensionen der Säkularisierung und verschiedenen Prozessen der Modernisierung. Säkularisierung ist also ein *kontextabhängiges Phänomen* und eng mit strukturellen wie sozialen *Veränderungen* (Modernisierung) verbunden. So setzt der Prozess der Säkularisierung einen Fortgang sozioökonomischer Modernisierung zwingend voraus, eine Annahme, welche angesichts der Banken- und Finanzkrisen der letzten Jahre zumindest zu überdenken ist. Würde es aufgrund eines »Modernisierungseinbruches« zu einer Wiederbelebung der sozialen Bedeutung von Religion kommen, dann würde dies nicht die Säkularisierungstheorie (welche ja auf der Zusammenhangshypothese beruht) widerlegen – es würde nur die soziale Reali-

---

[19] KAREL DOBBELAERE, Secularization. An Analysis on Three Levels, Brüssel 2002.
[20] JOSÉ CASANOVA, Public Religions in the Modern World, Chicago 1994.
[21] GERT PICKEL, Die Situation der Religion in Deutschland – Rückkehr des Religiösen oder voranschreitende Säkularisierung? In: GERT PICKEL/OLIVER HIDALGO (Hrsg.), Religion und Politik im vereinigten Deutschland. Was bleibt von der Rückkehr des Religiösen? Wiesbaden 2013, 77-78.

Abb. 3: Die drei zentralen Theoriestränge der aktuellen Religionssoziologie

	Säkularisierungs-theorie	*Individualisierungs-these des Religiösen*	*Religiöses Marktmodell Pluralisierungsthese*
Vertreter	BRIAN WILSON, STEVE BRUCE, DETLEF POLLACK, GERT PICKEL	THOMAS LUCKMANN, GRACE DAVIE, DANIELE HERVIEU-LEGER	RODNEY STARK, ROGER FINKE, LAURENCE IANNACCONE
Grund-annahme	Spannungsverhältnis zwischen Moderne und Religion	Individuelle religiöse Grundorientierung als anthropologische Konstante	Allgemeines, konstantes Bedürfnis des Individuums nach Religion
Bezugs-theorie	»klassische Modernisierungs-theorie«	Individualisierungs-theorie	Angebotsorientierte Markttheorie
Haupt-hypothese	Kontinuierlicher Bedeutungsverlust von Religion als sinnstiftender und sozialer Instanz	Bedeutungsverlust von institutionalisierter Religion; Weiterbestehen privater Formen von Religion	Angebot auf religiösem Markt bestimmt das gesellschaftliche Ausmaß an Religiosität und Kirchlichkeit
Prognose für Westdeutsch-land (und Westeuropa)	Weiterer kontinuierlicher Abwärtstrend aller religiösen Formen und Kirchlichkeit	Weiterbestehen privater religiöser Praktiken bei einer weiteren Abwendung von Kirchen	Entwicklung der Religiosität ist abhängig von religiösem Angebot und Pluralisierungs-grad der Gesellschaft
Prognose für Ostdeutsch-land	Fortschreitende Säkularisierung und weiterer Rückgang aller Formen religiöser Vitalität	Rückgang der Kirchen-bindung bei gleichzei-tiger Ausbreitung alternativer Formen subjektiver Religiosität	Zunahme religiöser Vitalität aufgrund der Öffnung eines religiösen Marktes

Quelle: Eigene Zusammenstellung

tät verändern und dies theoriekonform.[22] Speziell die Bindung der Menschen an die Kirche, die Prägekraft der religiösen Normen sowie die Bedeutung von Reli-

---

[22] Diese Kontextabhängigkeit berücksichtigt Ansätze der *Pfadabhängigkeit,* indem sie die Aufrechterhaltung eines generellen Zusammenhangs zwischen Modernisierung und Säkularisierung mit unterschiedlichen (kulturellen) Ausgangspositionen und weiteren Rahmenfaktoren verbindet. PIPPA NORRIS/RONALD INGLEHART, Sacred and Secular. Religion and Politics Worldwide, Cambridge 2004; GERT PICKEL, Secularization as an Europe-an Fate? Results from the Church and Religion in an enlarged Europe Project, in: GERT PICKEL/OLAF MÜLLER, Church and Religion in Contemporary Europe. Results from Empir-ical and Comparative Research, Wiesbaden 2009, 89-123.

gion für das Handeln der Menschen werden als schwindend vermutet. Selbst wenn sich die Säkularisierungstheorie in ihrer konzeptionellen Aussage explizit auf den *sozialen Bedeutungsverlust* und nicht auf einen Einbruch subjektiver Religiosität bezieht, erscheint es Säkularisierungstheoretikern doch plausibel, dass nur eine soziale Bestätigung und Einbindung in den Lebensvollzügen die subjektive Religiosität über Generationen erhalten kann. Hier nimmt die Säkularisierungstheorie eine engen *Zusammenhang zwischen sozialen Instanzen* (speziell der Glaubensweitergabe) und *subjektiver Religiosität* an.

Diesen Vorstellungen treten Annahmen der *Individualisierungstheorie* des Religiösen entgegen. Sie wollen, aus einem anthropologischen Verständnis von Religiosität heraus, einen Formenwandel des Religiösen erkennen: Traditionelle (in Europa christliche) Religiosität schwindet und individualisierte Formen von Religiosität bilden sich in Form von *Bastelreligiosität* oder *Patchwork Religiosity* als deren Substitution aus.[23] Letztere können Bestandteile des christlichen Glaubens beinhalten. Allerdings sieht die Individualisierungsthese des Religiösen die »neuen« Kompensationsformen vorwiegend innerweltlich und weniger in einem individualisierten Überleben christlichen Denkens. Dieser Ansatz hat gerade in Westeuropa und speziell – aufgrund der Bemühungen Thomas Luckmanns – in Deutschland eine hohe Prominenz. Er unterscheidet konsequent zwischen der formalen Zugehörigkeit zu einer Religion bzw. einer Bindung an dieselbige und persönlicher, individueller Religiosität. Erstere ist im Niedergang begriffen, die zweite nicht. Von dieser Position aus gibt es so etwas wie Areligiosität nicht, sondern nur »Akirchlichkeit«. Phasen der religiösen Indifferenz im Sinne einer Suchbewegung sind dabei konstitutiv im Modell verankert.

Es existiert noch ein zweites populäres Gegenmodell zur Säkularisierungstheorie – das *Marktmodell des Religiösen*. Es folgt zwar wie die Individualisierungstheorie des Religiösen dem Gedanken einer anthropologischen Suche des Menschen nach Religion, konzentriert sich aber auf die im Handeln sichtbar werdende religiöse Vitalität in Gesellschaften.[24] Und genau dort widerspricht man der Säkularisierungstheorie. Sie nehme zu Unrecht an, dass es einen einseitigen Verfallsprozess von Religion in der Moderne gebe. Stattdessen hänge die religiöse Vitalität in einer Gesellschaft doch von dem Angebot der religiösen Anbieter ab. Dieses Angebot ist am größten, wenn der religiöse Markt frei von äußeren (zum Beispiel staatlichen) Einschränkungen ist und die religiösen Anbieter sich frei entfalten können. Der Marktlogik folgend können Religionen dann besser auf die pluralen religiösen Nachfragen reagieren. Die Folge ist eine ansteigende religiöse Pluralität an Religionen. Vor allem der Konkurrenzkampf zwischen den religiösen Anbietern steigert die religiöse Vitalität. Gelegentlich können Konflikte zwischen Religionen oder zwischen Religion und Staat einen

---

[23] THOMAS LUCKMANN, Die unsichtbare Religion, Frankfurt a. M. 1991, 77-86; auch HUBERT KNOBLAUCH, Populäre Religion. Auf dem Weg in eine spirituelle Gesellschaft, Frankfurt a. M. 2009.

[24] WILLIAM SIMS BAINBRIDGE/RODNEY STARK, A Theory of Religion, Berkely 1987.

fehlenden Konkurrenzkampf kompensieren.[25] Während sich dieses Modell in den USA als neues Paradigma der Religionsforschung weitgehend durchgesetzt hat, sehen Anhänger der Säkularisierungstheorie nicht Europa, sondern die USA als den Sonderfall der religiösen Entwicklung an – und können dazu auf dem Marktmodell widersprechende empirische Belege verweisen.[26] Im Marktmodell sind *Areligiosität* und auch *Antireligiosität* möglich, aber nur als *temporäre Phänomene*.

Beiden Modellen immanent ist ihre (negative) Orientierung an der Säkularisierungstheorie. Entsprechend ist eine Annäherung an das Thema Religionslosigkeit über die Säkularisierungstheorie auch gleichzeitig immer eine Diskussion aller drei Ansätze. Für den ostdeutschen Fall könnte man nun prospektiv annehmen, dass die Säkularisierungstheorie als einzige der genannten Ansätze eine Erklärung für die Entwicklung der ostdeutschen Situation hin zu so etwas wie Religionslosigkeit bereitstellen würde, während sowohl nach der Individualisierungstheorie als auch nach den Grundsätzen des Marktmodells aufgrund der anthropologischen Grundannahmen über Religion der Zustand von Religionslosigkeit eigentlich gar nicht eintreten dürfte. Hier könnte sich maximal so etwas wie religiöse Indifferenz im Sinne religiöser Unbestimmtheit ausbilden. Aussagen ermöglichen aber nur empirische Untersuchungen. Diesen will ich mich im Folgenden zuwenden.

4. Konfessionslosigkeit – Entwicklung und Begründungen

Konfessionslosigkeit hat in Deutschland und anderen westeuropäischen Länder in den letzten Jahren *zugenommen*. Speziell in den Niederlanden und Großbritannien aber zuletzt auch verstärkt in Spanien, Belgien und Österreich kam es zu einer teilweise rapiden Erosion der Mitgliedschaft in den traditionellen christlichen Kirchen. Abweichungen finden sich in einigen Ländern Osteuropas, wo es nach dem Zusammenbruch des Sozialismus zu gewissen Revitalisierungsprozessen kam (Russland, Kroatien, Ukraine).[27] Inwieweit die Entwicklung

---

[25] Paul Froese/Steven Pfaff, Religious Oddities. Explaining the Divergent Religious Markets of Poland and East Germany, in: Gert Pickel/Olaf Müller (Hrsg.), Church and Religion in Contemporary Europe. Results from Empirical and Comparative Research. Wiesbaden 2009, 123-144.

[26] Steve Bruce, God is dead, Oxford 2002; Detlef Pollack/Gert Pickel, Church-State-Relations and the Vitality of Religion in European Comparison, In: Gert Pickel/Olaf Müller (Hrsg.), Church and Religion in Contemporary Europe. Results from Empirical and Comparative Research, Wiesbaden 2009, 145-166.

[27] Siehe unter anderem Gert Pickel, Areligiosität, Antireligiosität, Religiosität – Ostdeutschland als Sonderfall niedriger Religiosität im osteuropäischen Rahmen? In: Christel Gärtner/Detlef Pollack/Monika Wohlrab-Sahr (Hrsg.), Atheismus und religiöse Indifferenz, Opladen 2003, 247-270; Gert Pickel, Religiosität versus Konfessionslosigkeit, in: Manuela Glaab/Werner Weidenfeld/Michael Weigl (Hrsg.), Deutsche Kon-

in einigen osteuropäischen Staaten als neuer Trend (entgegen der Annahme von Säkularisierung) anzusehen ist, muss aber an dieser Stelle offen bleiben. Möglicherweise handelt es sich eher um einen *Ausgleichseffekt* der früheren unnatürlichen Situation, die sich als Folge der Unterdrückung des Religiösen im Sozialismus ergeben hat. Diese war regional stärker (UdSSR, DDR, Albanien) oder schwächer bzw. ineffektiver (Polen, Rumänien) ausgeprägt. Einige Länder wie Slowenien, Ungarn, Polen und die Tschechische Republik schwenken offensichtlich mittlerweile nach einer begrenzten Periode der Revitalisierung auf den westeuropäischen Verlusttrend ein. Dies ist gerade für die Tschechische Republik, welche zusammen mit Estland sehr nahe an den Konfessionslosenzahlen Ostdeutschlands liegt, ein für die Kirchen prekärer – und mit den neuen Bundesländern gut vergleichbarer Prozess. Aufgrund des begrenzten Zeithorizontes kann aber zum jetzigen Zeitpunkt noch nicht gesagt werden, welcher der Entwicklungstrends von Dauer ist. Einiges spricht für die Vermutung einer langfristig ansetzenden gesamteuropäischen Säkularisierung auf verschiedenen Pfaden, verbunden mit zeitlich begrenzten Hemmprozessen.[28] Säkularisierung würde aber dann – stark abhängig von den sozialen Rahmenbedingungen – ihren Lauf in einigen osteuropäischen Staaten erst aufnehmen, wenn das in Bezug auf ihre sozioökonomischen und kulturellen Rahmenbedingungen »normale« Niveau des Religiositätsbestandes erreicht ist.[29] Dieses Niveau würde in starker Abhängigkeit von der sozioökonomischen Lage in den meisten Staaten Osteuropas zum Beispiel eher relativ hoch zu erwarten sein. Das Ergebnis der Säkularisierungsprozesse ist in Abbildung 4 dargestellt.

---

traste 1990 - 2010. Politik – Wirtschaft – Gesellschaft – Kultur, Frankfurt a. M. 2010; Gert Pickel, Atheistischer Osten und gläubiger Westen? Pfade der Konfessionslosigkeit im innerdeutschen Vergleich, In Gert Pickel/Kornelia Sammet (Hrsg.), Religion und Religiosität im vereinigten Deutschland. Zwanzig Jahre nach dem Umbruch, Wiesbaden 2011, 43-78.

[28] Gert Pickel, Säkularisierung, Individualisierung oder Marktmodell? Religiosität und ihre Erklärungsfaktoren im europäischen Vergleich, in: Kölner Zeitschrift für Soziologie und Sozialpsychologie 62 (2010), 219-245.

[29] Dies schließt auch an die Überlegungen von David Martin an, der verschiedene Faktoren für den Stand von Religiosität herausarbeitete. Sie können zusammenwirken, sich aber auch gegenüberstehen. Siehe hierzu: Gert Pickel, Die Religionen Deutschlands, Polens und Europas im Vergleich. Ein empirischer Test religionssoziologischer Theorien, in: Michael Hainz/Gert Pickel/Detlef Pollack/Maria Libiszowska-Zoltkowska/Elzbieta Firlit, Zwischen Säkularisierung und religiöser Vitalisierung. Religiosität in Deutschland und Polen im Vergleich, Wiesbaden 2014, 95-108; David Martin, A General Theory of Secularization, Oxford 1978.

Abb. 4: Konfessionslosigkeit im europäischen Vergleich

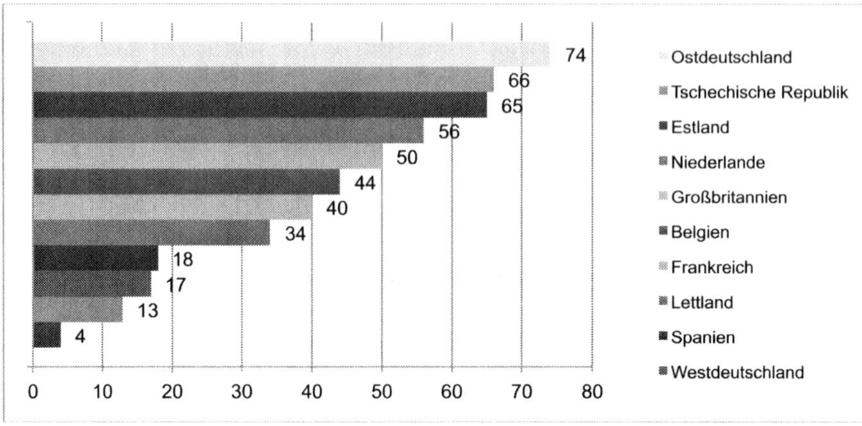

Wert	Land
74	Ostdeutschland
66	Tschechische Republik
65	Estland
56	Niederlande
50	Großbritannien
44	Belgien
40	Frankreich
34	Lettland
18	Spanien
17	Westdeutschland
13	
4	

Quelle: Eigene Berechnungen; unterschiedliche Quellen 2006-2010; Anteil der Konfessionslosen an der Gesamtbevölkerung in Prozent.

Diese Momentaufnahme der *Situation der Konfessionslosigkeit* identifiziert zwar *Ostdeutschland* als das Gebiet mit den meisten Konfessionslosen, aber die Abstände zur Tschechischen Republik (mit einer für die Kirche ungünstigen historischen Situation) und Estland (ebenso von einer geringeren Resistenzkraft des Protestantismus gegen den Sozialismus geprägt) sind gering. Auch westeuropäische Länder wie die Niederlande, Großbritannien und Belgien haben mittlerweile einen Zustand der Ausgeglichenheit zwischen Konfessionsmitgliedern und Konfessionslosen erreicht, wenn nicht gar zu Ungunsten der Konfessionsmitglieder überschritten. Dabei sieht es so aus, als wenn die eher protestantisch geprägten Staaten und das laizistisch ausgerichtete Frankreich die Austrittswellen bereits früher erlebt haben, jetzt aber viele katholische Länder wie Spanien, Belgien und Luxemburg diesem Trend beschleunigt folgen. Vor diesem Hintergrund ist die Situation in *Westdeutschland* trotz der seit langem beklagten Mitgliedschaftsverluste der großen christlichen Kirchen sogar *eher moderat*. In europaübergreifenden Analysen kann man Westdeutschland sogar als absoluten Mittel-, Parade- oder Normalfall (wie man es auch bezeichnen mag) für die derzeitige Situation der Mitgliedschaft identifizieren.[30]

Wenden wir uns noch einmal etwas genauer der *deutschen Entwicklung* zu (Abb. 5). Hier muss man zwischen West- und Ostdeutschland unterscheiden. Existiert in Westdeutschland auch nach vielfältigen Abwanderungsprozessen heute noch eine *Kultur der Konfessionszugehörigkeit*, so zeichnet sich umgekehrt Ostdeutschland durch eine stabile, ja wachsende *Kultur der Konfessionslosigkeit*

---

[30] GERT PICKEL, Die Religionen Deutschlands, Polens und Europas im Vergleich. Ein empirischer Test religionssoziologischer Theorien, in: MICHAEL HAINZ/GERT PICKEL/DETLEF POLLACK/MARIA LIBISZOWSKA-ZOLTKOWSKA/ELZBIETA FIRLIT, Zwischen Säkularisierung und religiöser Vitalisierung. Religiosität in Deutschland und Polen im Vergleich, Wiesbaden 2014, 95-108.

aus.[31] Was beide Gebiete Deutschlands verbindet, ist die Konstanz eines Prozesses – dem *Anstieg an Konfessionslosen*. Anders als noch 1989 erwartet, kam es in den neuen Bundesländern nach dem Wegfall des religionsfeindlichen sozialistischen Regimes zu keiner Rückkehrbewegung in die Kirchen. Dies war nicht einmal am Anfang der Periode, wie in mehreren osteuropäischen Ländern, der Fall. Im Gegenteil – der Verlustprozess ging für die beiden großen christlichen Kirchen in Deutschland kontinuierlich weiter. Gleichzeitig traten auch keine anderen religiösen Gruppierungen an ihre Stelle. Ein *Kompensationsprozess*, wie ihn das Marktmodell zum Beispiel gerade für Ostdeutschland vermutet hätte, ist entsprechend *nicht zu erkennen.*[32]

Abb. 5: Entwicklung der Konfessionslosigkeit in Deutschland von 1980 bis 2013

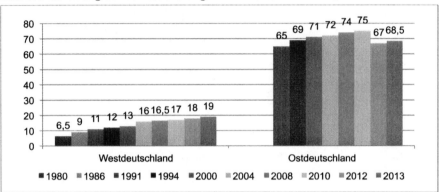

Quelle: Eigene Berechnungen; Allgemeine Bevölkerungsumfrage der Sozialwissenschaften (Allbus) 1980-2012; Bertelsmann Religionsmonitor 2013; Anteil der Konfessionslosen in Prozent; Schwankungen ab 2012 vermutlich Folge einer geänderten Erhebungsweise.

Die *Erosionsprozesse der Mitgliedschaft* in beiden christlichen Großkirchen drücken sich sozialstrukturell in *Altersdifferenzen* hinsichtlich der Mitgliedschaften aus: So ist die Zahl der Konfessionslosen in den jüngeren Alterskohorten deutlich höher als in den älteren Alterskohorten. Dies sagt etwas über die zeitliche Entwicklung aus und damit über ihre Folgen und die Zukunft: Es handelt sich bei der Zunahme der Konfessionslosigkeit um einen *generationellen Wandel*. In jeder nachwachsenden Generation finden sich in geringerer Stärke Kirchenmitglieder und in größerer Zahl Konfessionslose. Die höchste Zahl der Konfessionslosen ist in der Altersgruppe zwischen 20 und 40 zu finden, während sie in der nächstjüngeren Kohorte wieder geringer ausfällt. Doch Hoffnungen auf ein Ende des Abbruchs sind verfrüht, wie der Langzeitvergleich vieler Studien zeigt: Viele der Jugendlichen warten ab, bis sie das Elternhaus mit der sozialen Kontrolle

---

[31] GERT PICKEL, Konfessionslose in Ost- und Westdeutschland – ähnlich oder anders? In: DETLEF POLLACK/GERT PICKEL, Religiöser und kirchlicher Wandel in Ostdeutschland 1989-1999, Opladen 2000, 207.
[32] PAUL FROESE/STEVEN PFAFF, Explaining a Religious Anomaly. A Historical Analysis of Secularization in Eastern Germany, in: Journal for the Scientific Study of Religion 44/4 (2005), 397-422.

der in der Regel noch religiös stärker gebundenen Eltern verlassen, bevor sie
der Kirche den Rücken kehren. Dabei ist es weniger ihre vorherige Nähe zu
Religion und Kirche als der Eindruck, dass Offenheit für Religion im Elternhaus
sozial erwünscht war – oder aber der einfache pragmatische Grund, dass es bislang ja weder etwas gekostet hat noch irgendwie belastend war Kirchenmitglied
zu sein. Diese Altersverteilung ist mittlerweile ein über Jahrzehnte stabil fest-
stellbares Muster.[33]

Abb. 6: Konfessionslosigkeit in Deutschland nach Altersgruppen 2012

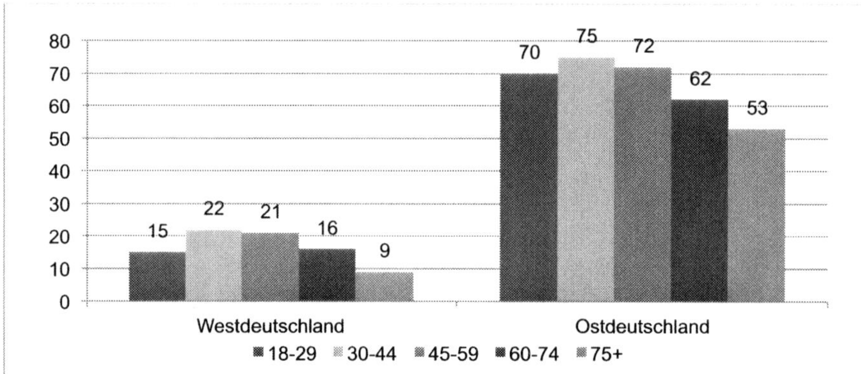

Quelle: *Eigene Berechnungen; Allgemeine Bevölkerungsumfrage der Sozialwissenschaften*
(Allbus) 2012; Anteil der Konfessionslosen in Prozent.

Nun wird in den letzten Jahren verstärkt von der *Pluralisierung* der religiösen
Landschaft gesprochen. Dabei spielen die Zunahme des muslimischen Bevölke-
rungsanteils um geschätzte fünf bis acht Prozent sowie auch das Anwachsen
der orthodoxen Christen auf eine Zahl von circa 1,8 Millionen eine große Rolle.
Sie verändern die religiöse Landschaft in Deutschland nachhaltig, stellen sie
doch andere Religionen den beiden großen christlichen Traditionsreligionen zur
Seite. Sowohl Zuwanderung als auch höhere Geburtenraten der ersten Zuwan-
derungsgeneration sorgen für das kontinuierliche Wachstum dieser Gruppen
und durch höhere Bindekräfte gelingt es ihnen, ihre Mitglieder besser zu halten.
Die durch religiöse Pluralisierung entstehende Verschiebung in den Zugehörig-
keitsgewichten verdeckt teilweise die Dramatik des Schrumpfens der Mitgliedschaft in den beiden christlichen Großkirchen in Deutschland, da sie den Anteil
der Nichtkonfessionslosen in Deutschland deutlich erhöht. Tatsächlich hat dies
jedoch keine positiven Effekte für die christlichen Kirchen. An dieser Stelle sei
noch erwähnt, dass natürlich auch die Zunahme der Konfessionslosen einen
Aspekt *wachsender Plurarität in Deutschland* darstellt.

---

[33] GERT PICKEL, Jugendliche und junge Erwachsene. Stabil im Bindungsverlust zur Kir-
che, in: EVANGELISCHE KIRCHE IN DEUTSCHLAND (Hrsg.), Engagement und Indifferenz.
Kirchenmitgliedschaft als soziale Praxis, V. EKD-Erhebung über Kirchenmitgliedschaft,
Hannover 2014, 60-72.

Was sind nun die *Gründe* für die kontinuierliche Zunahme der Konfessionslosigkeit in der deutschen Bevölkerung?[34] Gerne wird auf die Folgen des *demographischen Wandels* für die Kirchen verwiesen.[35] Er wird angetrieben durch eine deutliche Alterung der westlichen Gesellschaften und sinkende Geburtenraten. Dieser Schrumpfungsprozess führt zu einer immer größer werdenden Schere zwischen Geburten und Todesfällen. Dieses Problem verschärft sich für die katholische wie evangelische Kirche Deutschlands noch, weil die *Taufquoten* hinter den potentiellen Täuflingen zurückliegen. Nicht alle christlichen Eltern lassen ihre Kinder taufen.[36] Damit steigert sich die geschilderte Diskrepanz noch: Kehrte sich in der evangelischen Kirche das Verhältnis zwischen Taufen und Bestattungen bereits 1970 um, so erreichte es in der katholischen Kirche zwischen 1980 und 1989 seinen Scheitelpunkt. Auch die sinkenden Trauungsraten sind ein Hinweis auf die für die Kirchen ungünstige strukturelle Entwicklung, verweisen sie doch auf den Abbruch von Sozialisationsagenten für die Zukunft. Neben diesen strukturellen Verlusten verlieren beide Großkirchen seit den 1970er Jahren aber auch stetig Mitglieder durch *Austritte*. Mittlerweile haben sich die jährlichen Austritte in jeder der beiden christlichen Großkirchen auf Werte zwischen 140.000 und 180.000 Mitglieder eingependelt. Besaß die katholische Kirche zu Beginn dieser Abbruchsphase noch eine bessere Haltequote ihrer Mitglieder, so hat sich dieser ehemalige Vorteil gegenüber der evangelischen Kirche Deutschlands mittlerweile abgebaut. Im Gegenteil, die Situation der katholischen Kirche ist sogar noch ungünstiger, da nur sehr wenige Eintritte als Kompensation dienen können. Während in der evangelischen Kirche drei Austritte auf eine Person, die eintritt, kommen, fällt diese Bilanz 2010 für die katholische Kirche mit 11:1 desaströs aus.

Interessanter als die bloße Feststellung der Austritte sind die Gründe hierfür. Sie geben einen ersten Hinweis darauf, dass die Trennung von der Kirche möglicherweise eine größere Auswirkung auf das Verhältnis der Menschen ge-

---

[34] GERT PICKEL, Atheistischer Osten und gläubiger Westen? Pfade der Konfessionslosigkeit im innerdeutschen Vergleich, in: GERT PICKEL/ KORNELIA SAMMET (Hrsg.), Religion und Religiosität im vereinigten Deutschland. Zwanzig Jahre nach dem Umbruch, Wiesbaden 2011, 46.

[35] JAN HERMELINK, Kirchenaustritt. Bedingungen, Begründungen, Handlungsoptionen, in: JAN HERMELINK/THORSTEN LATZEL, Kirche empirisch. Ein Werkbuch, Gütersloh 2008, 95-116.

[36] Dabei handelt es sich selten um eine grundsätzliche Richtungsentscheidung. Zumeist will man nach eigener Auskunft dem Kind selbst die Möglichkeit überlassen, sich bewusst für eine Religionsgemeinschaft zu entscheiden. So sehen immerhin ein Fünftel der Mitglieder der Evangelischen Kirche in Deutschland (EKD) den richtigen Zeitpunkt für die Taufe erst dann als gekommen an, wenn die Kinder selbst darüber entscheiden können. Nichtsdestoweniger leistet ein solches Denken einem Abbruch christlicher Sozialisation Vorschub: So nimmt man aufgrund der fehlenden Taufe nicht an anderen Angeboten christlicher Sozialisation teil und entwickelt kaum eine Beziehung zur Kirche und den christlichen Traditionen. Siehe WOLFGANG PITTKOWSKI, Konfessionslose in Deutschland, in: WOLFGANG HUBER/JOHANNES FRIEDRICH/PETER STEINACKER (Hrsg.), Kirche in der Vielfalt der Lebensbezüge, Gütersloh 2006, 89-109.

genüber dem Glauben und seiner Religiosität besitzt. Betrachten wir dazu die Ergebnisse der vierten Kirchenmitgliedschaftsuntersuchung der EKD: Die dort gewonnenen Begründungen eines Kirchenaustritts beziehen sich stark auf die Institution Kirche. Sie wird allgemein häufig als eine *Herrschaftsinstitution* angesehen, die aus Sicht der einzelnen Mitglieder nur wenig Interesse für deren Belange aufbringt.[37] Die evangelische Kirche wird nur begrenzt als den Ansprüchen und Fragestellungen der Moderne gewachsen erachtet. Ein gleiches Meinungsbild dürfte wohl auch hinsichtlich der katholischen Kirche gelten. Glaubwürdigkeitsprobleme und ein altmodisches Image haften beiden christlichen Kirchen an. Doch seltener als erwartet sind es *konkrete Ärgernisse* über Stellungnahmen von kirchlichen Mitarbeitern, wobei hier erstmals ein West-Ost-Split erkennbar wird. Scheinbar herrschen unterschiedliche Austrittskulturen in Deutschland vor.

In Westdeutschland besteht verstärkt ein Bezug zur individualisierten Sicht auf Religion, hier liegt der Anteil der Nennungen von kirchlichen Stellungnahmen als Austrittsgrund erheblich über dem in Ostdeutschland. Dort wiederum scheint eine deutlich generellere Position gegenüber Religion das dominante Austrittsmuster zu sein. Es liegt eine zunehmende *Distanzierung zu Religion* überhaupt vor, die eine Kirchenmitgliedschaft als nicht mehr notwendig erscheinen lässt. Die Mitgliedschaft in einer Kirche ist für viele Menschen einfach *nicht mehr für den Lebensalltag notwendig.*

Anders als dies noch in früheren Zeiten der Fall war, kann man in einer modernen Gesellschaft eben sehr gut auch ohne Kirche leben. Sie wird von vielen Ostdeutschen eben »vielfach nicht mehr als eine ernstzunehmende Alternative wahrgenommen« – und bei einer wachsenden Zahl an Westdeutschen ist dies ähnlich.[38] So nennt die Hälfte der westdeutschen Konfessionslosen auf die Frage nach Gründen für ihren Austritt, dass man auch ohne Kirche religiös oder christlich sein kann. Da in anderen Befragungen nahezu 80 Prozent der Deutschen diese generelle Ansicht teilen, droht den Kirchen mehr und mehr die Gefahr, auf dem religiösen Sektor als überflüssig angesehen zu werden. Gleichzeit wird von über der Hälfte der Ostdeutschen auch auf die fehlende Notwendigkeit von Religion überhaupt verwiesen – in Westdeutschland tut dies nur jeder Dritte der Ausgetretenen (Abb. 7).

Gleichzeitig verweist die Bezugnahme auf die Aussage »Man kann auch ohne Kirche religiös sein« auf eine wahrgenommene Differenz zwischen Religiosität und Konfessionszugehörigkeit. Dass nur ein Drittel der Westdeutschen eine generelle Abwendung von Religion als Grund für ihren Austritt angeben, spricht für diese Interpretation. Allerdings muss man bedenken, dass hier nicht bereits langfristig Konfessionslose befragt wurden, sondern zumeist Personen, die noch

---

[37] Auch DETLEF POLLACK, Rückkehr des Religiösen. Studien zum religiösen Wandel in Deutschland und Europa II, Tübingen 2009, 196.
[38] MIRIAM ROSE/MICHAEL WERMKE, Einleitung, in: MIRIAM ROSE/MICHAEL WERMKE (Hrsg.), Konfessionslosigkeit heute. Zwischen Religiosität und Säkularität, Leipzig 2014, 10.

Abb. 7: Austrittsgründe (Selbstauskünfte der Konfessionslosen)

		West		Ost	
		1992	2002	1992	2002
Säkulari-sierung	Weil ich in meinem Leben keine Religion brauche.	33	35	57	57
	Weil ich mich eher an humanistisch-ethischen Werten orientiere als an christlichen.	44	29	48	51
	Weil mir die Kirche gleichgültig ist.	53	44	56	41
	Weil ich mit dem Glauben nichts mehr anfangen kann.	35	29	55	48
	Weil ich die Kirche unglaubwürdig finde.	36	49	26	32
	Weil die Kirche an Gewalt und Ungerechtigkeit beteiligt war.	-	31	-	32
Konkrete Gründe	Weil ich mich über kirchliche Stellungnahmen geärgert habe.	42	32	17	16
	Weil ich mich über kirchliche Mitarbeiter geärgert habe.	16	16	9	13
Spezifisch ostdeutsche Gründe	Weil das Leben in der DDR und die Zugehörigkeit zur Kirche nicht zu vereinbaren waren.	-	-	21	-
	Weil ich meinen Kindern unnötige Auseinandersetzungen ersparen wollte.	-	3	-	6
	Weil ich politisch unter Druck gesetzt wurde.	-	2	12	4
	Weil es in meinem Umfeld normal ist, nicht in der Kirche zu sein.	-	12	-	38
Kirchen-steuer	Weil ich dadurch Kirchensteuer spare.	58	67	46	62
Individuali-sierte Dis-tanzierung	Weil ich auch ohne Kirche christlich sein kann.	52	58	31	32
Kirchen-distanz	Weil mir die Kirche fremd geworden ist.	-	34	-	47
	Weil ich eine andere religiöse Überzeugung gefunden habe.	9	4	3	2
Fallzahlen:		174	290	218	170

Quelle: Eigene Zusammenstellung: ENGELHARDT u. a. (1997: 327); Berechnungen auf Basis KMU 2002; Prozente in Zustimmung auf einer Skala mit sieben Ausprägungen (6 und 7); Werte in Prozent.

eine (wie auch immer geartete) christliche Sozialisation erfahren haben. Nun würden selbst hartgesottenste Säkularisierungstheoretiker einen Verlust der individuellen Religiosität zwar als wahrscheinliche Folge der von ihnen beschriebenen Säkularisierungsprozesse, aber nicht als unabdinglich oder gar für die Theorie als notwendige Annahme ansehen, weswegen dies bei weitem noch nicht die Aussagekraft der Säkularisierungstheorie beeinträchtigt.[39] Hinsichtlich der Frage nach Religionslosigkeit lässt sie zumindest Fragen aufkommen. Es könnte – eher in West- als in Ostdeutschland – ja doch so sein, dass eine individualisierte Religiosität neben der Kirche attraktiv ist. In diese Richtung wurde auch die häufig gewählte Austrittsbegründung *Kirchensteuer* gedeutet, die den Austritt alleine an ein funktionales Element bindet.

Doch hinsichtlich einer zu starken Belastung dieses Argumentes ist Vorsicht angebracht. In einer individualisierten Gesellschaft, in der vom Einzelnen verstärkt erwartet wird, dass Entscheidungen rational begründet werden, sind sowohl die Kirchensteuer als auch Kritik an der Kirche gut nutzbare Argumente. Ein Hinweis auf den eigenen »Unglauben« könnte im Diskurs mit Anderen ja die (unangenehme) Frage nach sich ziehen, warum man dann nicht bereits früher aus der Kirche ausgetreten ist. Bei einer kausalanalytischen Untersuchung der Bestimmungsgründe, die nicht auf Selbstaussagen der Konfessionslosen beruht, bleibt das Kirchensteuerargument dann auch eher ein randständiger Erklärungsfaktor.[40] In solchen Analysen sind es eigentlich immer die Entfernung vom Glauben bzw. die Feststellung, dass Religion im Lebensalltag eine nachgeordnete Bedeutung besitzt, die zu Konfessionslosigkeit führen bzw. ihr zugrunde liegen. Wenn Religion keine Relevanz für das eigene Leben hat, ist eine institutionelle Mitgliedschaft in einer Organisation, die diese im Diesseits vertritt, überflüssig.

Zweifelsohne ist es die Säkularisierung mit ihrem Verweis auf den Abbruch religiöser Sozialisation, die der zentrale Grund für die Zunahme der Konfessionslosigkeit ist.[41] Einzelne Erfahrungen, wie das erste Zahlen der Kirchensteuer oder Skandale erinnern an die noch bestehende Mitgliedschaft in »diesem Verein«. Sie sind aber selten der belastbare Grund, sondern eher der Anlass dafür, den sonst irgendwann später sowieso anstehenden Schritt des Austritts aus der Kirche zu vollziehen. Kernelement ist zumeist die fehlende Bedeutung von Religion überhaupt für das eigene Leben. Doch sind andere Begründungsstrukturen damit noch nicht vollständig ausgeschlossen. Entsprechend stellt sich die Frage, welche Typen von Konfessionslosen es gibt.

---

[39] Siehe zum Beispiel STEVE BRUCE, God is dead, Oxford 2002.

[40] GERT PICKEL, Atheistischer Osten und gläubiger Westen? Pfade der Konfessionslosigkeit im innerdeutschen Vergleich, in: GERT PICKEL/KORNELIA SAMMET (Hrsg.), Religion und Religiosität im vereinigten Deutschland. Zwanzig Jahre nach dem Umbruch, Wiesbaden 2011, 64.

[41] WOLFGANG PITTKOWSKI, Konfessionslose in Deutschland, in: WOLFGANG HUBER/JOHANNES FRIEDRICH/PETER STEINACKER (Hrsg.), Kirche in der Vielfalt der Lebensbezüge, Gütersloh 2006, 89-109, 96-97; DETLEF POLLACK, Rückkehr des Religiösen. Studien zum religiösen Wandel in Deutschland und Europa II, Tübingen 2009, 210-211.

5. Die Pluralität der Konfessionslosigkeit

Auf die Konfessionslosen trifft gleiches zu, wie auch auf die Kirchenmitglieder: sie können sehr unterschiedlich sein. Die in Abbildung 8 dargestellte Clusteranalyse identifiziert vier Typen: Die *gläubigen Konfessionslosen* empfinden eine deutliche Differenz zwischen Kirche und Religion. Sie sehen die Kirche als eine diesseitige Institution, welche sich vor allem durch eine Unangemessenheit hinsichtlich des Lebensalltages auszeichnet. Religion ist dagegen ein individuelles und persönliches Gut und Bedürfnis. So betonen gläubige Konfessionslose durchweg, dass man auch ohne Kirche religiös sein kann und sind Spiritualität und religiöser Erfahrung nicht abgeneigt. Mehrheitlich findet man diesen Typus von Konfessionslosen in Westdeutschland. Allerdings handelt es sich aber bei dieser Gruppe nur teilweise um die, seitens der Individualisierungstheorie (und auch anderen Betrachtern) gerne als Modell der Zukunft vermuteten, überzeugten und selbstbewussten religiösen Individualisten, sondern eher um *noch* gläubige Konfessionslose. Dies beruht auf religiösen Sozialisationserfahrungen, die in dieser Gruppe der Konfessionslosen noch am weitesten verbreitet ist. Immerhin vier Fünftel haben noch ein konfessionszugehöriges Elternhaus besessen. Viele der gläubigen Konfessionslosen sind erst aus der Kirche ausgetreten. Besonders interessant: Es handelt sich um die kleinste Gruppe der Konfessionslosen. Der gläubige oder nach Religiosität und Spiritualität suchende Konfessionslose ist empirisch betrachtet eher die Ausnahme als die Regel.

Abb. 8: Typen der Konfessionslosen

	Anteile			Bildungsniveau davon...		Eltern konfessionslos
	Gesamt	West	Ost	Niedrig (23)	Hoch (34)	
Gläubige Konfessionslose	11	26	6	35	40	20
Tolerante Konfessionslose	17	26	13	21	41	40
(Normal-)Konfessionslose	21	16	23	14	47	43
Volldistanzierte Atheisten	51	32	58	23	25	54

Quelle: Eigene Berechnungen Allbus 2008; in Klammern Verteilung über die Gesamtgruppe. Angaben in Prozent.

Im Distanzierungsprozess zur Religion weiter vorangeschritten sind die *toleranten Konfessionslosen* und die *normalen Konfessionslosen*. Für beide Gruppen ist Religion ohne wesentliche, wenn nicht gar völlig ohne, Bedeutung für das Alltagsleben. Man braucht keine Religion für das Dasein und dementsprechend erst recht auch keine Kirche. Beide Gruppen sind als Produkt der gesellschaftlichen Säkularisierung zu verstehen. Bei zweien von fünf waren bereits die Eltern konfessionslos. Sie sind quasi das Ergebnis eines über die Generationen verlaufenden Traditionsabbruches, der auch tief in das Verständnis von Religion eingegriffen hat. Sinnfragen werden von ihnen zumeist innerweltlich beantwortet. Die einzige Differenz zwischen beiden Gruppen liegt in ihrem Verhältnis zur institutionalisierten Religion. Die toleranten Konfessionslosen stehen Mitgliedern von Religionen offen gegenüber und schließen diese Option nur weitgehend für sich aus. Dagegen ist jede Form von Religion und Spiritualität für den normalen Konfessionslosen eher fremd. Letztere sehen eine Beschäftigung mit Spiritualität, Religion oder Religiosität als vollkommen überflüssig an. Dabei machen sie zwischen der institutionalisierten christlichen Religiosität und anderen Formen von Spiritualität und Religiosität keinen Unterschied. Hier sind die toleranten Konfessionslosen offener und können sich sogar vorstellen, ihre Kinder an dem Erwerb »kulturellen Wissens« über Religionen teilhaben zu lassen. Spiritualität und Sinnsuche sind für sie aber eher im Spektrum der Lebensberatung im Diesseits als im Religiösen angesiedelt.

Die letzte Gruppe sind die vollständig von Kirche, aber auch weitgehend von Religion distanzierten Atheisten. Sie machen mittlerweile das Gros der Konfessionslosen aus und halten sich die Waage zu den anderen drei Gruppen, wenn man diese zusammennimmt. Diese *volldistanzierten Atheisten* lehnen Religion(en) als irrational ab. Kirchen werden nur als politische Interessenvertreter gesehen und ihnen gegenüber oft eine kritische bis gar feindliche Haltung eingenommen. Oftmals findet man bei ihnen eine bereits lang zurückreichende *Tradition der Areligiosität bis Antireligiosität.* Mehrheitlich leben sie in den neuen Bundesländern. Dort hat sich sogar so etwas wie eine gemeinsame *Konfessionslosenidentität* ausgebildet. Im Zuge der Wiedervereinigung blieben den Ostdeutschen – so zeigten verschiedene Studien der letzten Jahre – nur begrenzt Lebensbereiche, wo sie sich den Westdeutschen gleichwertig oder gar überlegen fühlen durften. Einer dieser Bereiche scheint eine klar formulierte antireligiöse Haltung zu sein. Sie wird vermutlich als moderner, rationaler und aufgeklärter angesehen. Also alles das, was die Westdeutschen aus Sicht der Ostdeutschen noch werden müssen. Dies bedeutet nicht, dass alle Gruppenmitglieder sich aktiv gegen die Kirche wenden, sie können nur nichts mit ihr anfangen und wollen im Alltag von Missionsversuchen und kirchlichen Einflussnahmen verschont bleiben. Gleichzeitig stellt diese Gruppe das Zielklientel für den organisierten *neuen Atheismus* dar.

Eine Betrachtung der *Verteilung des Gottesglaubens* über alle Bundesbürger stützt die in der Clusteranalyse ermittelten Gruppengrößen. So halten sich auch hier in Ostdeutschland diejenigen, welche nur sagen, sie glauben nicht an Gott und die, die sich selbst bewusst als Atheisten einordnenden Befragten, die Waage, während in Westdeutschland dieses Verhältnis deckungsgleich zu dem obigen Ergebnis, wenn man die drei Gruppen der »normalen«, »toleranten« und »gläubigen« Konfessionslosen zusammenfasst, 3:1 ausfällt.[42] Betrachtet man die-

---

[42] Zur genaueren Betrachtung der Identifikationsmerkmale dieser Gruppe und der Differenzierung zwischen Atheisten und religiös Indifferenten siehe GERT PICKEL, Atheistischer Osten und gläubiger Westen? Pfade der Konfessionslosigkeit im innerdeutschen

se Ergebnisse und gerade den letzten Konfessionslosentyp, so scheint Monika Wohlrab-Sahr nicht falsch zu liegen, wenn sie anhand einer Betrachtung der Daten des Bertelsmann Religionsmonitors 2008 für die neuen Bundesländern von Religionslosigkeit statt Konfessionslosigkeit spricht.[43] Diese ist aber nicht für alle Gruppen als Atheismus, im Sinne einer aggressiven Ablehnung von Religion, zu verstehen. Mehrheitlich finden wir eher religiöse Indifferenz oder der oben eingeführten Terminologie folgend *Areligiosität*.

Abb. 9: Atheismus, Unglaube und Gottesglaube in Deutschland

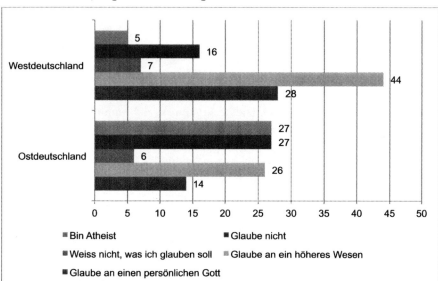

Quelle: Eigene Berechnungen auf der Basis Church and Religion in an enlarged Europe 2006; Angaben in Prozent, n =1542.

Religion ist einfach für den eigenen Lebensalltag nicht mehr von Bedeutung und den meisten Konfessionslosen gleichgültig. Ein 30jähriger Mann drückt dies so aus: »Gott existiert für mich nicht: Was spielt es für eine Rolle, ob etwas existiert, was sich nicht auf mich auswirkt«.[44] Mehrheitlich hat man es also mit Konfessionslosen zu tun, denen Religion eigentlich relativ egal ist. Sie verstehen Konfessionslosigkeit als einen »positiven Ausdruck ihrer Lebensgestaltung«, wie viele andere Dinge auch,[45] oder anders gesagt – als »normal«.[46] Gleichzeitig

---

Vergleich, in: GERT PICKEL/KORNELIA SAMMET (Hrsg.), Religion und Religiosität im vereinigten Deutschland. Zwanzig Jahre nach dem Umbruch, Wiesbaden 2011, 70-72.
[43] MONIKA WOHLRAB-SAHR, Das stabile Drittel. Religionslosigkeit in Deutschland, in: BERTELSMANN STIFTUNG (Hrsg.), Woran glaubt die Welt? Analysen und Kommentare zum Religionsmonitor 2008, Gütersloh 2009, 151-168.
[44] KATJA KLEINSORGE, Religion. Wozu? Das Phänomen religiöser Indifferenz, in: SEBASTIAN MURKEN, Ohne Gott leben. Religionspsychologische Aspekte des »Unglaubens«, Marburg 2008, 147-149.
[45] SEBASTIAN MURKEN, Ohne Gott leben. Religionspsychologische Aspekte des »Unglaubens«, Marburg 2008, 257.

ist das Bild differenzierter. So sind Religionslose von Antireligiösen und rein
Konfessionslosen zu unterscheiden. Möglicherweise macht es sogar Sinn, die
Konfessionslosen in Anlehnung an Simmel in »religioide« und säkulare Konfessionslose zu unterscheiden.[47] Beide stehen in Distanz zu traditionell verstande-
ner Religion, die stark mit den Großkirchen – und hier nicht nur den christlichen – assoziiert werden. Nur die »religioiden Religionslosen« besitzen eine
gewisse Offenheit für spirituelle Phänomen oder suchen gar nach diesen, den
»säkularen Religionslosen« oder Areligiösen ist auch dies eher fremd. Sie benö-
tigen es auch nicht für ihr Leben.

6. Religionslosigkeit oder Nachrangigkeit
von Religion im Alltagsleben?

Dieses Ergebnis deutet, wie auch andere Ergebnisse der empirischen Religionsforschung, nicht auf eine religiöse Individualisierung im Sinne einer vollständi-
gen Trennung von subjektiver Religiosität und Kirchenmitgliedschaft hin.[48] So
wie die Trennung von Kirchlichkeit und individueller Religiosität auf der theoretischen Ebene gerechtfertigt ist, deuten die empirischen Ergebnisse an, dass
mit der Kirchenbindung auch die Glaubenssicherheit verloren zu gehen scheint.
Oder anders: Bereits in der Mitgliedschaft kommt es scheinbar bei vielen Christen über die Generationen zu einer langsamen Lösung vom Glauben. Nicht der
Einzelne verliert seinen Glauben und wird weniger religiös, sondern seine Kinder und Enkel. Dieser Prozess einer *Tendenz zu religiöser Indifferenz und religiöser Gleichgültigkeit stellt auch die Grundlage für einen Austritt aus der Kirche* dar.
Dies lässt nun verstärkt die Frage nach Religionslosigkeit aufkommen. Wie es
bislang aussieht, scheint die Annahme einer rein auf die Institutionen gerichte-
ten Konfessionslosigkeit, in der sich der Glaube – möglicherweise in anderer
privater Form – hält, zumindest hinterfragbar zu sein. Es lassen sich zumindest
gewisse Beziehungen zwischen Konfessionslosigkeit und Religionslosigkeit
vermuten.

---

[46] MONIKA WOHLRAB-SAHR, Religionslosigkeit als Thema der Religionssoziologie, in: Pastoraltheologie 90 (2001): 152.
[47] GEORG SIMMEL, Die Religion, Frankfurt a. M. 1912.
[48] DETLEF POLLACK/GERT PICKEL, Deinstitutionalisierung des Religiösen – Religiöse Individualisierung oder Säkularisierung in West- und Ostdeutschland, Kölner Zeitschrift für
Soziologie und Sozialpsychologie 55 (2003), 455-482; DETLEF POLLACK, Säkularisierung –
Ein moderner Mythos? Studien zum religiösen Wandel in Deutschland und Europa I,
Tübingen 2003; DETLEF POLLACK, Rückkehr des Religiösen. Studien zum religiösen Wandel in Deutschland und Europa II, Tübingen 2009.

Abb. 10: Glaubensobjekte nach Konfessionszugehörigkeit

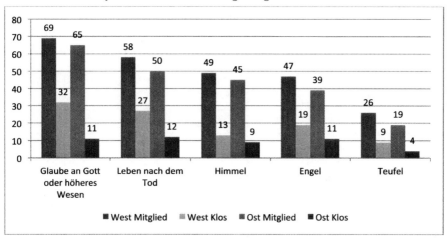

Quelle: Eigene Berechnungen; Allbus 2012; Glauben an »...« in Prozent. Klos=Konfessionslos.

Einmal davon abgesehen, dass viele Glaubenselemente insgesamt nicht mehr auf hohe Zustimmung treffen, bestehen erhebliche Unterschiede zwischen Konfessionslosen und Konfessionsmitgliedern (Abb. 10). Glauben immerhin noch zwei Drittel der Konfessionsmitglieder an Gott oder ein höheres Wesen, mehr als die Hälfte an ein Leben nach dem Tod und wenigstens ein Viertel an den Teufel, so sind diese Vorstellungen bei den Konfessionslosen selten einmal bei der Hälfte dieser Werte. Es bekunden zwar noch fast ein Drittel der Westdeutschen, dass sie zumindest etwas an Gott oder ein höheres Wesen glauben, inwieweit dies aber Potentiale für eine fluide Religiosität darstellt, muss noch betrachtet werden. Gleichzeitig wird auch sichtbar, dass sogar Mehrheiten der Kirchenmitglieder einzelne Glaubensaspekte ablehnend und eben auch ein Drittel der Konfessionsmitglieder nicht mehr an Gott oder ein höheres Wesen glaubt. Interessant sind die kontinuierlichen Differenzen zwischen West- und Ostdeutschland: Im Osten haben sich die Konfessionsmitglieder bereits weiter von allen Glaubensvorstellungen entfernt. Es wird deutlich, dass Zugehörigkeit und Glaube zwei doch miteinander verkoppelte Elemente zu sein scheinen.[49] Dies reflektieren auch Korrelationen zwischen verschiedenen Dimensionen des Glaubens.[50]

---

[49] Auch GERT PICKEL, Religion und Religiosität im vereinigten Deutschland. Eine religionssoziologische Bestandsaufnahme, in: ANDREA SCHULTE (Hrsg.), Evangelisch Profil zeigen im religiösen Wandel unserer Zeit. Die Erfurter Barbara-Schadeberg-Vorlesungen. Münster 2014, 38-39.

[50] Siehe CHARLES GLOCK, Toward a Typology of religious Orientation, New York 1954.

Abb. 11: Korrelationen: Konfessioneller Glaube?

	Glaube an Gott	Subjektive Religiosität	Subjektive Spiritualität	Erfahrungen Homöopathie	Erfahrungen Reiki	Erfahrungen Yoga
Konfessions losigkeit						
West	-.34	-.42	-.08	-.06	-.12	-.12
Ost	-.60	-.72	-.30	n. s.	n. s.	n. s.
Kirchgang						
West	.43	.51	.20	n. s.	.06	.07
Ost	.50	.58	.26	n. s.	n. s.	n. s.
Gottes- glaube						
West	-	.65	.31	n. s.	n. s.	n. s.
Ost	-	.74	.43	n. s.	n. s.	n. s.

Quelle: Eigene Berechnungen; Allbus 2012; Glauben an »...« in Prozent.

Nicht nur zwischen Konfessionslosigkeit und Gottesglaube besteht ein starker negativer Zusammenhang, auch das Eigenverständnis von subjektiver Religiosität ist der Konfessionsmitgliedschaft und dem Gottesdienstbesuch stark verhaftet. Interessant ist, dass die alternativ-religiösen Angebote in Westdeutschland sogar häufiger unter den Konfessionsmitgliedern genutzt werden als unter den Konfessionslosen (negativer Zusammenhang in Abbildung 11). In Ostdeutschland besteht hier kein Zusammenhang. Zumindest die betrachteten alternativ-religiösen Formen scheinen keine Kompensationskraft zu entfalten. Die kirchliche Hoffnung auf den individuell religiösen Konfessionslosen – und damit zukünftige Potentiale für die Rückgewinnung in die christlichen Kirchen – scheint also angesichts dieser Zahlen eher zu trügen: Konfessionslosigkeit geht mit einem geringen oder gar keinem Glauben Hand in Hand.

Die Zusammenhangsanalysen rücken Areligiosität und Distanz zu Kirche und Glauben ins Zentrum der Erklärungen von Konfessionslosigkeit und betonen damit eine empirisch doch stärkere Verbindung zwischen der Sozialreligion bzw. tradierten Kulturreligion und der individualisierten Religiosität.[51] Ohne die Grundlage einer bereits vorhandenen Distanz zum Glauben und zu Religion

---

[51] GERT PICKEL, Konfessionslose in Ost- und Westdeutschland – ähnlich oder anders? In: DETLEF POLLACK/GERT PICKEL (Hrsg.), Religiöser und kirchlicher Wandel in Ostdeutschland, Opladen 1999, 206-236; sowie GERT PICKEL, Individuelle Entkirchlichung oder kollektiver Atheismus? Religiosität zwischen privater Transzendenz und traditioneller Kirchlichkeit, in: JOHANNES HORSTMANN (Hrsg.), Katholisch, evangelisch oder nichts? Konfessionslose in Deutschland, Schwerte 2000, 47-80.

scheint der Schritt des Austretens aus der Kirche kaum erklärbar zu sein.[52] Nun sind Fragen nach subjektiver Religiosität und Glauben stark durch die kulturelle Prägung – und damit das christliche Umfeld geprägt. Könnte es nicht allerdings auch sein, dass vielleicht doch andere, alternative Formen von Religiosität – oder Spiritualität – an die Stelle der christlichen Religiosität treten und deren Funktion als Sinnstifter kompensieren?

Abb. 12: Erfahrungen mit alternativen Formen von Religiosität

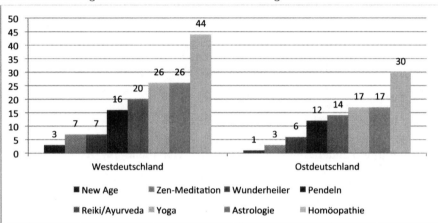

Quelle: Eigene Berechnungen; Allbus 2012; Angaben in Prozent.

Hier ist zumindest Skepsis angebracht. Zwar haben 44 % der Befragten in Westdeutschland wie auch knapp ein Drittel in Ostdeutschland Erfahrungen mit Homöopathie gemacht und zwischen einem Sechstel und einem Viertel sagt dies auch über die Astrologie. Doch: Erfahrungen sind noch lange kein Glauben! So besteht die berechtigte Annahme, dass viele der Befragten die genannten »Alternativen« eher als Instrumente zur Heilung deuten, denn als Religion. Ebenso ist auch ihre Funktion als *Lebenshilfe* nur mit Mühe religiös zu deuten, außer man fast den Religionsbegriff so weit, dass er kaum mehr Konturen besitzt – von der Distanz zum alltäglichen Sprachgebrauch einmal völlig abgesehen. Man könnte noch argumentieren, dass solche Erweiterung der Erfahrungshorizonte zur Bewältigung der Kontingenz des Lebens beitragen – und damit eine religiöse Kompensation vornehmen.[53] Aber abgesehen von den bereits angesproche-

---

[52] Dabei haben die erwähnten Gründe eine große Anhängerschaft. Ihr Vorteil ist die rationale Begründung einer Handlung, was in einer stark auf individuell-rationale Begründungen ausgerichteten Welt zur Erklärung der eigenen Position legitimer (und angenehmer) erscheint, als der Verweis auf einen fehlenden Glauben. Man möchte ja auch vermeiden gefragt zu werden, warum man vorher ohne Grund noch als Mitglied in der Kirche verblieben war.

[53] Kontingenzbewältigung wird in den meisten neueren Verständnissen von Religion als ihre zentrale Funktion ausgemacht. Daraus wird teilweise der religiöse Gehalt von Erfahrungen und Handlungen abgeleitet, die zur Bewältigung von Kontingenz und Unsicher-

nen Problemen, fallen insgesamt die Erfahrungen mit dem Gros der aufgeführten Angebote auch eher gering aus. Dies gilt vor allem, wenn man sie mit den Graden traditioneller Religiosität vergleicht. Ebenso verhält es sich mit der vielbeschworenen Suche nach *Spiritualität.* Von großen Suchbewegungen kann auch hier, zumindest nach Auskunft der Befragten, nicht gesprochen werden. So halten sich nach Ergebnissen des Bertelsmann Religionsmonitors 2013 in Westdeutschland 13 % der Befragten für ziemlich oder sehr spirituell, aber 59 % für wenig oder gar nicht. In Ostdeutschland ist das Verhältnis sogar 6 % zu 77 %. Selbst wenn in der Befragung Probleme bestehen könnten, das Wort »spirituell« inhaltlich adäquat zu deuten, spricht dieser Befund doch recht deutlich gegen eine »spirituelle Revolution«, wie sie gelegentlich propagiert wird.[54] Aus Sicht der Bürger – und speziell der ostdeutschen Bürger – scheinen sich *kaum Alternativen zur traditionellen christlichen Religiosität* aufzutun, zumindest nicht im Sinn eines Ersatzes oder einer Kompensation. In diese Richtung deutet auch ein anderer Befund: So suchen die meisten Deutschen – egal ob West- oder Ostdeutsche – gar nicht nach religiösen Alternativen. Dies unterscheidet sie auch kaum von den Bürgern anderer europäischer Länder, wie Abbildung 13 zeigt.

Abb. 13: Die geringe Suche nach religiösen Angeboten

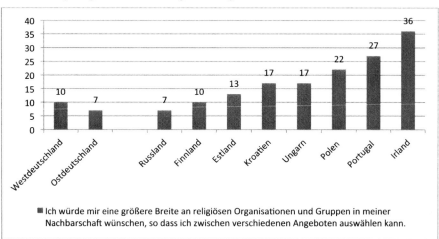

Quelle: Eigene Berechnungen; Church and Religion in an Enlarged Europe 2006; Angaben in Prozent.

Im Prinzip ist es sogar so, dass dort, wo die stärksten Monopolreligionen bislang ihre Mitglieder am besten binden konnten – und auch die Religiosität am höchsten ist – am ehesten der Wunsch nach alternativen religiösen Angeboten geäußert wird. Entweder ist dies als Reaktion auf die übergroße Dominanz dieser Religionen zu verstehen, oder man hat bei den Alternativen nichts anderes vor

---

heit beitragen. Kontingenz ist die Situation der Unsicherheit, die entsteht, weil etwas ist wie es ist, aber eigentlich auch anders sein könnte.

[54] PAUL HEALAS/LINDA WOODHEAD, The Spiritual Revolution. Why Religion is Giving Way to Spirituality, Oxford 2005.

Augen als andere soziale Gruppen und Organisationen innerhalb dieser Religion. Eine wirkliche Suchbewegung nach institutionalisierten Alternativen scheint dementsprechend genauso wenig im Gange zu sein, wie eine flächendeckende Suche nach Spiritualität.

Doch vielleicht besteht ja eine *Offenheit* gegenüber religiösen Themen, die weniger auf deren Objekte ausgerichtet – also diffuser – ist und durch diese Angebote nicht abgedeckt wird? So deutete 2008 Matthias Petzoldt die Ergebnisse des damaligen Bertelsmann Religionsmonitors auf die Frage »Wie oft denken Sie über religiöse Themen nach?« positiv als bemerkenswerte Offenheit, würden doch immerhin mehr als die Hälfte der Ostdeutschen gelegentlich über religiöse Themen nachdenken.[55] Diese Werte haben sich in den letzten fünf

Abb. 14: Nachdenken über religiöse Themen

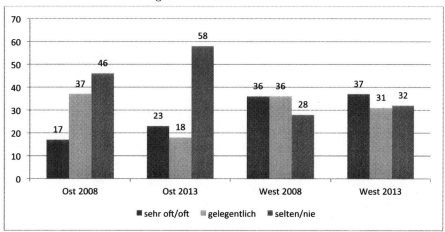

Quelle: Eigene Berechnungen; Bertelsmann Religionsmonitor 2008 und Bertelsmann Religionsmonitor 2013; in Prozent.

Jahren in Westdeutschland nur moderat verändert, in Ostdeutschland scheint so etwas wie eine *Polarisierung* der Positionen stattgefunden zu haben. Zwar wählen dort nun etwas mehr Menschen die Kategorien »sehr oft« und »oft«, gleichzeitig stieg die Zustimmung zu »selten« oder »nie« erheblich (um 12 Prozentpunkte) an. So wie Petzoldt richtig anmerkt, bedeutet die Bereitschaft offen für religiöse Themen zu sein nun aber nicht, sich auf spirituelle Angebote einzulassen oder von religiösen Inhalten überzeugt zu sein.[56] Im Gegenteil, man muss die positive Deutung sogar dahingehend hinterfragen, ob das Nachdenken nicht einfach auch über öffentliche Diskurse – und damit häufig negativ gefärbt – ist.

---

[55] MATTHIAS PETZOLDT, Zur religiösen Lage im Osten Deutschlands. Sozialwissenschaftliche und theologische Interpretationen, in: BERTELSMANN STIFTUNG (Hrsg.), Woran glaubt die Welt? Analysen und Kommentare zum Religionsmonitor 2008, Gütersloh 2009, 131-132.

[56] A. a. O., 132.

In diese Richtung deuten Ergebnisse des Allbus 2012. So machen sich zwar immerhin ein Drittel der West- und ein Drittel der Ostdeutschen häufiger Gedanken über den Sinn des Lebens, aber bei der Nachfrage nach Glaubensfragen sinkt dieser Wert deutlich ab. Nicht alle scheinen den Sinn des Lebens religiös zu konnotieren. Oder anders gesagt: Sie sehen diesen nicht als etwas an, was im Bereich von Religion zu behandeln ist, wobei sowieso nur jeder Dritte überhaupt über den Sinn des Lebens nachdenkt. Die oft zur Begründung der Existenz von Religiosität verwendete universelle, anthropologische Notwendigkeit des Nachdenkens über den Sinn des Lebens (oder den Tod) scheint – nimmt man die Ergebnisse ernst – weniger weit verbreitet zu sein, als angenommen. Ein Drittel der Deutschen hält diese Reflexionen für unnötig, ein weiteres Drittel stellt sich nur gelegentlich diese Fragen.

Abb. 15: Nachdenken über Sinn des Lebens und Glaubensfragen

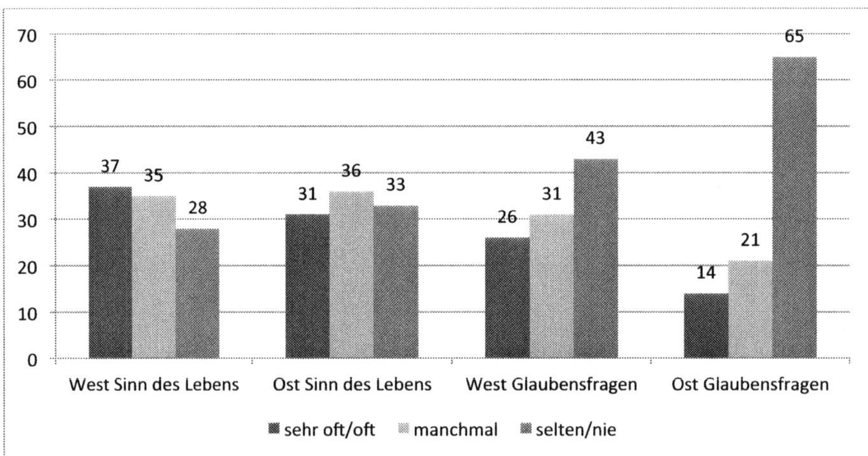

Quelle: Eigene Berechnungen; Allbus 2012; Angaben in Prozent.

An dieser Stelle zu beachten ist, dass Fragen nach dem Sinn des Lebens nur dahingehend als religiös zu deuten sind, als es auch religiöse Antworten darauf gibt. Hier kommt nun wieder eine kulturelle Komponente ins Spiel. Auf religiöse Antworten greifen in der Regel Menschen zurück, die diese irgendwann einmal erfahren oder erlernt haben. So sind dann auch Differenzen entlang der formalen Trennung in Konfessionsmitglieder und Konfessionslose deutlich erkennbar: Zwei Drittel der Konfessionslosen in Westdeutschland und vier von fünf in Ostdeutschland denken nie über Glaubensfragen nach. Bemerkenswert: Sogar ein Drittel der Kirchenmitglieder gibt dies an und die Hälfte von ihnen verneint zudem die Aussage, dass sie sich durch Gott dem Glauben näher fühlen. Der letzten Aussage schließen sich dann auch fast alle Konfessionslosen an. Die Auseinandersetzung mit dem Religiösen scheint also ebenfalls wieder deutlich an die über die soziale Form vermittelten Elemente von Erfahrung und Wissen gebunden, als dies vielleicht Anhängern einer stärker auf individualistische Religiosität zielenden Ansätzen lieb ist.

Abb. 16: Religiöse Elemente bei Konfessionslosen – kaum vorhanden

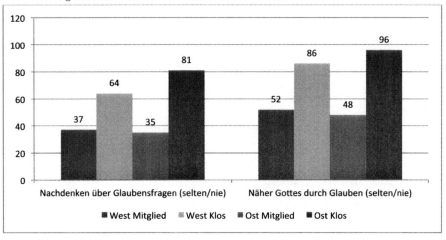

Quelle: Eigene Berechnungen; Allbus 2012; zustimmende Werte in Prozent.

Eine Konsequenz, die man aus diesen Ergebnissen in Kombination mit den davor präsentierten Befunden ableiten kann, ist, dass in Deutschland ein sozialer Bedeutungsverlust von Religion stattfindet, der sich in einer *nachgeordneten Bedeutung von Religion für die Gestaltung des Lebensalltages* niederschlägt.[57] Nicht, das man gegen Religion ist oder über Religiöses bzw. Spirituelles nicht nachdenkt oder redet, bzw. sogar an Lebensübergängen auf religiöse Rituale zurückgreift, nur tut man dies zumeist für sich im Privaten und selten öffentlich und expressiv. Zudem – und dies ist weit zentraler – ist es in der Organisation des Lebensalltags *nachrangig* und von begrenztem Einfluss. Andere Kriterien der Entscheidung über den Tages- und Lebensablauf spielen eine weit größere Bedeutung und setzen sich im konfliktären Fall dann auch durch. Exakt diese Nachrangigkeit meint aber der Begriff *sozialer* Bedeutungsverlust – und dies zeigen eben auch die Kommunikationsstrukturen.

Dies zeigt sich auch, wenn man die Menschen direkt nach diesem fragt. Nur eine Minderheit der Bundesbürger weist der Religion eine wichtige Rolle in ihrem Leben zu. Wie erwartet variieren die Größenverhältnisse zwischen West- und Ostdeutschland. Erkennt in Westdeutschland immerhin noch mehr als ein Drittel der Menschen Religion eine halbwegs wichtige Rolle für ihr Leben zu, so tut dies in Ostdeutschland nur jeder Fünfte. Diese Größe deckt sich fast mit der Zahl der Konfessionsmitglieder. Hier könnte bereits eine Art *Konzentrationsprozess* seinen Lauf genommen haben, der eine Übereinstimmung von sozialer Bedeutung von Religion, Religiosität und formaler Mitgliedschaft beinhaltet. Etwas was in Westdeutschland und anderen europäischen Ländern kulturell bedingt derzeit (noch) auseinanderfällt. Auch zwischen den Generationen bestehen –

---

[57] Siehe auch PHIL ZUCKERMANN, Society without God. What Least Religious Nations can tell us about Contentment, New York 2008, 97, 106-107; PHIL ZUCKERMANN, Faith no More. Why People reject Religion, Oxford 2012.

teils drastische – Differenzen im subjektiven Bedeutungsgehalt von Religion: *Je später ein Mensch geboren ist, desto geringer ist die Bedeutung von Religion für sein Leben.* Da es unplausibel ist, dass Lebenszykluseffekte – d.h. je älter jemand wird, desto religiöser wird er/sie (wieder) – die Unterschiede in ihrer Gänze begründen, lässt die soziale Bedeutung von Religion wohl von Generation zu Generation nach.[58] Dieser *generationale soziale Bedeutungsverlust* von Religion für die Gestaltung des eigenen Alltagslebens verläuft bemerkenswert zügig.

Abb. 17: Religion spielt eine wichtige Rolle in meinem Leben

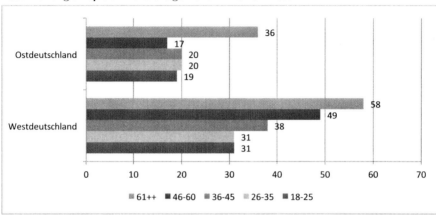

Quelle: Eigene Berechnungen; Church and Religion in an Enlarged Europe 2006; Angaben in Prozent.

In Ostdeutschland scheint sich langsam so etwas wie ein *Plateau der sozialen Bedeutung von Religion* herauszubilden, welches ungefähr bei einem Fünftel der Bevölkerung liegt. Es bleibt offen, ob es sich hier um die gelegentlich diskutierte *Basislinie* des Religiösen handelt, welche am Ende der Säkularisierung verbleibt.[59] Auch ist nicht sicher, dass es nunmehr zu keinen weiteren Abbruchsprozessen kommt. Gleichwohl finden sich Hinweise auf eine gewisse Dämpfung der Verluste, wenn auch auf einem eher niedrigen Niveau. Kaum zu bestreiten dürfte aber sein, dass keine Revitalisierung stattfindet. Der dortige Traditionsabbruch des Christentums strahlt auch auf den persönlichen Glauben aus: Er wird diffuser und unsicherer. Die ungleichgewichtige Verzahnung der Prozesse der Säkularisierung, der Individualisierung und der religiösen Pluralisierung bestärkt auf sozialem Wege eine Tendenz zu mehr als bloßer Konfessionslosigkeit, die sich in einer eher geringen sozialen Relevanz von Religion niederschlägt.

---

[58] Die Dominanz dieses Prozesses gegenüber auch stattfindenden Lebenszykluseffekten belegt DANIEL LOIS, Wenn das Leben religiös macht. Altersabhängige Veränderungen der kirchlichen Religiosität im Lebensverlauf, Wiesbaden 2013.

[59] STEVE BRUCE, God is Dead. Secularization in the Western World, Oxford 2002.

7. Die zentralen Gründe für die Säkularisierung – Abbrechende Sozialisation und alltägliche Irrelevanz

Die bisherigen Betrachtungen haben sich der Beschreibung des Zustandes und der Entwicklung von Religiosität in Deutschland gewidmet. Gleichzeitig konnte man aus den vielschichtigen Ergebnissen bereits Vermutungen ableiten, z.B. eine durch Modernisierung angetriebene Säkularisierung. Da es hier um die Religiosität oder aber Religionslosigkeit der Menschen geht, kann man den Aspekt der funktionalen Differenzierung an dieser Stelle einmal etwas zurückstellen. Wichtiger scheint ein anderes Element der Säkularisierungstheorie – die *Rationalisierung.* Die mit diesem Prozess verbundene Durchsetzung von rationalen Überlegungen zur Erklärung der Welt rückt Religion verstärkt auf die Seite des Irrationalen – oder eben auch nicht mehr Zeitgemäßen. So finden sich immer mehr Lebensbereiche, in denen allein rationale Erklärungen als legitim verstanden werden. Der Einzelne benötigt für sein Alltagsleben keine Religion mehr, liefern doch andere Kriterien die Entscheidungshilfe – und diese sind zumeist rational und säkular.[60] Abbildung 18 beschreibt eindrücklich die Wirkung

Abb. 18: Innerweltliche Rationalisierung

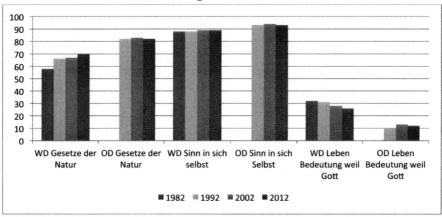

Quelle: Eigene Berechnungen; Allbus 1982, 1992, 2002, 2012: Leben folgt den Gesetzen der Natur; Leben kann man nur selbst einen Sinne geben; Leben hat nur Bedeutung, weil Gott ist; OD = Ostdeutschland, WD = Westdeutschland; Angaben in Prozent.

dieses Prozesses auf der mentalen Ebene der Gesellschaftsmitglieder: Fast alle Deutschen sehen den Sinn des Lebens, der, wie im obigen Kapitel angesprochen, häufig als ein zentrales Element religiöser Erklärungsnotwendigkeit herangezogen wird, als rein innerweltlich begründet.

---

[60] Siehe ebenfalls GERT PICKEL, Religion und Religiosität im vereinigten Deutschland. Eine religionssoziologische Bestandsaufnahme, in: ANDREA SCHULTE (Hrsg.), Evangelisch Profil zeigen im religiösen Wandel unserer Zeit. Die Erfurter Barbara-Schadeberg-Vorlesungen. Münster 2014, 44-50.

Sie sind der Überzeugung, dass jeder selbst für sein Leben verantwortlich ist und ihm nur selbst einen Sinn geben kann. Sollte es nicht möglich sein, sein Leben selbst zu steuern, dann entscheiden Glück, Pech oder die Gesetze der Natur über seinen Verlauf. Den einzigen Grund der Bedeutung des Lebens in der Existenz Gottes ziehen in den neuen und den alten Bundesländern deutliche Minderheiten. Diese schrumpfen zudem kontinuierlich, wie die Entwicklungen der letzten drei Jahrzehnte zeigen. Aus dieser Ausrichtung auf eine innerweltliche Rationalisierung resultiert keineswegs das sofortige Verschwinden von Religiosität aus der Welt, allerdings ist sie ein weiteres Indiz für die sinkende Relevanz von Religion für das Leben des Einzelnen.

Ein funktionaler Prozess, der mit aus diesem Verständnis resultiert, sind die bereits beobachteten generationalen Abbrüche in der sozialen Bedeutung von Religion. Eine funktionale Erklärung hierfür liefert die *Wertewandelstheorie*. Sie geht davon aus, dass Werte – auch die Bindung an Religion und religiöse Werte – in der Jugend sozialisiert, dabei internalisiert und dann in leicht wechselnder Stärke über das Leben beibehalten werden. Man lernt – vornehmlich im Elternhaus – religiöse Riten, gewinnt religiöses Wissen und entwickelt in individueller Abwägung des Erlernten sein eigenes religiöses Überzeugungssystem. Dieses behält man in seinen Grundelementen das ganze Leben bei, was lange als stabilisierender Faktor für Religion gewirkt hat. Gerade an dieser Stelle, der religiösen Sozialisation, scheint in den letzten Jahrzehnten die zentrale Bruchstelle für die Säkularisierung zu liegen: Fragt man die Bürger danach, ob sie sich im Glauben erzogen fühlen, dann sehen sich 86 % der über 60-jährigen in Westdeutschland und 60 % in Ostdeutschland als religiös erzogen an. In der jüngsten Alterskohorte sind dies nun aber gerade einmal noch 44 % in Westdeutschland und sogar nur 25 % in Ostdeutschland. Dies ist quasi eine Halbierung religiöser Sozialisationserfahrung von der ältesten zur jüngsten Kohorte (Abb. 19).

Selbst wenn man ins Kalkül zieht, dass das Antwortverhalten natürlich immer subjektiv ist und jeder Mensch ein eigenes Verständnis davon besitzt, was er unter »religiöser Erziehung« versteht, kann man doch davon ausgehen, dass die Selbsteinschätzung der Befragten ihr Verhältnis zu Religion deutlicher zeigt, als die objektive Erfassung von Gottesdienstbesuchen. Bemerkenswert ist das Einpendeln auf ein Niveau um die *25 % in Ostdeutschland*. Auch dieser Befund kann als Hinweis gedeutet werden, dass dort so etwas wie eine Basislinie erreicht wurde. Bei einer schärfer differenzierenden Frage im Bertelsmann Religionsmonitor 2013 bleibt die »Treppenstruktur« erhalten, es sind jedoch noch weniger Befragte, die sich selbst als religiös erzogen einstufen (Abb. 20). In Ostdeutschland landet man dann in den jüngeren Alterskohorten bei Werten knapp über 10 %. Allerdings bedeutet dies nicht, dass alle anderen sich als ausdrücklich nicht religiös erzogen einstufen. Vielmehr tendieren gerade in Westdeutschland nicht wenige zu einer Zwischenkategorie »weder-noch«, was immer dies im Einzelnen heißt. Doch selbst bei Berücksichtigung dieser »Zufluchtskategorie« für Menschen, die nicht genau wissen was »religiös erzogen« ist oder aus Gründen sozialer Erwünschtheit nicht »nein« antworten wollen, wächst die explizite Verneinung der »religiösen Erziehung« über die Generationen kontinuierlich an. Gerade in Ostdeutschland neigen die Befragten seltener zur Ausweichkategorie und kategorisieren sich deutlicher als nicht religiös erzogen.

Abb. 19: Religiöse Sozialisation und Glaubensweitergabe[61]

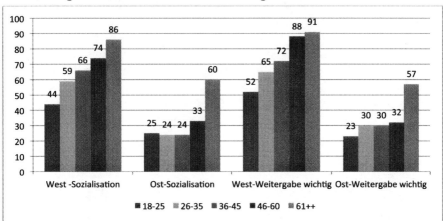

Quelle: Eigene Berechnungen; Church and Religion in an Enlarged Europe 2006; zustimmende Werte; Sozialisation = Wurde im Glauben erzogen; Weitergabe wichtig = Eine religiöse Erziehung ist mir wichtig; Angaben in Prozent in den jeweiligen Alterskohorten.

Der Einbruch der religiösen Sozialisation besitzt eine Folgewirkung (Abb. 19). Dies zeigt die zwischen den Alterskohorten bestehende Parallelität der Einschätzung der eigenen religiösen Erziehung und der Weitergabe von Religion an die Kinder. Die leicht höheren Werte bei der Antwort »Weitergabe« sind auf eine gewisse Offenheit zurückzuführen, die auf der Bereitstellung der Möglichkeit für die Kinder, etwas über Religion zu erfahren, beruht. Ob sie wirklich realisiert werden, bleibt offen. Kaum zweifelhaft dürfte aber nach dem Blick auf diese Daten sein, dass sich die Überzeugungssysteme der jüngeren Generation von denen der Eltern- oder Großelterngeneration *unterscheiden*. Religiöse Sozialisation verliert gegenüber anderen Sozialisationsleistungen an Relevanz. Die Eltern präferieren aufgrund des Wertewandels häufiger Erziehungsziele wie Selbstentfaltung und sie vermitteln immer weniger die Bedeutung von Religion an ihre Kinder. Ein häufiger Grund hierfür ist der Wunsch der Eltern, ihre Kinder mögen selbst über ihre Religionszugehörigkeit entscheiden. Dadurch fehlt den Kindern später aber oft die Anschlussfähigkeit an die religiöse Kultur. Zudem können sie diese Art der Sozialisation als Hinweis auf die eher geringe Bedeutung von Religiosität interpretieren. Zum anderen ändert sich die Lebensum-

---

[61] Ergebnisse des Bertelsmann Religionsmonitors 2013 mit der Frage »Sind sie religiös erzogen worden?« fallen sogar noch einige Prozentpunkte niedriger aus, weisen aber faktisch die gleichen Generationsdifferenzen auf. DETLEF POLLACK/OLAF MÜLLER, Bertelsmann Religionsmonitor 2013. Verstehen was verbindet,. Religiosität und Zusammenhalt in Deutschland, Gütersloh 2013, 15-16.

welt, Religion wird im Umfeld junger Menschen immer unwichtiger. Hierfür sind die bereits im theoretischen Teil zur Säkularisierungstheorie angesprochenen gesellschaftlichen Rahmenbedingungen verantwortlich. So ist es neben der Rationalisierung vor allem die Wohlfahrtssteigerung, welche den Wertewandel vorantreibt: Neben der Sozialisationshypothese besagt die Mangelhypothese, dass Werte in einer Bedürfnishierarchie von existentiellen zu Selbstentfaltungswerten verlaufen. Religiosität wird als Reaktion auf *existentiellen Mangel* angesehen. Da existentielle Mängel aber bei zunehmender Wohlfahrt immer seltener existieren, kommt es zu einer sinkenden Notwendigkeit Kompensation durch Religion. Dies wird in der Sozialisationsphase internalisiert und bleibt für das weitere Leben prägend.[62] Beide Entwicklungen führen zu einem Sozialisationsabbruch, der sich von Generation zu Generation verstärkt.[63]

Abb. 20: Eigeneinschätzung religiöser Sozialisation 2013

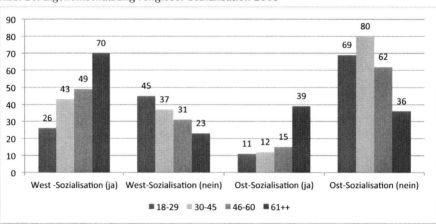

Quelle: Eigene Berechnungen; Bertelsmann Religionsmonitor 2013; Sozialisation = Wurde im Glauben erzogen; Angaben in Prozent in den jeweiligen Alterskohorten.

Der stattfindende eher schleichend ablaufende Sozialisationsabbruch hat Folgen. Mehr und mehr breitet sich eine *fehlende Anschlussfähigkeit* vieler Menschen hinsichtlich religiöser Themen aus. Das Wissen über religiöse Inhalte erodiert genauso, wie es immer unwichtiger wird, religiöse Riten zu vollziehen oder aber über Religion in der Öffentlichkeit zu reden. Bei einer fehlenden religiösen Erziehung fällt der Gottesdienstbesuch niedriger aus und auch die Wichtigkeit von Religion sowie der individuelle Gottesglaube sinken ab (siehe Abb. 21). Der skizzierte Abbruch religiöser Sozialisation ist somit als zentraler Hin-

---

[62] PIPPA NORRIS/RONALD INGLEHART, Sacred and Secular, Cambridge 2005.
[63] Sowohl die Abbruchprozesse als auch die primäre Bedeutung der Familie als Sozialisationsagent werden für die Evangelische Kirche aus den Daten der aktuellen Kirchenmitgliedschaftsuntersuchung gestützt. Vgl. GERT PICKEL, Jugendliche und junge Erwachsene. Stabil im Bindungsverlust zur Kirche, in: EVANGELISCHE KIRCHE IN DEUTSCHLAND (Hrsg.), Engagement und Indifferenz. Kirchenmitgliedschaft als soziale Praxis, V. EKD-Erhebung über Kirchenmitgliedschaft, Hannover 2014, 60-72.

tergrundprozess für die geringere Religiosität jüngerer Menschen in Deutschland anzusehen.

Abb. 21: Einfluss religiöser Erziehung auf Indikatoren der Religiosität

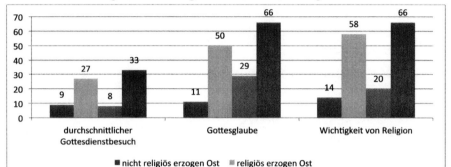

Quelle: Eigene Berechnungen; Bertelsmann Religionsmonitor 2013; Werte in Prozent; Gottesglaube und Wichtigkeit von Religion zustimmende Werte; durchschnittlicher Gottesdienstbesuch ist Besuch des Sonntagsgottesdienstes zumindest einmal im Monat.[64]

Wie kommt es bei diesen doch ziemlich eindeutigen Befunden, die einen Säkularisierungsprozess stützen, dann zu den Aussagen über eine Wiederkehr des Religiösen oder der Religionen? Diese fokussieren zumeist einen Bedeutungsgewinn oder zumindest Bedeutungserhalt auf der Ebene öffentlicher Diskurse und Diskussionen. Dies ist nicht grundsätzlich falsch, rückt doch Religion vermehrt in den öffentlichen Diskurs, vor allem dann, wenn sich die Selbstverständlichkeit religiöser Rechte auflöst und Konflikte zwischen religiösen Anschauungen oder zwischen Vertretern von religiösen und säkularen Vorstellungen entstehen. Mit Blick auf die Diskursebene könnte man entsprechend vielleicht wirklich von so etwas wie einer *Rückkehr der Religion im öffentlichen Konfliktdiskurs* sprechen. Doch ist die Diskursbereitschaft, wie bereits früher im Beitrag (z. B. Abb. 16) gezeigt, bemerkenswert gering: Kaum jemand redet mit anderen über Religion. Besonders wenig ist dies in Ostdeutschland der Fall, wo zwei Drittel selten oder nie über Religion reden. Doch auch in Westdeutschland wählt fast die Hälfte der Befragten diese Antwort.

---

[64] Siehe auch: DETLEF POLLACK/OLAF MÜLLER, Bertelsmann Religionsmonitor 2013. Verstehen was verbindet, Religiosität und Zusammenhalt in Deutschland, Gütersloh 2013, 16.

Abb. 22: Gespräche über religiöse Themen – doch eher Randthema des Alltags

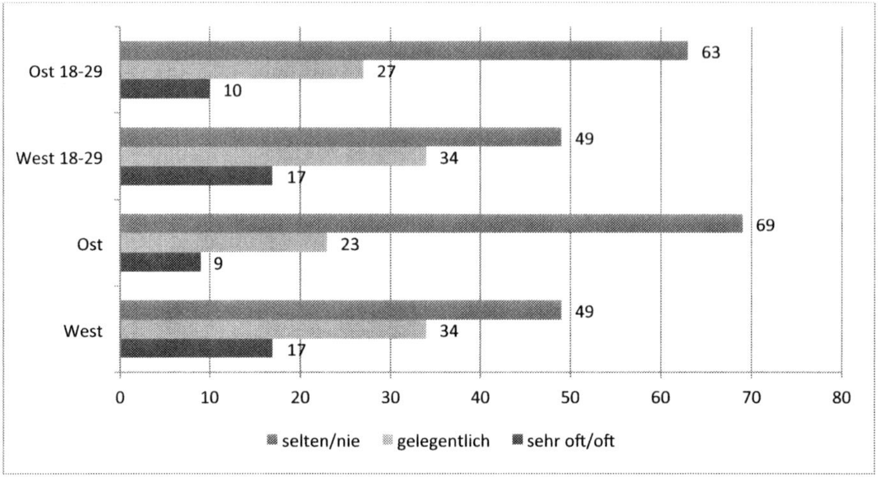

selten/nie   gelegentlich   sehr oft/oft

Quelle: Eigene Berechnungen; Allbus 2012; »Wie häufig reden Sie über Religion«; Angaben in Prozent; Gesamtbevölkerung Westdeutschland (West) und Ostdeutschland (Ost) sowie Gruppe der 18-29jährigen.

Dies ist aus Sicht religiöser Vitalität nicht viel, beinhaltet die Aussage »über Religion reden« doch auch abfällige Äußerungen über andere Religionen. Hieraus kann man *keine große Bereitschaft zu religiöser Kommunikation* ableiten. Nicht nur ist Religion mittlerweile überwiegend ein privates Thema, häufig ist es einfach gar keines mehr. Aspekte religiöser Lebensgestaltung treten hinter innerweltliche und säkulare Aspekte zurück. Entsprechend erscheint es nicht nur mit Blick auf die eher säkular strukturierte Umwelt *wenig opportun über religiöse Themen zu reden* (außer vielleicht über Probleme des islamischen Terrors und Skandale kirchlicher Vertreter), es fehlen dem religiösen Menschen immer häufiger auch religiös kompetente Ansprechpartner.[65] In dieser *Kommunikationsschwäche* liegt ein Problem für die Weitergabe von Religion und den christlichen Glauben begründet. Redet man nicht über Religion, so ist eine Weitergabe unmöglich, setzt doch religiöse Sozialisation religiöse Kommunikation voraus. In Anlehnung an eine Argumentation der 1980er Jahre aus der politikwissenschaftlichen Kommunikationswissenschaft, könnte man dies als *säkulare Schweigespirale* bezeichnen.[66] Je weniger in der Öffentlichkeit über Religion oder religiöse Themen kommuniziert wird, desto mehr verbreitet sich die Ansicht, dass man dies nicht sollte. Es kommt zu einem Prozess des Schritt für Schritt erfolgenden »Hochschraubens« einer Wahrnehmung der Umwelt als säkular.

---

[65] Siehe auch GERT PICKEL, Religion und Religiosität im vereinigten Deutschland. Eine religionssoziologische Bestandsaufnahme, in: ANDREA SCHULTE (Hrsg.), Evangelisch Profil zeigen im religiösen Wandel unserer Zeit. Die Erfurter Barbara-Schadeberg-Vorlesungen, Münster 2014, 49-50; CASANOVA hat diese Haltung einmal als Furcht der Europäer vor der Religion bezeichnet: JOSÉ CASANOVA, Europas Furcht vor der Religion, Berlin 2009.

[66] ELISABETH NOELLE-NEUMANN, Die Schweigespirale. Öffentliche Meinung – unsere soziale Haut, München 1980.

Was diese säkulare Schweigespirale bewirken kann, zeigen Aussagen junger Christen mit Worten *Angst, schämen* und *uncool sein*: »Viele Jugendliche, denke ich mal, glauben an Gott, wollen dies aber *nicht in aller Öffentlichkeit zugeben,* weil sie Angst haben, von den anderen *ausgelacht* zu werden. Deshalb trauen sie sich nicht, sich zu ihrer Religion zu bekennen. Die *Angst,* ausgelacht zu werden, liegt größtenteils darin begründet, dass die *Kirche ein schlechtes Image hat als Langweileranstalt«.*[67]

Es ist also ein Mix aus mehreren Gründen, der die Grundlage für den Säkularisierungsprozess bildet, der über die Zeit hinweg bei immer mehr Deutschen in *Gleichgültigkeit und Desinteresse* gegenüber Religion mündet. Es sind vor allem soziale und gesellschaftliche Entwicklungen, die zu einem sozialen Bedeutungsverlust von Religion in Deutschland (und vielen anderen europäischen Staaten) beitragen. Dabei handelt es sich nicht allein um einen Bindungs- und Traditionsverlust gegenüber den Kirchen, sondern um einen weiterreichenden Prozess, der eine zunehmende Glaubensdistanz mit einer Ausbreitung von religiöser Indifferenz – und letztendlich auch *Areligiosität* – verbindet. Diese Weiterführung der Annahmen der Säkularisierungstheorie besitzt eine Konsequenz: Weder die Hoffnung auf Individualisierung, noch die seitens der Anhänger einer Wiederkehr des Religiösen betonten Hinweise auf eine (angeblich) gestiegene öffentliche Kommunikation über Religion, scheinen eine Wirkung zu entfalten, die Prozessen der Säkularisierung entscheidend entgegensteht.[68]

Doch ist diese Gleichgültigkeit auch mit Ablehnung verbunden? Die immer wieder aufkommenden Diskussionen über kirchliche Finanzierung und das öffentliche Auftreten der *neuen Atheisten* scheinen ja Indizien für eine gewisse Zuspitzung der Situation zu sein. Der Blick auf Abbildung 23 belehrt uns da eines Besseren. Zwar ist in Westdeutschland – angesichts der religiös-kulturellen Situation nicht ganz überraschend – die Skepsis gegenüber dem *Atheismus* immer noch etwas stärker ausgeprägt als in Ostdeutschland. In Ostdeutschland wiederum wird das Christentum etwas häufiger als bedrohlich identifiziert. Bemerkenswerter als dieser Unterschied in den wechselseitigen Urteilen aber ist die (mittlerweile) maximal moderate Größe der Bedrohungswahrnehmung auf beiden Seiten, speziell was die Haltung der Ostdeutschen zu den Christen angeht: Die Situation zwischen den westdeutschen Christen und ostdeutschen Konfessionslosen scheint sich entspannt zu haben. Für das Gros der Areligiösen

---

[67] ARTHUR FISCHER/YVONNE FRITZSCHE/WERNER FUCHS-HEINRITZ/RICHARD MÜNCHMEIER (Hrsg.), Jugend 2000. 13. Shell Jugendstudie Band 2 (biographische Porträts), Opladen 2000.

[68] Am ehesten werden Säkularisierungsprozesse durch sozialreligiöse Verankerungen mit starker identitätsbildender Kraft blockiert. Dies geschieht neben eher dogmatischen Sozialgruppen vor allem in den religiösen Netzwerken der Zivilgesellschaft. GERT PICKEL, Religiöses Sozialkapital – Integrationsressource für die Gesellschaft und die Kirchen, in: EDMUND ARENS/MARTIN BAUMANN/ANTONIUS LIEDHEGENER/WOLFGANG W. MÜLLER/MARKUS RIES (Hrsg.), Integration durch Religion? Geschichtliche Befunde, gesellschaftliche Analysen, rechtliche Perspektiven, Baden-Baden 2014, 41-61.

spielt die Zugehörigkeit anderer Mitbürger zum Christentum mittlerweile eine nachgeordnete Rolle für das gemeinsame Alltagsleben.

Abb. 23: Wahrnehmung der religiösen Pluralisierung in Deutschland

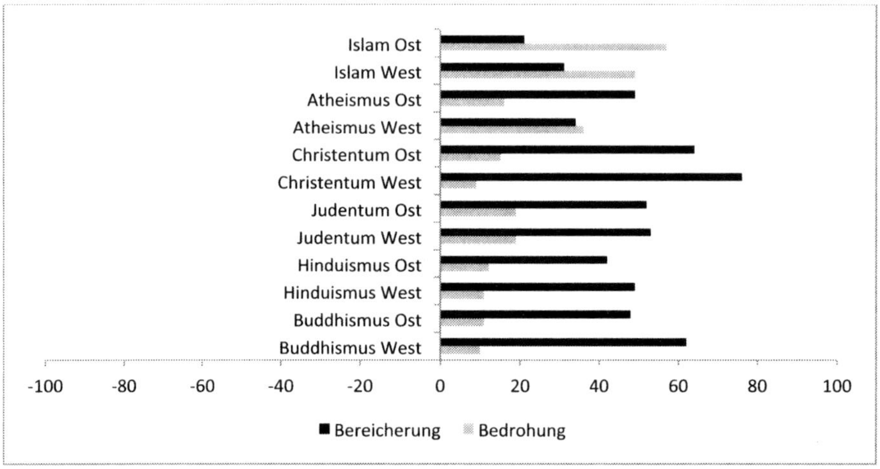

Quelle: *Eigene Berechnungen, Bertelsmann Religionsmonitor 2013; Wenn Sie an die Religionen denken, die es auf der Welt gibt: Als wie bedrohlich bzw. wie bereichernd nehmen Sie die folgenden Religionen wahr? Anteile: Bedrohung: sehr bedrohlich/eher bedrohlich; Bereicherung: sehr bereichernd/bereichernd in Prozent.*

Die Anwesenheit von Atheisten wird aus Sicht der Mehrheit der westdeutschen Christen ähnlich gesehen.[69] Gleichwohl hat eine nicht geringe Größe von immerhin mehr als einem Drittel der Westdeutschen mit »dem Atheismus« noch Probleme, klingt er für sie doch scheinbar noch nach einem Kampfbegriff. So wie einerseits eine gewisse Entspannung beobachtet werden kann, besteht auf der anderen Seite auch das Risiko einer Polarisierung zwischen Antireligiösen und religiösen Dogmatikern. Mit steigender Säkularisierung und unter der Annahme eines Zuwachses an Atheisten ist sehr gut vorstellbar, dass sich hier ein wechselseitiges »Hochschaukeln« der Abgrenzungen entwickelt – wie dies zum Beispiel in den USA oder Israel der Fall ist. So kann der Bezug auf die Gegengruppe sowohl auf der einen wie auf der anderen Seite als Grundlage der Verstärkung der eigenen Identität dienen. Diese ist aber zumeist in Abgrenzung begründet. Auch die erhebliche Bedrohungswahrnehmung durch den Islam kann an dieser Stelle eine Wirkung auf die christliche Identität – im Sinne einer Belebung – besitzen. Ob man dies will, kann hinterfragt werden. Zumindest findet man mittlerweile in Deutschland wie in anderen Ländern eine ausgesprochen starke Bedrohungswahrnehmung durch den Islam, was eine doch weit verbreitet negative Haltung gegenüber Muslimen mit sich gebracht hat. Die un-

---

[69] Bedrohungswahrnehmungen durch den Atheismus wie in den USA, wo von einer Mehrheit der Bevölkerung der Atheismus als Bedrohung ausgemacht wird, findet man in Deutschland nicht. Vgl. GERT PICKEL, Bertelsmann Religionsmonitor 2013. Religiosität im internationalen Vergleich, Gütersloh 2013, 29.

günstige Darstellung des Islam in den Medien hat hieran auch einen deutlichen Anteil. Wie die Entwicklung real verlaufen wird, muss die Zukunft zeigen.

8. Fazit: Die Ostdeutschen 2014 – eher areligiös als religiös indifferent und auf keinen Fall religiös

Wie sind die Ostdeutschen nun einzustufen – konfessionslos, religionslos, religiös, religiös indifferent, religiös unbestimmt oder gar antireligiös? Dass sie mehrheitlich konfessionslos sind, war bekannt. Glauben wir den vorgelegten Ergebnissen, dann sind sie aber eben nicht nur formal keine Mitglieder einer der christlichen Kirchen mehr (der Islam und andere Religionen fallen in Ostdeutschland erheblich weniger ins Gewicht, als in Westdeutschland), sondern ihnen ist *Religion weitgehend egal*. Man könnte diesen Zustand mit religiös indifferent beschreiben. Deutet man allerdings die Aussagen der meisten befragten Ostdeutschen – speziell der Konfessionslosen – nüchtern, dann passt der Begriff *areligiös* besser. Areligiosität zeichnet sich durch eine Gleichgültigkeit gegenüber Religion aus, die weniger Unbestimmtheit oder Unentschiedenheit als *grundsätzliches Desinteresse* ausdrückt. Areligiöse haben nichts gegen Religion, sie ist einfach kein Thema in ihrem Leben. Und warum auch? Für das moderne Leben ist Religion nicht notwendig, man kann auch gut (und glücklich) ohne Religion leben. Der amerikanische Soziologe Phil Zuckermann beschreibt diese Haltung, welche er für Dänemark und Schweden über Tiefeninterviews ausmacht, als »religion is not universal or necessary«.[70] Man könnte dies noch ergänzen mit »im Lebensalltag«.

Damit wird schon deutlich, dass die Ostdeutschen nicht die einzigen sind, welche diese Haltung aufweisen. Auch in anderen Ländern Europas (und sicherlich auch in der weiteren Welt) finden sich substantielle Gruppen an Menschen, die dieser Meinung sind. Dies gilt *auch für Westdeutschland*, aufgrund historischer Entwicklungen derzeit jedoch (noch) in geringerem Umfang. Dabei geht die institutionelle Distanz zur Kirche Hand in Hand mit einem sozialen Bedeutungsverlust von Religion – und dieser wieder mit deren *sinkenden Relevanz für den Lebensalltag*. Nun bedeutet dieser als Säkularisierung zu deutende Prozess noch nicht, dass auch private Religiosität verschwindet. Religiös kann man auch außerhalb der Kirchen sein – so zumindest die Überzeugung von 80 Prozent der Deutschen (ob nun konfessionslos oder Konfessionsmitglied). Allerdings scheinen Dimensionen der Religiosität wie religiöses Wissen, sozial verbindende und verbindliche religiöse Praktiken und gemeinsame religiöse Erfahrungen für die Dimension des Glaubens doch sehr hilfreich – wenn nicht auf Dauer konstitutiv. Glaube ist eben auch *gelebter Glaube*. Und Religion ist genauso ein soziales Phänomen, wie die (private) Religiosität des einzelnen Menschen Bestätigung benötigt.

---

[70] PHIL ZUCKERMANN, Faith no More. Why People reject Religion, Oxford 2012, 172.

Dabei ist es nicht so, dass areligiöse Menschen antireligiös sind oder sein müssen. Letztere gibt es zwar auch, doch antireligiöse Menschen beschäftigen sich ja mit Religion, wenn auch in expliziter Abgrenzung und Ablehnung zu ihr. Sie stellen eine kleine und selbst in Ostdeutschland schrumpfende Gruppe dar. Die meisten Konfessionslosen sind areligiös und ihre Zahl wächst von Generation zu Generation an. Entsprechend hat sich die Situation zwischen den verschiedenen Konfessions- und Nichtkonfessionsgruppen auch *entspannt*. Immer weniger Ostdeutsche fühlen sich durch Christen oder das Christentum bedroht. Hier spielen auch die veränderten Mehrheitsverhältnisse eine Rolle. Die schwindenden Berührungsängste geben Chancen für eine »neue« Offenheit im Umgang miteinander. Eher schon entwickeln sich Probleme auf der Gegenseite – den Christen. Dort steigert sich mit zunehmender Säkularisierung die Zahl derer, die im zunehmenden Atheismus ein Bedrohungsszenario sehen. Dies ist in Deutschland noch nicht so weit vorangeschritten, wie dies zum Beispiel in den USA der Fall ist. Dort stehen sich schon heute stark verhärtete Positionen *neuer Atheisten* und dogmatischer bis fundamentalistischer Christen relativ unversöhnlich gegenüber. Inwieweit diese *Polarisierungserscheinungen* auch in Deutschland eine Zukunft besitzen, muss die Zukunft zeigen. So wie die Entspannung des Verhältnisses zwischen Areligiösen und Christen eine Chance für diskursive Offenheit birgt, impliziert sie auch einen zunehmenden Mangel an Anschlussfähigkeit von Areligiösen an religiöse Diskurse und religiöses Wissen. Sicher scheint derzeit, dass die Entwicklung in Deutschland (und in Westeuropa sowie bereits einigen Ländern Osteuropas) durch einen *weiteren Traditionsabbruch und zunehmende Areligiosität* geprägt sein wird – Säkularisierung eben.

Was bedeutet diese Entwicklung? Zum einen eine Veränderung der Mehrheitsverhältnisse und damit der »Normalität«. Konfessionslosigkeit ist heute genauso normal wie Konfessionszugehörigkeit. Zudem ist auch Konfessionslosigkeit in ihrer Haltung zum Religiösen *plural*, wie es eben auch die Konfessionsmitgliedschaft ist. Aber über die Generationen werden die religionslosen Konfessionslosen mehr. Den individualisiert-religiösen Konfessionslosen gibt es eher selten. Überhaupt treten kaum andere Formen, die man als religiös bezeichnen könnte, an die Stelle (traditioneller) christlicher Religiosität. Ohne soziale Einbettung scheinen solche *fluiden* Formen keine große Zukunft zu besitzen, fehlt ihnen doch die soziale Verankerung. Und damit ist ihre fehlende Weitergabe über die Generationen konstitutiv. Sie kommen und verschwinden wieder. Zudem sehen die meisten Menschen solche von Forschern manchmal als religiös gedeuteten Verhaltensweisen und Einstellungen selbst oft nur als *temporäre Lebenshilfe*. Dies dann auch meist nur mit begrenztem Bedeutungsgehalt für den Alltag. Es liegt also im Allgemeinen weniger Individualisierung und Suchbewegung vor als ausgeprägtes innerweltliches Leben mit einer Nachrangigkeit für alle religiösen oder spirituellen Aspekte.

Betrachtet man diese Entwicklungen, so scheint Ostdeutschland heute fast als ein *Vorreiter* der Entwicklungen im restlichen Europa. Die in Ostdeutschland

»forcierte Säkularität«[71] hat den gleitenden *Sozialisationsabbruch* und den sich entwickelnden Zustand der für viele Menschen mittlerweile gültigen Alltagsirrelevanz von Religion (trotz ihrer kulturellen und sozialen Sichtbarkeit, die allgemein positiv konnotiert wird) in den anderen Ländern (auch Westdeutschland) quasi vorweggenommen. Die meisten Ostdeutschen haben nichts gegen Religion, sie ist ihnen heute nur schlicht *gleichgültig*. Nun sind Prozesse der Säkularisierung an Rahmenbedingungen gebunden und keineswegs irreversibel. Derzeit läuft aber alles in Richung einer fortschreitenden Säkularisierung. Dies impliziert mehr Areligiöse und auch mehr religiös Indifferente. Die Zahl säkularer Menschen wird mehr und die Distanz zu Religion größer, gleichwohl hat man es in Europa beileibe noch nicht mit säkularen Gesellschaften zu tun. In Ostdeutschland ist man aber wohl mit am nächsten dran an einem solch »säkularen Zustand«.

---

[71] MONIKA WOHLRAB-SAHR/UTA KARSTEIN/THOMAS SCHMIDT-LUX, Forcierte Säkularität. Religiöser Wandel und Generationendynamik im Osten Deutschlands, Frankfurt a. M. 2009.

RELIGIONSLOSIGKEIT ALS HERAUSFORDERUNG FÜR DIE SYSTEMATISCHE THEOLOGIE

Rochus Leonhardt

Die nachfolgenden aus systematisch-theologischer Perspektive vorgetragenen Beobachtungen und Überlegungen zur Religionslosigkeit werden in drei Teilen entfaltet. Zunächst – Teil 1 – wird auf die Ambivalenz jenes allenthalben viel diskutierten Phänomens hingewiesen, das mit dem Stichwort *Renaissance der Religion* bezeichnet ist. Dabei wird der Begriff der *Säkularisierung* aufgenommen; denn es ist ja offensichtlich, daß die sog. Renaissance der Religion auch der Säkularisierungsdebatte neue Impulse gegeben hat. In Teil 2 wird es vor allem um die – in den einschlägigen Debatten zumeist nicht explizierten – *anthropologischen Voraussetzungen* der verschiedenen säkularisierungstheoretischen Positionen gehen. Damit ist die Grundlage geschaffen für die – in Teil 3 erfolgende – Analyse und theologische Ventilierung des im Aufsatztitel benannten Phänomens der *Religionslosigkeit*.

1. Renaissance der Religion? Semantische Beobachtungen zu einer kontroversen Debatte

Es ist heute bereits eine Binsenweisheit, daß das Thema *Religion*, das lange Zeit für viele als erledigt galt, neu Aufmerksamkeit auf sich zieht und dabei auch zu einem ernstzunehmenden Gegenstand wissenschaftlichen Interesses aufgerückt ist. Im Anschluß an eine Formulierung aus Max Webers Vortrag von 1917 über »Wissenschaft als Beruf« hat Friedrich Wilhelm Graf diese Rückkehr der Religion »auf die Agenda der modernen Wissenschaften« als eine »Wiederkehr der Götter« beschrieben.[1]

Allerdings ist, schaut man genauer hin, der Sachgehalt der These vom Comeback der Religion keineswegs ganz klar. Dies zeigt sich paradigmatisch an der Position des Philosophen Jürgen Habermas, der gewöhnlich als maßgeblicher Repräsentant der von Graf apostrophierten »Wiederkehr der Götter« gilt. Denn einerseits hat sich Habermas' Haltung zur Religion, insbesondere im vergleichenden Blick auf die Texte der 80er Jahre des 20. Jahrhunderts, durchaus

---

[1] Vgl. FRIEDRICH WILHELM GRAF, Die Wiederkehr der Götter. Religion in der modernen Kultur, München 2004, 15.

verändert.[2] Andererseits aber sollte man mit dem Versuch vorsichtig sein, aus seiner ›neuen‹ Haltung gegenüber der Religion einen theologischen Mehrwert zu gewinnen. Religion bleibt auch in den Texten seit 2001 grundsätzlich das, was sie bei Habermas schon immer war: ein fremder Gast im Haus der säkularen Vernunft. Allerdings: Angesichts der desintegrativen Folgen einer entgleisenden Modernisierung möchte die säkulare Vernunft dann doch ihre Rechnung nicht ganz ohne diesen Gast machen. Die religiösen Überlieferungen werden deshalb als Inspirationsquelle der philosophischen Begriffs- und Theoriebildung wahr- und ernstgenommen. Die Aufgabe der Vernunft ist also nicht eine schlichte *Überwindung* von Glaubenswahrheiten, sondern vielmehr deren rettende Dekonstruktion durch eine *kritische Anverwandlung* des religiösen Gehaltes. Dies heißt dann auch, daß keineswegs die religiös Unmusikalischen den Ton des religionspolitischen Diskurses vorgeben sollen. Vielmehr geht es um die wechselseitige Lernbereitschaft säkularer und religiöser Bürger voneinander. Das schwere metaphysische Gepäck der Religiösen wird jedenfalls nicht (mehr) a priori als überflüssiger Ballast abqualifiziert. In Habermas' eigenen Worten: Die säkularen Bürger sollen sich für die Möglichkeit offenhalten, »in den artikulierten Inhalten religiöser Stellungnahmen und Äusserungen gegebenenfalls eigene verdrängte Intuitionen wiederzuerkennen – also potenzielle Wahrheitsgehalte, die sich in eine öffentliche, religiös ungebundene Argumentation einbringen lassen«.[3]

Die Ambivalenz jener vielfach beschworenen Renaissance der Religion läßt sich nun gut an der von Graf und Habermas verwendeten Semantik verdeutlichen. Graf spricht, wie erwähnt, von einer »*Wiederkehr* der Götter«; Habermas betont, wie zitiert, die Möglichkeit des Erkennens *verdrängter* Eigenintuitionen in religiösen Stellungnahmen und Äußerungen. – Verbindet man diese beiden Formulierungen, so stößt man auf das Theorem der »*Wiederkehr* des *Verdrängten*«. Dieser Gedanke hatte bei Sigmund Freud bereits in den frühen psychoanalytischen Publikationen eine Rolle gespielt[4] und wurde dann in seinen sozial-

---

[2] Die relevanten Texte sind gut greifbar in zwei Aufsatzbänden von JÜRGEN HABERMAS (Zwischen Naturalismus und Religion. Philosophische Aufsätze, Frankfurt a. M. 2005; Nachmetaphysisches Denken II. Aufsätze und Repliken, Berlin 2012). Vgl. dazu: KLAUS THOMALLA, Habermas und die Religion. Über die Entwicklung eines Verhältnisses. Jürgen Habermas zum 80. Geburtstag am 18. Juni 2009, in: Information Philosophie, Heft 2/ 2009, 30-35.

[3] JÜRGEN HABERMAS, Wie viel Religion verträgt der liberale Staat? (http://www.nzz.ch/ aktuell/feuilleton/literatur-und-kunst/wie-viel-religion-vertraegt-der-liberale-staat-1.1743 2314; Zugriff am 1. August 2014). Es handelt sich bei diesem Beitrag um die Druckfassung eines Vortrages, den Habermas im Rahmen der Reihe ›Politik und Religion‹ am 19. Juli 2012 in der Carl-Friedrich-von-Siemens-Stiftung in München gehalten hat.

[4] Der erste Beleg für den Begriff der »Wiederkehr des Verdrängten« stammt aus dem Jahre 1896: SIGMUND FREUD, Weitere Bemerkungen über die Abwehr-Neuropsychosen (1896), in: DERS., Gesammelte Werke in achtzehn Bänden mit einem Nachtragsband, hrsg. von ANNA FREUD, MARIE BONAPARTE, EDWARD BIBRING, WILLI HOFFER, ERNST KRIS UND OTTO ISAKOWER, Band 1: Werke aus den Jahren 1892-1899, Frankfurt a. M. 1952,

und religionstheoretischen Texten erneut aufgenommen, namentlich in seiner Schrift »Totem und Tabu« von 1912/1913[5] und dem bis in die Gegenwart viel rezipierten Spätwerk »Der Mann Moses und die monotheistische Religion« von 1939.[6] Nachstehend ist Freuds sozial- und religionstheoretische Variante des Theorems der »*Wiederkehr* des *Verdrängten*« kurz darzustellen.

Freud geht davon aus, daß die Menschen in vorkultureller Zeit in kleinen, von der Dominanz des Familienvaters bestimmten Horden lebten. Während dem Vater die unbeschränkte (insbesondere sexuelle) Verfügungsmacht über alle weiblichen Angehörigen der Horde zukam, waren die Söhne zur Machtlosigkeit verurteilt.»Eines Tages« jedoch »taten sich die ausgetriebenen Brüder zusammen, erschlugen und verzehrten den Vater und machten so der Vaterhorde ein Ende. Vereint wagten sie und brachten zustande, was dem Einzelnen unmöglich geblieben wäre. (Vielleicht hatte ein Kulturfortschritt, die Handhabung einer neuen Waffe, ihnen das Gefühl der Überlegenheit gegeben.) Daß sie den Getöteten auch verzehrten, ist für den kannibalen Wilden selbstverständlich. Der gewalttätige Urvater war gewiß das beneidete und gefürchtete Vorbild eines jeden aus der Brüderschar gewesen. Nun setzten sie im Akte des Verzehrens die Identifizierung mit ihm durch, eigneten sich ein jeder ein Stück seiner Stärke an.«[7] Freilich stellte sich nach Freud angesichts der Tötung und des Verzehrs des zwar gefürchteten und verhaßten, zugleich aber auch geliebten und bewunderten Vaters ein Schuldgefühl ein. Dieses Schuldgefühl wiederum führte schließlich zu den »beiden fundamentalen Tabu des Totemismus«[8], durch die die Söhne ihrem ermordeten und verzehrten Vater dann doch die Ehre des *nachträglichen* Gehorsams erwiesen. Dabei handelte es sich um das alsbald zum allgemeinen *Tötungsverbot* ausgeweitete[9] Verbot der Tötung des (als Vaterersatz installierten) Totemtieres sowie um das Verbot des (zunächst den Söhnen ja auch verbotenen) *Inzests.* – Die humane Kultur, zu deren moralischen Grundlagen die genannten Verbote gehören, ist also nach Freud das Ergebnis einer Verarbeitung von Schuld. Dabei ist entscheidend, daß sich diese Verarbeitung des Schuldbewußtseins nach Freud in Gestalt des »uns aus den Psychoanalysen so wohl bekannten ›*nachträglichen Gehorsams*‹« vollzogen hat. »Sie [scil. die Söhne] widerriefen ihre Tat, indem sie die Tötung des Vaterersatzes, des Totem, für unerlaubt er-

---

[6] 1992, 379-403: 387 (Der Ausbruch einer Zwangsneurose »ist ausgezeichnet durch die *Wiederkehr der verdrängten Erinnerungen*, also durch das Mißglücken der Abwehr«).

[5] SIGMUND FREUD, Totem und Tabu. Einige Übereinstimmungen im Seelenleben der Wilden und der Neurotiker, in: DERS., Studienausgabe (StA), hrsg. von ALEXANDER MITSCHERLICH, JAMES STRACHEY UND ANGELA RICHARDS, Bd. 9: Fragen der Gesellschaft, Ursprünge der Religion, Frankfurt a. M. 1974, [9]2003, 287-444.

[6] SIGMUND FREUD, Der Mann Moses und die monotheistische Religion, in: Freud, StA 9 (Anm. 5), 455-581.

[7] SIGMUND FREUD, Totem und Tabu, 426.

[8] A. a. O., 427.

[9] Vgl. a. a. O., 429f.

klärten, und verzichteten auf deren Früchte, indem sie sich die freigewordenen Frauen versagten.«[10]

Den Religionen der Menschheit kommt nun nach Freud eine zentrale Rolle bei der Bearbeitung jenes Schuldgefühls zu. Die Religionen sind für ihn »gleich-zielende Reaktionen auf dieselbe große Begebenheit, mit der die Kultur begonnen hat und die seitdem die Menschheit nicht zur Ruhe kommen läßt.«[11] In seinem Spätwerk von 1939 hat er diese Globalthese im Blick auf die Entwicklung des Monotheismus durchdekliniert. Die Religionsgeschichte des Monotheismus, von der ägyptischen Aton-Religion über den jüdischen Gottesglauben bis zum Christentum, ist nach Freud nichts anderes als die Geschichte verschiedener Gestalten einer Wiederkehr des Zustandes vor dem Vatermord, der wegen der damit verbundenen Schuld verdrängt worden war. Mit der »Entscheidung, einem einzigen Gott alle Macht einzuräumen und keine anderen Götter neben ihm zu dulden«, war »die Herrlichkeit des Urhordenvaters wiederhergestellt«.[12]

Allerdings gilt, und das ist entscheidend, daß das Verdrängte bei seiner Wiederkehr nie in seiner ursprünglichen Form auftritt. Dies gilt übrigens auch für die Individualpsychologie. Bereits in seiner Publikation von 1896 über Abwehr-Neuropsychosen hat Freud deshalb betont: »Die wiederbelebten Erinnerungen [...] treten [...] niemals unverändert ins Bewußtsein ein, sondern was [...] die pathogene Erinnerung für das bewußte Leben substituiert, sind *Kompromiß*bildungen zwischen den verdrängten und den verdrängenden Vorstellungen.«[13] Und auch in der Kultur- und Religionsgeschichte gilt: Der auszeichnende Charakter der Wiederkehr des Verdrängten ist nach Freud »die weitgehende Entstellung, die das Wiederkehrende im Vergleich zum Ursprünglichen erfahren hat«.[14]

Daher ist das inhaltliche Profil der Monotheismen, in denen der verdrängte Mord am Urvater zurückkehrt, variabel. Den Universalismus der ägyptischen Aton-Religion etwa hatte der jüdische Monotheismus durch seine Fokussierung auf das auserwählte Volk preisgegeben. Insofern kann man sagen, daß durch den Heilsuniversalismus des Christentums »ein Charakter der alten Aton-Reli-

---

[10] A. a. O., 427. Die Wahrscheinlichkeit einer historischen Realität des von Freud beim Übergang des Menschen vom Natur- zum Kulturzustand angenommenen Vatermordes wird man nicht zu hoch veranschlagen dürfen; vgl. dazu etwa René Girard, Das Heilige und die Gewalt (1972), Frankfurt a. M. 1999, 281: »Die Darwinsche Urhorde ist eine Karikatur der Familie. Das Sexualmonopol des männlichen Herrschers fällt bereits mit dem künftigen Inzestverbot zusammen. [...] Dass Freud eine solche Enormität schaffen konnte, macht deutlich, welchen Irrtümern sogar ein Genie verfallen kann.« Für den hier zu verfolgenden Zusammenhang ist diese Frage aber nicht entscheidend. Es geht vielmehr primär um den heuristischen Wert dieser Theorie im Blick auf Freuds religionstheoretische Überlegungen.

[11] A. a. O., 428f.

[12] Sigmund Freud, Der Mann Moses, 578.

[13] Sigmund Freud, Weitere Bemerkungen über die Abwehr-Neuropsychosen (Anm. 4), 387.

[14] Sigmund Freud, Der Mann Moses, 578.

gion wiederhergestellt, eine Einengung aufgehoben worden [war], die sie beim Übergang auf einen neuen Träger, auf das jüdische Volk, erworben hatte« – auch wenn sich das Christentum, anders als die Aton-Religion, doch wieder »dem Eindringen abergläubischer, magischer und mystischer Elemente«[15] öffnete.

Die Darstellung der Position von Freud sei an dieser Stelle abgebrochen. Allerdings lohnt es sich durchaus, die gegenwärtigen Debatten über die Renaissance der Religion vor dem Hintergrund dieser Freudschen Theorie zu betrachten. Entscheidend ist, wie gesagt, daß das Verdrängte bei seiner Wiederkehr nie in seiner ursprünglichen Form, sondern immer irgendwie verändert auftritt. Wenn man nun davon ausgeht, daß die zunehmende Marginalisierung der (christlichen) Religion in Europa seit der Aufklärung als ein *Verdrängungs*prozeß verstanden und beschrieben werden kann, dann wird sich, folgt man Freud, eine *Wiederkehr* dieses Verdrängten jedenfalls nicht als eine schlichte Rückkehr zur Situation vor dieser Verdrängung ereignen. Allerdings gibt es durchaus auch diese naive Erwartung. Der deutsche Verleger und Publizist Wolfram Weimer etwa sieht perspektivisch die »abgekühlte Religion des Christentums [...] aus dem Unterbewusstsein des Westens wieder auftauchen«, und er interpretiert die Wiederkehr der Religion als »überraschende Rückkehr eines verschollenen Vaters für die Familie«[16]. Weimer folgt hier, wohl ohne es selbst zu reflektieren, der Freudschen Terminologie bis ins Detail; er ist dabei aber von der oben genannten Pointe Freuds, nach der das Verdrängte stets in veränderter Form wiederkehrt, meilenweit entfernt.

Nun ist es in der Tat ohne Zweifel so, daß Religion seit einer Reihe von Jahren sowohl in lebensweltlicher Hinsicht als auch als Gegenstand wissenschaftlicher Reflexion wieder wichtiger geworden ist. Zugleich aber lassen sich Indizien dafür benennen, daß diese Renaissance etwas gänzlich anderes ist als die schlichte Restitution einer früheren Konstellation – so wie ja auch die italienische Renaissance im 15. Jahrhundert etwas anderes war als die schlichte Restitution der römischen Antike.

Hier seien zwei Indizien genannt:

(1) Die Renaissance der Religion besteht wesentlich in gesteigerter Aufmerksamkeit nicht auf das Christentum, sondern auf die Religion der Anderen, namentlich der Muslime. Es ist daher kein Zufall, daß der vorhin schon zitierte Jürgen Habermas die Terroranschläge vom 11. September 2001 als jenes Ereignis benannt hat, das die Epochenwende vom säkularen zum postsäkularen Zeitalter eingeleitet hat; an seiner eigenen religiösen Unmusikalität wurde dadurch nichts geändert. Der Philosoph Peter Sloterdijk hat sogar explizit bestritten, daß man wirklich von einer Zunahme von Religiosität reden kann: »Man mag, soviel man will, von einer ›Revitalisierung‹ des Religiösen sprechen, die Wahrheit ist doch, daß aus dem faktisch weit verbreiteten Unbehagen in der entzauberten

---

[15] A. a. O., 536.
[16] WOLFGANG WEIMER, Credo. Warum die Rückkehr der Religion gut ist, München 2006, 51.

Welt noch lange kein neuer Glaube an außer- und überweltliche Dinge ent-springt.«[17] – Die Renaissance der Religion nicht als Restitution der Vergangen-heit, sondern als gesteigerte Aufmerksamkeit auf die Religion der Anderen, das heißt also zunächst nur, daß die in der globalisierten Moderne zunehmend viru-lente Sprengkraft der *multireligiösen* Situation für die *säkulare* Prägung der westlichen Kulturen bewußt wird.

(2) Die Renaissance der Religion wirkt sich, und darauf haben einschlägige Religionssoziologen auf der Basis empirischer Daten immer wieder verwiesen, nicht zugunsten der christlich-religiösen Großinstitutionen aus. Mehr noch: Die Entkirchlichung setzt sich trotz der viel beschworenen Renaissance der Religion unvermindert fort, ohne daß, wie von manchen Theoretikern behauptet, die Zu-nahme außerkirchlicher Religiosität diesen Schwund auffangen würde. Hier sei exemplarisch Detlef Pollack zitiert: »Obwohl es [...] mithin zweifellos Formen außerkirchlicher Religiosität [...] gibt, nimmt die Religiosität in dem Maße, wie die Kirchlichkeit zurückgeht, ebenfalls ab.«[18]

Damit gerät das Phänomen der sog. Konfessionslosigkeit in den Blick, das mit der in der Titelformulierung benannten Religionslosigkeit eng zusammen-hängt.[19] In Deutschland ist Religions- resp. Konfessionslosigkeit inzwischen ein statistisch hochgradig signifikantes Phänomen: Die Konfessionslosen, die 1970 gerade mal 3,9% der deutschen Bevölkerung gestellt haben, repräsentierten im Jahre 2010 mit 34,6% bereits die größte Bevölkerungsgruppe. Die Mitglieder der katholischen Kirche kommen nur noch auf 29,7% und die Mitglieder der evange-lischen Kirchen auf 29,6%. – An diesen Zahlen wird besonders deutlich, daß die Renaissance der Religion keine Restitution der Vergangenheit bedeutet, son-dern daß ihr, im Gegenteil, jedenfalls empirisch eine Zunahme religiöser Indif-ferenz korrespondiert.

Die letzten Bemerkungen haben bereits die Debatten zum Thema Säkulari-sierung berührt. Im nun folgenden 2. Teil werden maßgebliche Positionen aus diesem Diskurs vorgestellt und, was so noch kaum geschehen ist, auf ihre an-thropologischen Implikationen hin befragt.

---

[17] Peter Sloterdijk, Zorn und Zeit. Politisch-psychologischer Versuch, Frankfurt a. M. 2006, 115.

[18] Detlef Pollack, Säkularisierung – ein moderner Mythos?, Tübingen 2003, 92.

[19] Für die Überlegungen des vorliegenden Textes ist eine – durchaus mögliche und in anderen Kontexten womöglich unverzichtbare – begriffliche Differenzierung zwischen Konfessions- und Religionslosigkeit nicht erforderlich.

2. Säkularisierungstheoretische Modelle und ihre anthropologischen Implikationen

Es hat sich gezeigt, daß die sog. Renaissance der Religion ein hochgradig ambivalentes Phänomen ist. Diese Ambivalenz spiegelt sich auch in den unterschiedlichen Positionen zur sog. Säkularisierung wider, auf die nun zunächst einzugehen ist.

»Die Annahme, daß wir in einer säkularisierten Welt leben, ist falsch. Die Welt ist heute [...] so rasend religiös wie sie immer war, und an manchen Orten mehr als je« – Diese Formulierung geht zurück auf den aus Österreich stammenden amerikanischen Religionssoziologen Peter L. Berger. Sie steht in der Einleitung zu einem von Berger herausgegebenen Sammelband von 1999 mit dem Titel »The Desecularization of the World«[20]. Schon diese Titelformulierung und erst recht der inhaltliche Duktus des Bandes machen deutlich, daß es um die Überwindung eines Paradigmas geht, das die sozialwissenschaftlichen Debatten lange beherrscht hat. Beschreiben läßt sich dieses Paradigma so: Wir leben in einer historischen Phase, die von einem Prozeß der Säkularisierung geprägt ist, innerhalb dessen die Religion infolge der Errungenschaften der Moderne immer weiter aus dem öffentlichen Leben und dem Bewußtsein der Menschen verschwindet. In Kürze gesagt: Die Zukunftsfähigkeit der Religion wurde bestritten. Der Ansatz von Peter L. Berger und anderen hebt nun im Gegenzug gerade die Zukunftsfähigkeit der Religion hervor, und dies geschieht durch eine Kritik des Säkularisierungsparadigmas.

Zwischen den – immer noch wortmächtigen – Anhängern der klassischen Säkularisierungsthese auf der einen und ihren Kritikern auf der anderen Seite ist ein veritabler Diskurs im Gange, innerhalb dessen immer auch die Interpretation des zahlreich vorhandenen empirischen Materials strittig ist. Man kann die Differenzen in der Beschreibung der gegenwärtigen religiösen Lage unschwer als eine Entsprechung zur vorhin dargestellten Ambivalenz erkennen, die der Rede von der Renaissance der Religion anhaftet.

Um etwas genauer zu verdeutlichen, worum es geht, seien im Folgenden die beiden kontroversen Positionen in Sachen Säkularisierung ein wenig genauer charakterisiert.

(1) An erster Stelle ist das sog. Marktmodell des Religiösen zu erwähnen, dem die Kritiker der klassischen Säkularisierungsthese nahestehen. Dieses Modell läßt sich im Wesentlichen durch drei Merkmale profilieren.

(a) Vorausgesetzt wird im Allgemeinen ein funktionales Religionsverständnis. D. h. als das für die Religion Entscheidende werden nicht die Glaubensin-

---

[20] PETER L. BERGER, The Desecularization of the World. A Global Overview, in: DERS. (Hrsg.), The Desecularization of the World. Resurgent Religion and World Politics, Washington/Grand Rapids, 1999, 1-18: »[T]he assumption that we live in an secularized world is false. The world today [...] is as furiously religious as it ever was, and in some places more so than ever« (2).

halte angenommen; vielmehr geht es eben um die *Funktion* (Bedeutung) der Religion für den Einzelnen und/oder für die Gesellschaft im Ganzen.

(b) An zweiter Stelle wird die Unvermeidbarkeit solcher Konstellationen und Lebenslagen eingeschärft, die nach religiöser Bearbeitung bzw. Bewältigung rufen. Dies hat, um etwas konkreter zu werden, Hermann Lübbe bereits 1986, im Rahmen seiner beißenden Kritik an der Religionskritik à la Feuerbach und Marx, in unüberbietbarer Deutlichkeit getan: »Die radikale Religionskritik erklärt die Religion für ein Pseudokompensat von Lebensmängeln, die sich im Verlauf gesellschaftlich-politischer und intellektueller Emanzipationsprozesse, statt illusionär, schließlich real beheben lassen, so daß, mit dem Wegfall ihrer vormodernen, voraufgeklärten Nötigkeitsgründe die Religion selber verschwindet. [...] Der Realität religiösen Lebens bleibt man indessen näher, wenn man, statt dessen, von der umgekehrten These ausgeht, daß die Religion die kulturelle Form humaner Beziehung auf genau diejenigen Lebenstatsachen ist, auf die sich intellektuelle und politische Aufklärungs- und Emanzipationsprogramme prinzipiell gar nicht beziehen können.«[21] – Die Endlichkeit und damit die Kontingenz der humanen Existenz werden nämlich auch in der Moderne nicht beseitigt; insofern gibt es einen unhintergehbaren anthropologisch fundierten Bedarf an Kontingenzbewältigung, ein Bedarf, der von der Religion gedeckt wird.

(c) Das Stichwort »Bedarf« hat bereits deutlich gemacht, warum es sich hier von ein Marktmodell des Religiösen handelt; gedacht wird nämlich in den Kategorien von Angebot und Nachfrage. Dies zeigt sich explizit bei Rodney Stark, der zusammen mit Roger Finke im 2003 erschienenen »Handbook of the Sociology of Religion« die religionsökonomische Dynamik nachgezeichnet hat.[22] Der Charme dieses Modells liegt darin, daß es auch jene empirischen Daten zu integrieren erlaubt, die von Vertretern der Säkularisierungsthese angeführt werden. Die Argumentation verläuft folgendermaßen: In Westeuropa, das in der Tat seit der Aufklärung etliche Schübe von Entkirchlichung und Entchristlichung erlebt hat, gab und gibt es eine spezifische Konstellation. Entscheidend ist hier, ökonomisch gesprochen, die Monopolisierung des Religionsangebots in den Händen weniger – mehr oder weniger staatlich privilegierter – Akteure. Für Deutschland wären dies die katholische und die evangelische Kirche. Dieses Anbieterkartell braucht keine Konkurrenz zu fürchten, und das hat Auswirkungen auf die Qualität des Angebots sowie auf das Interesse der Kunden; Finke und Stark sprechen hier immer wieder vom »religious commitment«, dessen Niveau mit der Konkurrenz der Anbieter steigt – und entsprechend absinkt, wenn diese Konkurrenz fehlt. Was traditionell als Säkularisierung beschrieben wird, wäre demnach keineswegs ein modernitätsbedingt notwendiger und irreversibler Prozeß, sondern vielmehr eine Krisen- oder Umbruchssituation: Die alten Anbieter erreichen ihre Kunden nicht mehr, aber schlagkräftige neue Anbieter sind noch nicht auf dem Markt. Wenn sich aber neue Anbieter etablieren

---

[21] Hermann Lübbe, Religion nach der Aufklärung, München 1986, ⁴2004, 144f.

[22] Vgl. Roger Finke/Rodney Stark, The Dynamics of Religious Economies, in: Handbook of the Sociology of Religion, edited by Michele Dillon, Cambridge 2003, 96-109.

werden, kommt es zu jener Konkurrenz, die das Geschäft belebt, weil sich auch die Akteure im bisher dominanten Anbieterkartell dem Wettbewerb stellen werden. Im Blick auf die anthropologischen Implikationen dieses Ansatzes ist nun die Annahme entscheidend, daß die Abnehmer religiöser Dienstleistungen nach neuen Angeboten suchen werden. Der Niedergang religiöser Monopole und die Deregulierung des religiösen Marktes führen nämlich, wie es bei Finke und Stark explizit heißt, zu einem »allgemeinen *Anwachsen* des individuellen religiösen Engagements«[23].

(2) Soweit zum sog. Marktmodell des Religiösen; nun wird, ebenfalls in drei Punkten, die zeitgenössische Variante der klassischen Säkularisierungsthese vorgestellt. Den Bezugspunkt bildet ein hierfür einschlägiger Text des Soziologen Steve Bruce, der zuletzt im schottischen Aberdeen gelehrt hat.[24]

(a) Vorausgesetzt wird im Allgemeinen ein substantiales Religionsverständnis. D. h. als das für die Religion Entscheidende wird gerade nicht die *Funktion* (Bedeutung) der Religion für den Einzelnen und/oder für die Gesellschaft im Ganzen angenommen; vielmehr geht es primär um die Glaubens*inhalte*. Bei Bruce liest sich das so: Religion besteht aus »Glaubensvorstellungen, Handlungen und Institutionen, die davon ausgehen, daß Wesenheiten mit Handlungskraft (also Götter) existieren oder unpersönliche Kräfte oder Prozesse, die ein moralisches Ziel aufweisen (z. B. der hinduistische Karma-Gedanke). Und von diesen Wesenheiten, Kräften und Prozessen gilt, daß sie die Rahmenbedingungen der menschlichen Angelegenheiten bilden und sich auf diese auswirken.«[25]

(b) An zweiter Stelle wird dann die mit der Rationalisierung unserer modernen Weltsicht verbundene Verzichtbarkeit religiöser Glaubensinhalte und entsprechender kultischer Handlungsvollzüge für die soziale Interaktion eingeschärft. Während sich in der Vormoderne das gesellschaftliche Gesamtleben ebenso selbstverständlich in einem religiös geprägten Horizont abgespielt hat wie die individuellen Biographien, ist in der Moderne die Teilhabe des Einzelnen an religiösen Lebensvollzügen eine individuelle Entscheidung – und jedenfalls keine gesamtgesellschaftlich vorgegebene Selbstverständlichkeit mehr. Hier kann Bruce an die von Peter L. Berger bereits vor geraumer Zeit ausgearbeitete These anknüpfen, nach der die Religiosität im Pluralismus der Moderne einem häretischen Imperativ unterliegt.[26]

---

[23] A. a. O., 102 (»a general *increase* in individual religious commitment«).

[24] STEVE BRUCE, God is dead. Secularization in the West, Oxford 2002 (Religion in the modern world), vgl. bes. 1-44.

[25] A. a. O., 2 (»beliefs, actions and institutions predicated on the existence of entities with powers of agency (that is, gods) or impersonal powers or processes possessed of moral purpose (the Hindu notion of karma, for example), which can set the condition of, or intervene in human affairs«).

[26] Vgl. a. a. O. 18; vgl. weiterhin: PETER L. BERGER, The heretical imperative. Contemporary possibilities of religious affirmation, Garden City 1979; dt.: Der Zwang zur Häresie. Religion in der pluralistischen Gesellschaft, Frankfurt a. M. 1980.

(c) Der dritte Punkt zielt auf eine bedarfstheoretische These, die sich freilich klar gegen das Marktmodell wendet. Während letzteres von einem konstanten Religionsbedarf des Individuums ausgeht, behauptet die Neuauflage der klassischen Säkularisierungsthese eine Abhängigkeit individueller Religiosität von der gesamtgesellschaftlichen Plausibilität religiöser Vorstellungen und der sozialen Üblichkeit von rituellen Vollzügen. Deshalb gilt: Sobald bestimmte Ideen nicht mehr *allgemein* selbstverständlich sind, erodiert auch ihre Plausibilität für die *Einzelnen*. »Ideen«, so Bruce, »überzeugen eben dann am meisten, wenn sie allgemein geteilt werden«.[27] Konkret heißt das, daß der Rückgang institutionell gestützter und gesamtgesellschaftlich akzeptierter Religionspraxis keineswegs zu jenem allgemeinen Anwachsen des individuellen religiösen Engagements führt, von dem Roger Finke und Rodney Stark gesprochen haben. Im Gegenteil: Ideen, die gesamtgesellschaftlich nicht mehr geteilt werden, überzeugen auch die Individuen nicht mehr. Mit dem Rückgang institutionalisierter und öffentlich praktizierter Religiosität geht deshalb unvermeidbar auch ein Rückgang individueller Religiosität einher: »the decline of social significance and communal support causes a decline in the plausibility of religious beliefs.«[28] Religion wird deshalb keineswegs zwingend verschwinden[29], vor allem ist nicht zu erwarten, daß ein dezidierter Atheismus am Ende der Entwicklung steht; als nach Bruce vorstellbarer Endpunkt kommt allerdings eine weitverbreitete Indifferenz infrage.[30]

Fragt man nun, wie es die Absicht dieses Abschnitts ist, nach den anthropologischen Implikationen der beiden Modelle, die in ihrer Gegensätzlichkeit so etwas wie die Extrempositionen der gegenwärtigen Säkularisierungsdebatte bilden, dann ergibt sich folgendes. Das *Marktmodell* des Religiösen betrachtet den Menschen als einen Akteur mit einem stabilen und unaustilgbaren Bedarf an Religion. Dieser Bedarf stellt gegenüber den wechselnden Angebotslagen eine Konstante dar, ein Ansatz, der sich vielleicht als eine Transformationsgestalt der älteren Lehre vom religiösen a priori charakterisieren läßt. Für die *Säkularisierungstheorie* dagegen ist der Bedarf des Einzelnen an Religion abhängig von der gesamtgesellschaftlichen Akzeptanz religiöser Überzeugungen und Lebensvollzüge. Der Mensch ist hier, überzogen formuliert, kein unverbesserlicher Sinnsucher, sondern er ist ein Opportunist, dessen Lebensorientierungsbedarf sich tendenziell nach dem richtet, was gesellschaftlich üblich ist. – Religiöse Vorstellungen mag auch der (hier so genannte) Opportunist noch haben, aber in der säkularen Welt sinkt die Wahrscheinlichkeit, daß sich daraus dauerhafte Haltungen bilden; noch einmal Steve Bruce: »The difference between a religious

---

[27] A. a. O., 17 (»Ideas are most convincing when they are universally shared«).

[28] A. a. O., 30.

[29] Vgl. a. a. O., 41: »there is no expectation that religion will disappear«.

[30] Vgl. a. a. O., 42: »In so far as I can imagine an endpoint, it would not be selfconscious irreligion; you have to care too much about religion to be irreligious. It would be widespread indifference«.

and a secular world is not the possibility of imagining religious ideas. [...] It is the likelihood of them catching on.«[31]

Unverbesserlicher Sinnsucher oder *Opportunist* – damit sind die beiden Begriffe benannt, die hier zur Beschreibung der anthropologischen Hintergrundannahmen von Marktmodell des Religiösen einerseits und Säkularisierungsthese andererseits vorgeschlagen werden sollen. Man wird nicht ohne weiteres klar sagen können, welche der beiden Implikationen im Recht ist. Denn letztlich handelt es sich ja nicht einfach nur um deskriptive Kategorien. Mit den beiden Menschenbildern sind vielmehr jeweils unterschiedlich gelagerte normative Vorstellungen verbunden. Allerdings hat insbesondere die anthropologische Zuspitzung der Säkularisierungsthese auf ein Phänomen geführt, von dem am Ende von Teil 1 bereits die Rede war; gemeint ist die religiöse Indifferenz, die sich religionsstatistisch als Konfessionslosigkeit niederschlägt und der im Titel dieses Beitrags genannten Religionslosigkeit entspricht, die nicht einmal mehr in einem aggressiven A-Theismus wurzelt, sondern schlicht in Gleichgültigkeit besteht. Diesem Phänomen wird sich der nun folgende Teil 3 widmen.

3. Religiöse Indifferenz als Herausforderung für die theologische Reflexion

Zunächst einmal muß festgehalten werden, daß es das Phänomen der religiösen Indifferenz wirklich gibt. Im Horizont der christlichen Theologie ist diese Feststellung nicht ohne weiteres immer schon plausibel. Es gibt eine lange theologiegeschichtliche Tradition, innerhalb derer die menschliche Seele als gleichsam von Natur aus, also notwendig und stets, religiös zu gelten habe. Offenbarungstheologisch wurde diese anthropologische These durch das Konzept der *revelatio generalis*, der allgemeinen Offenbarung, abgestützt. Im römischen Katholizismus ist diese Auffassung bis heute Konsens. Kürzlich hat Hans-Martin Barth daran erinnert, daß noch der Katechismus der Katholischen Kirche von 1993 die Formulierung enthält: »Der Mensch ist seiner Natur und Berufung nach ein religiöses Wesen.«[32]

Trotz seiner Vorbehalte gegen die Verwendung einer philosophischen Theologie als Grundlage der Offenbarungstheologie hat auch der Protestantismus die humane Religiosität als ein anthropologisches Grundfaktum festgehalten. Dies läßt sich an der bekannten Formulierung Luthers aus der Auslegung zum Ersten Gebot im Großen Katechismus hinlänglich verdeutlichen. Dort heißt es: »Woran du nun (sage ich) dein Herz hängst und verlässt dich darauf, das ist

---

[31] A. a. O., 42.
[32] HANS-MARTIN BARTH, Konfessionslos glücklich. Auf dem Weg zu einem religionstranszendenten Christsein, Gütersloh 2013, 67. Vgl. Katechismus der Katholischen Kirche, Nr. 44: »Homo natura et vocatione est ens religiosum«.

eigentlich dein Gott«.[33] Dabei ist zunächst vorausgesetzt, daß *jeder* Mensch einen Gott hat, sofern jeder Mensch sein Herz an irgendetwas hängt, sofern jedem Menschen, anders formuliert, etwas wirklich wichtig ist und eine daseinsorientierende Bedeutung für ihn hat. Die Frage ist dabei also nicht, *ob* der Mensch überhaupt einen Gott hat, sondern ob er den *richtigen* Gott hat, nämlich einen, auf den er sich auch wirklich verlassen kann, oder einen Abgott, wie etwa Geld und Gut.

Diese Auffassung von einer anthropologisch unhintergehbaren Religiosität ist freilich empirisch längst falsifiziert. Der katholische Philosoph Eberhard Tiefensee hat im Jahre 2011 die religiöse Indifferenz als eine interdisziplinäre Herausforderung bezeichnet und bereits ein Jahr zuvor unter dem Motto *Anerkennung der Alterität* eine Ökumene mit den Religionslosen eingefordert.[34] Doch auch im evangelischen Bereich ist das Thema längst angekommen.[35] Wichtig und neu ist am Phänomen der religiösen Indifferenz, daß es sich, wie am Ende von Abschnitt 2 schon erwähnt, keineswegs um einen religionsfeindlich-kämpferischen Brachialatheismus handelt – den es freilich auch noch gibt –, sondern um eine schlichte Gleichgültigkeit, der die Religion noch nicht einmal mehr eine Kritik wert ist.

Daß religiöse Indifferenz ein realexistierendes Phänomen ist, kann also schwerlich bestritten werden. Es dürfte auch wenig sinnvoll sein, diesen Sachstand durch exzessive Begriffserweiterungen am Religionskonzept zu vernebeln. Vielmehr sollte zugestanden werden, daß die oben rekonstruierte anthropologische Implikation der Säkularisierungsthese (der Mensch als Opportunist statt als Sinnsucher) jedenfalls partiell empirisch bestätigt werden kann. Die Frage muß deshalb sein, wie dieses Faktum aus theologischer Sicht zu beurteilen ist. Im Blick darauf sollen hier drei Möglichkeiten ventiliert werde: Das Faktum der religiösen Indifferenz kann (a) als etwas *Defizitäres* gegenüber der Religiosität betrachtet werden. Möglich ist aber auch, (b) daß religiöse Indifferenz als etwas gegenüber der Religiosität *Besseres* verstanden wird. Schließlich (c) kann man, dem gerade erwähnten Eberhard Tiefensee folgend, die *Alterität* der religiösen Indifferenz gegenüber der Religiosität betonen, also auf die generische Differenz zwischen beiden Phänomenen abstellen, die eine Wertung nach dem Besser-Schlechter-Schema verbietet. Die drei genannten Möglichkeiten sind nun zu skizzieren und jeweils kritisch zu evaluieren.

---

[33] Zitiert nach: Unser Glaube. Die Bekenntnisschriften der evangelisch-lutherischen Kirche. Ausgabe für die Gemeinde. Im Auftrag der Vereinigten Evangelisch-Lutherischen Kirche Deutschlands (VELKD) herausgegeben vom Amt der VELKD. Redaktionell betreut von Johannes Hund und Hans-Otto Schneider, 6., völlig neu bearbeitete Auflage, Gütersloh 2013, 515.

[34] Vgl. Eberhard Tiefensee, Anerkennung der Alterität. Ökumene mit den Religionslosen, in: Herder Korrespondenz. Spezial 1-2010, 39-43.

[35] Vgl. etwa: »Unheilbar religiös« oder »religiös unmusikalisch«? Philosophische Anmerkungen zum Phänomen der religiösen Indifferenz, in: Michael Domsgen/Frank Lütze (Hrsg.), Religionserschließung im konfessionslosen Kontext. Fragen, Impulse, Perspektiven, Leipzig 2013.

(a) Ein zeitgenössischer Theologe, der sich dem Defizitmodell zuordnen läßt, ist zweifellos der Tübinger Emeritus Eilert Herms. Herms ist der Überzeugung, daß letztlich jeder Mensch wirklich jener unverbesserliche Sinnsucher ist, als den ihn auch das Marktmodell des Religiösen sieht. Wie Luther geht er davon aus, daß der Mensch faktisch immer einen Gott hat. Die Frage ist nur, etwas anders als bei Luther, ob sich auch jeder Mensch über seinen Gott – Herms spricht von lebensorientierenden Grundgewißheiten – wirklich im Klaren ist. Für wen dies nicht gilt, wer, anders formuliert, keine reflektierten Eigenauffassungen ausgebildet hat, der ist manipulierbar. Und hier sieht Herms tatsächlich eine quantitative Zunahme: »Die zunehmende weltanschaulich-ethische Ungewißheit und Verunsicherung einer zunehmenden Anzahl von einzelnen vergrößert ständig denjenigen Bevölkerungsanteil, der nur noch zur Anpassung an beliebige Trends fähig ist, wenn diese nur mit einem eindrucksvollen Dominanzgestus auftreten. Die Möglichkeiten einer manipulativen Formierung von öffentlicher Meinung – und zwar gerade in Grundsatzfragen – nehmen zu.«[36] Als Ursache für diese Zunahme weltanschaulich-ethisch indifferenter Einzelner diagnostiziert Herms den von ihm sog. Pluralismus der Beliebigkeit, der auf »die programmatische Privatisierung aller Fragen der ethisch-orientierenden Überzeugung«[37] zielt. Um noch einmal auf die anthropologischen Implikationen in der Säkularisierungsdebatte zurückzukommen: Herms sieht durchaus, daß der zum Sinnsucher geschaffene Mensch zum Opportunisten degeneriert, wenn die Kommunikation religiös-weltanschaulicher Fragen ihre öffentliche Relevanz einbüßt. S. E. ist deshalb ein Pluralismus aus Prinzip in Gestalt einer Entprivatisierung von Religion und Weltanschauung nötig, um jenem Ungewißwerden der jeweils eigenen Lebensperspektive vorzubeugen, das den einzelnen einer manipulativen Formierung durch den Zeitgeist ausliefert und ihn damit um die Möglichkeit eines authentischen Lebens bringt. Die Frage, wie sich nach Herms diese Entprivatisierung vollziehen soll oder könnte, mag hier auf sich beruhen; es sollte lediglich deutlich werden, daß wir es hier mit einer Konzeption zu tun haben, in der die religiöse Indifferenz gegenüber der Religiosität als etwas Defizitäres zu stehen kommt.

(b) Daß religiöse Indifferenz als etwas gegenüber der Religiosität Besseres verstanden wird, ist im Horizont christlich-religiöser Reflexion nicht vorstellbar. Und auch außerhalb dieses Horizontes ist diese Perspektive schwerlich möglich, weil sich Überbietungsansprüche gegenüber der Religion gewöhnlich mit jenem aggressiven Atheismus verbinden, der für die religiöse Indifferenz gar keine Rolle mehr spielt. Für diese Variante läßt sich dennoch ein halbwegs passendes Beispiel anführen; gemeint ist die Spätschrift von David Friedrich Strauß »Der alte und der neue Glaube« von 1872. Allerdings ist dabei weniger der Text von Strauß als solcher in den Blick zu nehmen, sondern vielmehr die vernichtende

---

[36] EILERT HERMS, Pluralismus aus Prinzip (1991), in: DERS., Kirche in der Welt. Lage und Aufgabe der evangelischen Kirchen im vereinigten Deutschland, Tübingen 1995, 467-485: 479.

[37] A. a. O., 477.

Kritik, die Friedrich Nietzsche in seiner ersten Unzeitgemäßen Betrachtung an diesem Buch geübt hat.

Entscheidend ist zunächst, daß sich der späte Strauß auf den Boden eines naturwissenschaftlich fundierten Materialismus gestellt hat. Die Leitvorstellungen des christlichen Glaubens, die er Zeit seines Lebens kritisch beurteilt hat, sind jetzt definitiv verabschiedet. Die Welt wird exklusiv mit den Mitteln des mechanistischen Materialismus und des Darwinismus begriffen – aus heutiger Sicht müßte man von einer naturalistischen Position reden. Was nun Nietzsche an diesem Strauß-Buch, dessen Untertitel immerhin »Ein Bekenntnis« lautet, gestört hat, war der den gesamten Text durchziehende Versuch, das naturalistische Welt- und Menschenbild als Grundlage einer Ethik zu etablieren. Die Menschen mögen, so fordert Strauß etwa, niemals vergessen, daß sie ihresgleichen zu achten haben[38].

Nach Nietzsche hat Strauß nicht verstanden, welche Sprengkraft der Verabschiedung der traditionellen Religion im Blick auf die Lebensorientierung zukommt. »Strauß«, so heißt es in Salomo Friedländers Nietzsche-Biographie, »glaubte, man könne Gott abschaffen und hinterher sich als gebildeter Mensch benehmen«.[39] Nietzsche fragt deshalb, wie sich der eben erwähnte moralische Imperativ von Strauß aus den Voraussetzungen des Darwinschen Theorems vom survival of the fittest ergeben kann: »Wie kann ihn [scil. den moralischen Imperativ] der Mensch in sich selbst haben, da er doch, nach Darwin, eben durchaus ein Naturwesen ist und nach ganz anderen Gesetzen sich bis zur Höhe des Menschen entwickelt hat, gerade dadurch, daß er in jedem Augenblick vergaß, daß die anderen gleichartigen Wesen ebenso berechtigt seien, gerade dadurch, daß er sich dabei als den Kräftigeren fühlte und den Untergang der anderen schwächer gearteten Exemplare allmählich herbeiführte.«[40] Eine konsequent naturalistische Sicht auf die Welt und den Menschen läßt sich also, dies ist die Pointe von Nietzsches Kritik, mit der Formulierung ethischer Grundsätze nicht bruchlos vermitteln; deren Fortgeltung kann im naturalistischen Kontext nur noch Konventionscharakter haben. – Das »Bekenntnis« von Strauß kann also insofern als Beispiel für die Höherstufung religiöser Indifferenz gegenüber der Religiosität gelten, als für ihn die Wendung vom Christentum zum Natura-

---

[38] David Friedrich Strauss, Der alte und der neue Glaube. Ein Bekenntnis (1872), mit einer Einführung von Hans-Georg Opitz, Stuttgart 1938, 169: »Vergiß in keinem Augenblick, daß du Mensch und kein bloßes Naturwesen bist; in keinem Augenblick, daß alle andern gleichfalls Menschen, d. h., bei aller individuellen Verschiedenheit, dasselbe was du, mit den gleichen Bedürfnissen und Ansprüchen wie du, sind – das ist der Inbegriff aller Moral«.

[39] Salomo Friedländer, Friedrich Nietzsche. Eine intellektuale Biographie (1911), in: ders., Gesammelte Schriften, hrsg. von Hartmut Geerken und Detlef Thiel in Zusammenarbeit mit der Kant-Forschungsstelle der Universität Trier, Band 9, Norderstedt 2009, 114.

[40] Friedrich Nietzsche, David Strauß, der Bekenner und Schriftsteller (1873), in: ders., Sämtliche Werke. Kritische Studienausgabe, hrsg. von Giorgio Colli und Mazzino Montinari, Band 1, Berlin/New York ²1988, 157-242: 196,6-13.

lismus eine weltanschaulich-moralische Gesamtperspektive ermöglicht, die ohne jedes *sacrificium intellectus* auskommt. Freilich handelt es sich, wie oben erwähnt, lediglich um ein *halbwegs* passendes Beispiel. Denn abgesehen davon, daß Nietzsches Kritik die Inkonsistenz der von Strauß entfalteten Gesamtperspektive treffend vorgeführt hat, ist der naturalistische Neuentwurf stärker *antireligiös* geprägt als von religiöser *Indifferenz* getragen.

(c) An dritter Stelle ist das Alteritätsmodell anzusprechen, innerhalb dessen eine generische Differenz zwischen religiöser Indifferenz und Religiosität behauptet wird. Als Ausgangspunkt sei die Feststellung genannt, daß Erfahrungen der Selbsttranszendenz zwar konstitutiv für Religiosität sind, daß sie aber lediglich deren notwendige (und deshalb eben noch nicht deren hinreichende) Bedingung darstellen. Erfahrungen der Selbsttranszendenz sind im Grunde etwas Alltägliches. Sie finden immer dann statt, wenn eine Person von der unmittelbaren Fixierung auf sich selbst gelöst wird und sich im Horizont eines größeren Zusammenhangs wahrnimmt und versteht. In solchen Erfahrungen kommt gewissermaßen der Sinnsucher in uns durch. Der Sozialphilosoph Hans Joas hat in seinem Buch »Die Entstehung der Werte« eine reiche Phänomenologie solcher Erfahrungen entfaltet.[41] Erfahrungen der Selbsttranszendenz sind von Religiosität präzise zu unterscheiden; von Religiosität wird man erst dann reden können, wenn diese Erfahrungen im Kontext religiöser Traditionen und Institutionen artikuliert, spezifisch interpretiert und kultiviert werden. Daraus ergibt sich, daß die unabhängig von religiöser Deutung gegebenen Erfahrungen der Selbsttranszendenz als solche keinen defizitären Status aufweisen, sondern lediglich als im Verhältnis zu religiösen Erfahrungen andersartig gelten können. Man kann freilich fragen, ob nicht die religiösen Traditionen und Institutionen die Artikulation und Kultivierung solcher Erfahrungen ermöglichen oder wenigstens befördern. Daraus würde dann folgen, daß unsere Sensibilität für solche Erfahrungen nachläßt, wenn religiöse Institutionen an gesamtgesellschaftlicher Relevanz verlieren – ein Gedanke, der sich mit dem oben als opportunistisch bezeichneten Menschenbild der Säkularisierungstheorie verbinden läßt.

Abschließend wird nun versucht, das bisher nur allgemein charakterisierte Alteritätsmodell an einem Beispiel zu illustrieren. Dies geschieht in Anknüpfung an einen bekannten Text aus Schleiermachers »Glaubenslehre«; gemeint ist der vierte Paragraph nach der zweiten Auflage.[42]

In diesem Paragraphen wird das Wesen der Frömmigkeit als das Bewußtsein schlechthinniger Abhängigkeit bestimmt; zugleich wird dieses Abhängigkeitsbewußtsein als Gottesbezug ausgelegt. Nachstehend wird nun die Auffassung vertreten, daß sich der erste Gedanke (das Bewußtsein schlechthinniger

---

[41] Vgl. HANS JOAS, Die Entstehung der Werte, Frankfurt a. M. 1997.

[42] FRIEDRICH SCHLEIERMACHER, Der christliche Glaube nach den Grundsätzen der evangelischen Kirche im Zusammenhange dargestellt, 2. Auflage, Band 1 (1830), in: DERS., Kritische Gesamtausgabe, hrsg. von GÜNTER MECKENSTOCK, ANDREAS ARNDT, JÖRG DIERKEN, LUTZ KÄPPEL UND NOTGER SLENCZKA, Band I/13,1, hrsg. von ROLF SCHÄFER, Berlin/New York 2003, 32,10-40,30.

Abhängigkeit als Wesen der Frömmigkeit) auf das bezieht, was Joas Erfahrungen der Selbsttranszendenz nennt. Der zweite Gedanke dagegen (die Auslegung des Abhängigkeitsbewußtseins als Gottesbezug) steht dafür, daß sich diese Selbsttranszendenz-Erfahrungen mit einer konkreten religiösen (und im Allgemeinen institutionell konkretisierten) Tradition verbunden haben. – Dies ist am Text des Paragraphen zu verdeutlichen.

Im *ersten* Abschnitt[43] hebt Schleiermacher hervor, daß alles wirkliche Selbstbewußtsein von einer Duplizität geprägt ist; gemeint ist die Doppelung von Empfänglichkeit und Selbsttätigkeit. Weil wir aus unserem Selbstbewußtsein das Zusammensein mit anderem niemals wegdenken können, ist unsere Selbsttätigkeit stets auf etwas ihr immer schon Vorgegebenes bezogen. Schleiermacher hebt nun unmißverständlich hervor, daß dieses Duplizitätsbewußtsein etwas für alle Menschen gleichermaßen Geltendes ist: »Zu diesen Säzen kann die Zustimmung unbedingt gefordert werden, und keiner wird sie versagen, der einiger Selbstbeobachtung fähig ist, und Interesse an dem eigentlichen Gegenstand unserer Untersuchungen finden kann.«[44]

Im dann folgenden *zweiten* Abschnitt[45] wird das Duplizitätsbewußtsein durch die Verwendung der Kategorien von Freiheit und Abhängigkeit näher profiliert. In der Selbsttätigkeit steckt Freiheitsgefühl und in der Empfänglichkeit Abhängigkeitsgefühl; das Duplizitätsbewußtsein schlägt sich also als Bewußtsein der Wechselwirkung nieder – wir sind in unserem Welthandeln teilweise frei und teilweise abhängig: »Demnach ist unser Selbstbewußtsein als Bewußtsein unseres Seins in der Welt oder unseres Zusammenseins mit der Welt, eine Reihe von getheiltem Freiheitsgefühl und Abhängigkeitsgefühl.«[46]

Im *dritten* Abschnitt[47] wird dann ausgeschlossen, daß es ein schlechthinniges Freiheitsgefühl geben kann. Denn alle freie Tätigkeit bedarf eines Gegenstandes, an dem sie sich abarbeitet, und dieser Gegenstand kann seinerseits nicht grundsätzlich selbst auch ein Ergebnis unserer freien Tätigkeit sein. Der Grund dafür ist sehr einfach zu verstehen: Wir sind nie zu 100 %, sondern immer nur zu bestimmten Anteilen das Produkt unserer eigenen Hervorbringung. Der Teil unserer selbst, den wir nicht selbst hervorgebracht haben, ist nun unserer freien Tätigkeit vorgegeben, und sobald wir uns dies klar machen, ist unser Freiheitsgefühl eingeschränkt. Dieses Bewußtsein der Unmöglichkeit schlechthinniger Freiheit ist aber nach Schleiermacher bereits identisch mit dem Gefühl schlechthinniger Abhängigkeit. Denn »eben das unsere gesamte Selbstthätigkeit, […] unser ganzes Dasein begleitende, schlechthinige Freiheit verneinende, Selbstbewußtsein ist schon an und für sich ein Bewußtsein schlechthiniger Abhängigkeit, denn es ist das Bewußtsein, daß unsere ganze Selbstthätigkeit eben so von anderwärtsher ist, wie dasjenige ganz von uns her

---

[43] Vgl. a. a. O., 33,6-34,25

[44] A. a. O., 34,22-25.

[45] Vgl. a. a. O., 34,26-37,15.

[46] A. a. O., 36,12-15.

[47] Vgl. a. a. O., 37,16-38,27.

sein müßte, in Bezug worauf wir ein schlechthiniges Freiheitsgefühl haben sollten.«[48] – Diese Bewußtseinsstufe kann als ein Analogon dessen bestimmt werden, was zeitgenössisch als Selbsttranszendenz beschrieben wird.

Zuletzt vollzieht Schleiermacher im *vierten* Abschnitt[49] die schon angedeutete die Auslegung des Abhängigkeitsbewußtseins als Gottesbezug, wobei der Gottesbegriff als »das in diesem Selbstbewußtsein mit gesetzte Woher unseres empfänglichen und selbstthätigen Daseins«[50] bestimmt wird. Diese Auslegung wird bereits als unmittelbarste *Reflexion* dieses Abhängigkeitsbewußtseins bezeichnet, sie weist also bereits auf eine bestimmte Artikulation und Kultivierung jener Erfahrungen der Selbsttranszendenz, die zunächst noch ganz unkonkret als schlechthinniges Abhängigkeits*gefühl* beschrieben worden waren.

Die für den hier in den Blick genommenen Zusammenhang wesentliche Pointe von Schleiermachers eben referierten Ausführungen besteht darin, daß Selbsttranszendenz einerseits und konkrete Religiosität andererseits – so sehr er sie als aufeinander bezogen denkt – analytisch auseinandergehalten werden. Das »Bewußtsein schlechthiniger Abhängigkeit« ist die notwendige und nicht schon die hinreichende Bedingung des Gottesglaubens. Natürlich ging Schleiermacher zum einen davon aus, daß sich das schlechthinnige Abhängigkeitsgefühl unweigerlich zu einem Gottesbewußtsein entwickelt.[51] Und zum anderen nahm er an, daß sich das zum Gottesbewußtsein entwickelte und in der Frömmigkeit mit dem sinnlichen Selbstbewußtsein verbundene schlechthinnige Abhängigkeitsgefühl ebenso unweigerlich ›verkirchlicht‹.[52]

Daß diese Annahmen als empirisch falsifiziert gelten können, markiert einen nahezu alle Positionen zum Thema Säkularisierung verbindenden Grundkonsens. Danach gilt: Selbsttranszendenz *kann, muß aber nicht* zur Herausbildung religiöser Ideen führen; und die Herausbildung religiöser Ideen *kann, muß aber nicht* zur Bildung von religiösen Gemeinschaften führen. Während Schleiermacher diese Entwicklungen selbst als (anthropologisch) notwendig, ihre inhaltlichen Realisierungen aber als historisch kontingent betrachtete, wird man aus heutiger Sicht gerade auch die Kontingenz dieser Entwicklungen selbst feststellen müssen. Möglicherweise wird man heute sogar sagen können, daß der faktische Rückgang der Verkirchlichung von Religion mittelfristig zu einem Rückgang des religiösen Interesses überhaupt führt.[53] Und es läßt sich vermuten, daß mit dem Rückgang des religiösen Interesses auch Erfahrungen der Selbsttranszendenz an Bedeutung für die menschliche Lebensführung und -wirklichkeit verlieren. Diese Einsichten, die für das systematisch-theologische Verständnis (nicht: für die praktische Bewältigung!) der religiösen Indifferenz

---

[48] A. a. O., 38,19-26.
[49] Vgl. a. a. O., 38,28-40,30.
[50] A. a. O., 39,1f.
[51] Abschnitt 4 ist kein Zusatz zu, sondern ein integraler Bestandteil von § 4.
[52] Vgl. a. a. O., §§ 5 und 6.
[53] Vgl. Pollack, Säkularisierung – ein moderner Mythos?, 92.

bzw. der Religionslosigkeit von Bedeutung sind, verdanken sich in der oben aufgewiesenen Weise den skizzierten Überlegungen von Schleiermacher.

Mit dieser Bemerkung seien die Beobachtungen und Überlegungen zur Religionslosigkeit als Herausforderung für die Systematische Theologie abgeschlossen. Nachdem in einem ersten Zugang die Ambivalenz des vielfach als Renaissance der Religion bezeichneten Phänomens aufgezeigt und in einem zweiten Schritt versucht wurde, diese Ambivalenz mit den Extrempositionen der zeitgenössischen Säkularisierungsdebatte zu verbinden, ging es schließlich um Versuch, ein theologisches Verständnis des Phänomens der Religionslosigkeit zu gewinnen. Von den drei dabei dargestellten Zugängen kann, dies ist jedenfalls die in diesem Beitrag vertretene Auffassung, die tendenziell dem Alteritätsmodell nahestehende Position Schleiermachers die größte Plausibilität für sich reklamieren – vielleicht ein Indiz dafür, daß ein Klassiker aus dem 19. Jahrhundert auch im 21. Jahrhundert noch etwas zu sagen hat.

»TRADITIONSABBRUCH«[1]

Matthias Petzoldt

Zunehmend kommt das Wort »Traditionsabbruch« in Gebrauch, um ein Schwinden von christlich geprägter Kultur und Bildung auf den Begriff zu bringen. Wie hilfreich ist diese Kategorie wirklich? Eignet sie sich dazu, das Verständnis für unsere Situation aufzuschließen und sachgemäß in Worte zu fassen? Die nachfolgende Untersuchung möchte im Gespräch mit Veröffentlichungen zum Thema aus jüngster Vergangenheit diesen Fragen nachgehen. Dabei geht sie so vor, dass sie einerseits Aspekte an dem hervorhebt, was das Christentum als Traditionsprozess ausmacht, und dass sie andererseits Differenzierungen an dem Phänomen vornimmt, das mit dem Wort »Traditionsabbruch« gar leicht zu vordergründig bezeichnet wird.

1. Die VELKD-Studie »Traditionsaufbruch«

Die Kirchenleitung der Vereinigten Evangelisch-Lutherischen Kirche Deutschlands (VELKD) hat 2001 eine Studie unter dem programmatischen Titel »Traditionsaufbruch. Die Bedeutung der Pflege christlicher Institutionen für Gewißheit, Freiheit und Orientierung in der pluralistischen Gesellschaft«[2] herausgebracht. Der deprimierend gekennzeichneten Tendenz »Abbruch« soll mit einer Mobilisierung des christlichen und kirchlichen Lebens entgegengetreten werden. Sachkundig wird in der Studie die Stellung kirchlichen Lebens im Kontext der »nachtraditionalen Gesellschaften«[3], wie sie für die westliche Zivilisation typisch sind, beschrieben. Als ein markantes Problem wird die wachsende Diskrepanz zwischen der Marginalisierung von Religion und Weltanschauung in

---

[1] Ausgangspunkt der vorliegenden Überlegungen sind Thesen eines Diskussionspapiers vom Verfasser, das dem Gespräch am 5. Juni 2002 zwischen dem Landeskirchenamt der Ev.-Luth. Landeskirche Sachsens und der Theologischen Fakultät der Universität Leipzig über das gleichnamige Thema zugrunde gelegen hat. Veröffentlicht worden ist der Text im Amtsblatt der Ev.-Luth. Landeskirche Sachsens 2002/14, B 29-32. Für diese erneute Veröffentlichung sind die Thesen um eine Überlegung am Schluss ergänzt worden.

[2] Hrsg. im Auftrag der Kirchenleitung der VELKD von D. WENDEBOURG und R. BRANDT. Hannover 2001.

[3] A. a. O., 5: »Mit dem in der Soziologie häufig gebrauchten Begriff ›nachtraditionale Gesellschaften‹ wird nicht behauptet, es gebe überhaupt keine Traditionen mehr. Vielmehr soll mit diesem Begriff darauf aufmerksam gemacht werden, daß verschiedene - oft anonym gewordene - Traditionen in der pluralen Gesellschaft nebeneinander stehen und nichts mehr durch Berufung auf ›Tradition‹ fraglos entschieden ist.«

der Öffentlichkeit auf der einen Seite und der stillschweigenden Steuerung von Zielentscheidungen durch weltanschauliche Überzeugungen auf der anderen Seite herausgearbeitet. Die Hauptthese der Studie lautet: »daß die christliche Botschaft überhaupt nur dort überliefert wird und Glaube nur dort entstehen kann, wo insbesondere die *vorhandenen* Formen der Äußerung christlichen Glaubens und Lebens gepflegt und genutzt werden. In dem Maße, in dem die Pflege der tatsächlich vorhandenen Institutionen [...] vernachlässigt wird, kommt es zum Abbruch des Überlieferungsprozesses und zum Mißbrauch von Versatzstücken der Überlieferung.«[4]

An der VELKD-Studie halte ich besonders zwei Gesichtspunkte für wichtig: Erstens wird nicht nur der Reichtum, den die vorhandenen Institutionen[5] christlichen und kirchlichen Lebens darstellen, ins Bewusstsein gehoben, sondern auch ihre Bedeutung für den weiteren Lauf des Evangeliums eindrücklich dargelegt. Zweitens finde ich die reformatorische Begründung überzeugend, dass der Heilige Geist den Lauf der christlichen Botschaft durch das »äußere Wort«, d. h. durch die Wirksamkeit der kirchlichen Institutionen vorantreibt.[6]

Die VELKD-Studie hat aber auch ihre problematischen Seiten. Gerade in Anbetracht des Zusammenhangs vom äußeren Wort menschlicher Tätigkeit in den kirchlichen Institutionen und dem unverfügbaren Wirken des Heiligen Geistes fällt auf, wie sich in dem Anliegen um intensive Pflege der bestehenden Institutionen das Gewicht einseitig auf das menschlich-institutionelle Wirken verschiebt.[7]

Weiterhin ist von der Studie klar in den Blick genommen, dass das Christentum nicht nur Traditionen hat, sondern selbst Tradition ist. Das Überlieferungsgeschehen wird von ihr entweder nach seiner institutionellen Seite hin analysiert oder nach seiner existentiellen Seite hin aufgehellt. Letzteres bleibt aber bewusstseinstheoretisch formal.[8] Weiter unten soll zur Sprache kommen, dass es offensichtlich noch anderer Unterscheidungen bedarf, um deutlich zu

---

[4] A. a. O., 9.

[5] A. a. O., 3: »In dieser Studie wird ein ›weiter‹ Begriff von ›Institution‹ verwendet, der alles auf Dauer gestellte, Regeln folgende Verhalten umfaßt und nicht nur die institutionelle Verfaßtheit von Organisationen bezeichnet. ›Institutionen‹ in diesem Sinne sind also u. a. auch das Abendgebet, die Segenswünsche für eine werdende Mutter, der Religionsunterricht und sein schulischer Kontext, die familiäre Sitte für Sonn- und Feiertage, die Evangelischen Akademien in ihrer Bedeutung für die Öffentlichkeit und das Kondolieren als Anteilnahme an einem Trauerfall.«

[6] Die VELKD-Studie beruft sich bei ihrem Hinweis (vgl. vor allem 20-23) auf den Zusammenhang von äußerem Wort und unverfügbarem Wirken des Heiligen Geistes besonders auf den Artikel V der Confessio Augustana: dass Gott durch Mittel – nämlich Evangelium und Sakrament – den heiligen Geist gibt, welcher den Glauben, wo und wann er will (ubi et quando visum est Deo) in denen, so das Evangelium hören, wirket.

[7] Auch die Formulierung der Hauptthese mit ihrem zweimaligen »nur dort« lässt jene Verschiebung erkennen.

[8] Interpretiert als »das durch die Christusoffenbarung erschlossene Verständnis des Daseins« (z. B. 191 u. ö.) oder als die aus der Überlieferung hervorgehende Lebensgewissheit (38-43 u. ö.).

machen, dass das Christentum sowohl selbst einen Traditionsprozess darstellt als auch Traditionen hervorbringt.

Schließlich ist zu kritisieren, dass die Studie in ihrer Orientierung an den Institutionen kirchlichen und christlichen Lebens in Westdeutschland die davon unterschiedene Situation in Ostdeutschland nur am Rande erwähnt. Und sie thematisiert diese wie eine Negativfolie[9] zu den in der Hauptthese angesprochenen »*vorhandenen* Formen der Äußerung christlichen Glaubens und Lebens«, wo überhaupt noch »die christliche Botschaft [...] überliefert wird und Glaube nur dort entstehen kann«. Nicht nur gerät auf diese Weise die Beschreibung der ostdeutschen Situation zu kurz. Sondern es muss vor allem der Eindruck entstehen, als gäbe es Zonen der Hoffnungslosigkeit, in welchen der Strom christlicher Tradition bereits versiegt sei.

2. Abbruch einer Bildungskultur im Osten Deutschlands

Zu einer vertieften Wahrnehmung der ostdeutschen Lage können einige Beiträge von Krötke und Tiefensee verhelfen. Der Berliner Systematiker Wolf Krötke hat sich dem Thema schon mehrfach zugewandt. In einem 2001 erschienenen Aufsatz heißt es: »Der Traditionsabbruch zum Christentum bewirkte eine Verarmung kultureller Substanz in der Gesellschaft und schnitt von den Quellen des europäischen Geistes ab. Der viel beredete Provinzialismus des geistigen und gesellschaftlichen Lebens [in der DDR] geriet in Konflikt mit den großen universalen Ansprüchen der Ideologie [des Marxismus]. [...] D. h. es war eine spezifisch ostdeutsche Nichtchristlichkeit entstanden, die vor allem dadurch ins Gewicht fällt, dass es sich um eine Massenerscheinung handelt, die zu dem, von dem sie geschieden ist, so gut wie kein Verhältnis mehr hat. Das Maß der Unkenntnis des christlichen Glaubens, das hier herrscht, ist gravierend. Damit kommen für das durchschnittliche Allgemeinbewusstsein aber auch wesentliche Zugangsmöglichkeiten zu den Zeugnissen der Kunst, der Sprache, des Werdens von Landschaften, der Städte, der Bräuche und vor allem ein schöpferischer Umgang mit ihnen in Wegfall.«[10] Ein kulturelles und ethisches »Vakuum« ist hier »entstanden, das umso mehr ins Auge fällt, als es sich nach dem Um-

---

[9] A. a. O., 5: »In besonders radikaler Weise gilt dies [»nachtraditionale Gesellschaften«] für die ostdeutschen Bundesländer. Dort ist es als Nachwirkung des in der DDR offiziell propagierten Atheismus und einer entsprechenden Politik gegenüber den Kirchen zu einem beispiellosen Abbruch christlicher Tradition gekommen. Dieser hat sich u. a. in Kirchenaustritten und im Abbruch der religiösen Sozialisation in den Familien, die ihre Kinder nicht mehr taufen ließen, ausgewirkt. Er führte zu einer tiefgreifenden Unkenntnis im Blick auf das Christentum und zu einem weit verbreiteten Desinteresse an religiösen Fragen überhaupt.«

[10] W. Krötke, Wie weit kann Entchristlichung gehen? Deutemuster eines ostdeutschen Phänomens. Berliner Theologische Zeitschrift 18 (2001), 285-299, 288. [Hinzufügungen: M. P.].

bruch der gesellschaftlichen Verhältnisse gewissermaßen in sich selbst hält.«[11] »Die Sprachlosigkeit und Ausdrucksarmut, in die jener Kulturabbruch hineinge- führt hat, sind trostlose Wohnstätten atheistischer Stagnation.«[12] Wie durch- schlagend hierbei das Moment der Sprachlosigkeit ist, hat der Erfurter katholi- sche Theologe und Philosoph Eberhard Tiefensee – daraufhin befragt, was in dem Traditionsabbruch defizitär wäre – eindrücklich an dem Beispiel der Öff- nung der Mauer 1989 verdeutlicht:»Die Leute riefen damals: ›Wahnsinn‹. Und das war's dann. Die Maueröffnung zeigte sich vielen als Einbruch einer nicht voraussehbaren Größe, also als eine tiefe Kontingenz- oder sogar Transzen- denzerfahrung, wie Theologen sagen würden. Vielen Menschen kamen damals die Tränen. Heute ist das weitgehend vergessen. Es fehlt die Sprache, die es ermöglicht, eine solch aufwühlende Erfahrung auszudrücken und damit auch zu erinnern. [...]. Geht [...] die Sprache dafür verloren und die Fähigkeit, in einem konkreten Kommunikationszusammenhang über solche Erfahrungen nachzu- denken, dann verflacht auch das Erlebnisniveau.«[13]

Krötke und Tiefensee diagnostizieren den Abbruch einer Bildungskultur, die maßgeblich vom Christentum geprägt ist: von der biblischen Sprache, aber auch von Architektur und Brauchtum. Man kann wohl gar nicht überschätzen, wie tiefgreifend und nachhaltig solcher Schwund sich auswirkt. Lebenserfah- rungen, wie sie noch auf dem Boden biblischer Sprache wie etwa die Psalmen oder die Gleichnisse Jesu, oder wie sie im Kontext christlichen Brauchtums ge- macht werden konnten, kommen nicht mehr zustande, wenn die Sprache dafür fehlt; sie können auch nicht mehr kommuniziert und erinnert werden.[14]

3. Traditionsprozess Christlicher Kultur und Überlieferungsgeschehen des Christusvertrauens

So bedenkenswert die beiden Beschreibungen des Phänomens Traditionsab- bruch auch sind, muss doch kritisch Einiges zurechtgerückt werden:

Es betrifft nicht nur die christliche Tradition, die heutzutage abzubrechen droht. Natürlich ist das Gewicht der biblischen Überlieferung, des christlichen Brauchtums und der christlichen Kunst für die abendländische Bildung unüber- sehbar. Dennoch hat jene Tradition nicht allein unsere Kultur geprägt. In dieser Hinsicht darf dann auch der Abbruch von kultureller Tradition nicht nur aus

---

[11] A. a. O., 289.

[12] W. Krötke, Religion und Weltanschauung im postsozialistischen Kontext, in: Materi- aldienst der EZW 63 (2000), 379-384, 383.

[13] »Ich bin nicht religiös, ich bin normal«. Wie geht die Kirche mit dem Heidentum in Ostdeutschland um? Fragen an den Erfurter Philosophen Eberhard Tiefensee. In: Publik- Forum, 13.07.2001.

[14] Auf ihre Weise hat die Wochenzeitung DIE ZEIT zum diesjährigen Osterfest mit ihrem Leitartikel auf jenen Zusammenhang hingewiesen: J. Ross, Faust, Freud, Bach und Bibel; ebd., 14/2002, 1.

christlicher Perspektive wahrgenommen werden.

Es handelt sich zudem nicht nur darum, dass vertraute Kultur wegbricht. Vielmehr entstehen auch neue Traditionen. Sie stellen auf ihre Weise Sprache bereit und ermöglichen darin Erfahrungen, Kommunikation und Erinnerung. Lieder von Rockgruppen zum Beispiel und ihre Videoclips oder Figuren aus Comics und Filmen leisten dies, selbst Werbeclips und nicht zuletzt Ereignisse der Geschichte: Vietnam-Krieg, 68er Revolten, auch die Wendemonate in der DDR mit ihren Umstürzen und neuen Freiheiten und wohl auch die schrecklichen Ereignisse vom 11. September 2001. Man erlebt, wie jene erlebt haben; man gebraucht Redewendungen wie die bekannten Filmhelden und Figuren; man findet sich in den Ängsten und Hoffnungen anderer wieder; man zehrt von gemeinsamen Lebensgewohnheiten. Das alles stellt gemeinsame Sprachräume, Kommunikationsgemeinschaften und Erinnerungsfähigkeiten zur Verfügung. Freilich ist dies sehr kurzlebig und auf engem Raum begrenzt – im Vergleich zur global und zeitlich umfassenden Geschichte christlicher Kultur im abendländischen Raum. Aber es handelt sich eben um kleine Traditionen mit ihren Geschichten und Texten, um Traditionen also mit ihren Sprachspielen, die auf ihre Weise Sprache bereitstellen und Erinnerung ermöglichen. Christliche Tradition findet sich hierin allerdings nicht mehr oder kaum noch.

An den eben genannten Aspekten sehen wir: Der Traditionsabbruch, den Krötke wie auch Tiefensee beschreiben, ist nicht nur ein Problem der von kommunistischer Ideologie indoktrinierten Länder und Bevölkerungen, sondern er zeigt das globale Problem der Pluralisierung an. Im Sinne der sog. Postmoderne handelt es sich um das »Ende der großen Erzählungen«[15]; das Ende der großen Sprachspiele, die das Denken, Kommunizieren und Erinnern über Jahrtausende oder zumindest über Jahrhunderte hinweg geprägt und die für das Urteilen die

---

[15] J.-Fr. LYOTARD, Das postmoderne Wissen. Ein Bericht, hrsg. v. PETER ENGELMANN. Wien ³1994 (La conidition postmoderne. Paris 1979), fragt: Welche Instanz legt für das Urteilen die Standards von wahr und falsch, glücklich und unglücklich, gerecht und ungerecht usw. fest? Seine Antwort: Immer sind dazu Autorisierungen (Legitimierungen) in Form von »großen Erzählungen« vorgebracht worden, welche die Autorisierung in Geschehnisse aufgelöst haben: entweder Mythen (im Typus des rückwärtigen Zeitpfeils) oder moderne »Metaerzählungen« (im Strom der Zeit). Mit letzteren sind die Konstruktionen neuzeitlicher Vernunft wie die Spekulationserzählungen von der Dialektik des Geistes oder Emanzipationserzählungen wie die vom autonomen Subjekt oder vom Sieg der werktätigen Klasse gemeint. Immer sicherte die gesellschaftliche Dominanz in der Vergangenheit die Überzeugungskraft der jeweiligen großen Erzählung. Aber mit dem Hervortreten ihrer inneren Schwierigkeiten einerseits und mit dem unaufhörlichen Hinzutreten neuer Sprachspiele in der jüngsten Vergangenheit andererseits ist ihre Legitimierungsfunktion zerfallen. Mit dem Begriff der »Paralogie« kennzeichnet Lyotard die postmoderne Situation. Er meint damit den Widerstreit, in dem heutzutage eine Vernunft neben der anderen steht, die Logik des einen Sprachspiels neben der des anderen. – Soweit man das Geschehen des Christlichen lediglich kulturfunktional in seiner Legitimierung für gesellschaftliche Werte usw. sieht, seine Bedeutung aber nicht in sich selbst erkennt, wird man sich der Überzeugungskraft der Lyotardschen Analyse nur schwer entziehen können.

Standards von richtig und falsch, wichtig und unwichtig usw. festgelegt haben.

Hier wird wieder eine Nähe zur VELKD-Studie sichtbar. Sie hat jenen Wandel im Blick. Diese Entwicklung wird aber dort nur als das Problem der Pluralisierung religiös-weltanschaulicher Traditionen wahrgenommen und nicht als ein Bruch in der abendländischen Erinnerungskultur. Wenn ich diesen Gesichtspunkt hier einbringe, meine ich damit nicht, dass man sich mit diesem Bruch abfinden sollte. Das ganz und gar nicht! Man muss aber zunächst einmal diese Entwicklung zur Kenntnis nehmen, um den Kontext dessen, was wir als Abbruch der christlichen Tradition erleben, recht in den Blick zu bekommen.[16] Dann erst gelangt die Frage nach der angemessenen Reaktion darauf in sachgemäße Bahnen.

Zum Letzteren meine ich: Die Mobilisierung der Institutionen kirchlichen und christlichen Lebens müsste über das Anliegen der VELKD-Studie hinaus weitergreifend als Bildungsaufgabe im Sinne eines kulturpolitischen Mandates der Kirche(n)[17] erfasst werden. Das heißt: Stellvertretend für andere Kulturträger in der Gesellschaft, welche in der Aufrechterhaltung unserer Erinnerungskultur (aus den verschiedensten Gründen) nachlassen, kommt den Kirchen die Aufgabe zu, einzuspringen und (zumindest) die »großen Erzählungen« des christlichen Kulturgutes wach zu halten.

Gegen Krötkes und Tiefensees Analyse, letztlich aber auch gegen die VELKD-Studie, ist weiter einzuwenden, dass sie unter der Kategorie »Traditionsabbruch« ein Abreißen von dem diagnostizieren, was Folgeerscheinungen des Christlichen, nämlich »Produkte« christlicher Frömmigkeit und Reflexionskultur sind. Außer Acht bleibt dabei, wie in erster Linie das Problem des Traditionsabbruchs an dem Zusammenhang thematisiert werden muss, welcher das eigentlich Christliche selbst als einen Tradierungsprozess in den Blick nimmt.

Bei dieser Feststellung handelt es sich eigentlich um eine altbekannte Einsicht, die zum Beispiel bis auf das Paulus-Wort in Röm 10,17 zurückgeht: »So kommt der Glaube aus dem Hören, das Hören aber aus dem Wort Christi«. Ebenso kann an dieser Stelle auf Luthers Diktum von der *viva vox evangelii* ver-

---

[16] Die herkömmliche Erinnerungskultur (»wir sind, was wir erinnern«), wie sie in jüngster Zeit etwa JAN ASSMANN mit seinen großartigen Veröffentlichungen (vgl. z. B.: Moses der Ägypter. Entzifferung einer Gedächtnisspur, Wien 1998) untersucht hat, bricht ab, wenn in Zeiten von Individualisierung und Pluralisierung Geschichten nicht mehr in einem kollektiven Gedächtnis globalen Ausmaßes fortleben.

[17] Mit dem Begriff des »kulturpolitischen Mandates der Kirche(n)« nehme ich die Überlegungen des Landesbischofs JOHANNES HEMPEL und der sächsischen Kirchenleitung von 1996 unter der Formel vom »begrenzten politischen Mandat der Kirche« auf, welche das gesellschaftliche Engagement der Kirche unter den drei Kriterien bestimmte: 1) im Blick auf den Inhalt eine Ableitbarkeit aus dem primären Auftrag der Kirche; 2) im Blick auf die Durchsetzbarkeit keine Inanspruchnahme von Machtinstrumentarien; 3) im Blick auf Situationen, in denen die eigentlich verantwortlichen gesellschaftlichen Instanzen versagen, ein stellvertretendes Handeln der Kirche. Zum Ganzen vgl. M. PETZOLDT, Begrenztes politisches Mandat der Kirche, in: DERS., Christsein angefragt. Fundamentaltheologische Beiträge, Leipzig 1998, 203-227.

wiesen werden wie auch auf die Erkenntnis der historisch-kritischen Exegese vom Traditionsprozess des biblischen Kerygmas selbst. Und beide Erkenntnisstränge (Luthers Theologie wie die historisch-kritische Bibelauslegung) hat zum Beispiel Gerhard Ebeling in seiner Theologie vom Wort Gottes als Wortgeschehen zusammengebunden. Das Evangelium selbst ist ein Kommunikationsgeschehen von Gott zu Mensch und von Mensch zu Mensch, das sich vornehmlich (aber nicht ausschließlich) im Medium der Sprache vollzieht. Als solches stellt es einen Überlieferungsprozess dar, der verkürzt und darin missverstanden wäre, als würden hierin Informationen *über* Gott und sein Heil von einem zum anderen weitergeben werden. Das Eigentliche am christlichen Überlieferungsprozess ist vielmehr, dass *in* dem Wortgeschehen Gottes Heil geschieht.[18] So zentral für diesen Prozess die Kirche als *creatura verbi* und ihre Verkündigung sind, darf er dennoch nicht darauf enggeführt werden.

Es handelt sich um ein komplexes Geschehen: Die Begegnung des Jesus von Nazareth damals mit Gleichzeitigen, die von seiner Anrede getroffen wurden; die Vergebung erfuhren, welche er ihnen zusprach; die über sein heilendes Wort gesund wurden; die durch seine Zusage der Gottesherrschaft selig waren; die über die Begegnung mit ihm an ihrem Tisch glücklich wurden. Es sind die gewesen, die seine Zusage weitergegeben haben an Spätere, bis zu uns heute und über uns hinaus; so dass durch dieses Überlieferungsgeschehen die Person Jesus Christi selbst in Beziehung tritt mit Späteren und in ihnen Vertrauen weckt. Solches Christus-Vertrauen ist Glaube auf seiner personalen Grundebene (ich glaube dir), aus der heraus das Reflektieren des Glaubens (ich glaube, dass) und sein Bekennen (ich glauben an) erwächst. Das, was das Christliche ausmacht, ist also in sich wesentlich ein Überlieferungsprozess: ein von Jesus von Nazareth ausgelöstes und sich ausbreitendes Anerkennungsgeschehen.

In Besinnung auf diesen Zusammenhang muss das ganze Ausmaß dessen, was mit dem Stichwort »Traditionsabbruch« gemeint sein kann, überdacht werden. Das verlangt, über die bisher in den Blick genommenen Dimensionen desselben hinaus zu erkennen, dass Traditionsabbruch im christlichen Sinne an seiner gravierendsten Stelle ein menschliches Abreißenlassen des Heilshandelns Gottes in Christus durch Vernachlässigung des »äußeren Wortes« bedeutet: ein Abbrechen des christlichen Überlieferungsgeschehens als des von Jesus als dem Christus ausgelösten und sich ausbreitenden Anerkennungsgeschehens.

Was im Überlieferungsgeschehen – Christentum genannt – von einem auf den anderen weitergegeben wird, ist diese vorbehaltlose Anerkennung, mit der

---

[18] Dementsprechend stellt der Glaube auch nicht nur ein Fürwahrhalten Gottes und seines Heils dar. Auch ist er »*nicht eine zu leistende Vorbedingung, sondern ist selbst das Eintreten der Erfüllung*« (G. EBELING, Was heißt Glauben? in: DERS., Wort und Glaube III, Tübingen 1975, 225-235, 234. Zu EBELINGS Theologie des Wortes Gottes als Wortgeschehen vgl. M. PETZOLDT, Die Theologie des Wortes im Zeitalter der neuen Medien, in: U. H. J. KÖRTNER (Hrsg.), Hermeneutik und Ästhetik. Die Theologie des Wortes im multimedialen Zeitalter, Neukirchen-Vluyn 2001, 57-97.

einst die Person des Jesus von Nazareth auf seine Mitmenschen zugegangen ist. Christentum – das ist dieses Überlieferungsgeschehen, in der seine Achtung weitergetragen wird. Damit aber dieser Prozess von Evangelium jetzt nicht in Einseitigkeit missverstanden wird, sei erklärend hinzugefügt: Schon die Zuwendung, die das Wirken Christi damals dargestellt hat, hatte einst eingeschlossen, dass Jesus von Nazareth auch mit Menschen ins Gericht gehen konnte, dass er Versagen aufgedeckt hat usw. Die vorbehaltlose Anerkennung, die das von ihm ausgehende Geschehen darstellt, schließt nicht das kritische Wort und die in Anspruch nehmende Rede aus. Aber es bleibt bei allem Gericht doch Gnade, es bleibt Evangelium, Zu-Wendung; Zuwendung auch nicht nur in Wort, sondern auch in Tat und in Zeichenhandlung. Und es ist dies nicht nur über das Hören erlebbar, sondern es ist auch sichtbar und fühlbar, bis hin zum Schmecken. Das Ausbreiten dieses erlebbaren Zuwendungsgeschehens Jesu Christi durch die geographischen Räume und durch die Zeiten hindurch – das ist Christentum. Eine Zu-Wendung, die der Mensch sich nicht selbst inszenieren kann. Dieser Anrede Gottes durch das menschliche Wort galt in erster Linie der reformatorische Begriff vom »äußeren Wort«. Und das Getroffen- und Betroffenwerden von dieser Zuwendung, wo und wann der Geist will, das ist im Eigentlichen und in erster Linie das Christliche als ein Traditionsprozess. Alles andere, woran wir beim Begriff Christentum freilich auch sofort denken, hat in diesem Zuwendungs- und Anerkennungsgeschehen Jesu Christi seine Grundlage und folgt daraus: Ansichten und Vorstellungen über Gott, etwa in der Sprache der Bibel (oder besser: in *den* Sprachen der biblischen Überlieferung), dogmatische Lehrsätze usw.; also Vorstellungen, die man durch Information und Unterricht weitergeben kann. Das alles und vieles mehr sind Produkte der Reflexionskultur des christlichen Glaubens, in denen sich das eigentlich Christliche unterschiedlichen Ausdruck verschafft hat und verschafft. Was da von einem zum anderen weitergegeben wird, sind auch Bräuche und Bilder, Lieder und Kirchenbauten; es sind Produkte christlich-praktischer Frömmigkeit, im Ganzen also Frömmigkeitskultur, in der sich das eigentlich Christliche unterschiedlichen Ausdruck verschafft hat und verschafft. Auch wenn es das eigentlich Christliche nicht ohne solche Ausdruckweisen gibt, so kann man es doch von seinen Erscheinungsweisen unterscheiden und unterscheidbar halten.

Richtet sich der Blick noch einmal auf die ostdeutsche Situation, dann muss nach meiner Sicht die Feststellung gemacht werden, dass die atheistische und kirchenfeindliche Politik in der DDR auf mehrfache Weise ein Abbrechen der christlichen Tradition befördert hat: eine Loslösung von den kirchlichen Institutionen, ein Abschneiden von christlichem Bildungsgut, eine Entfremdung von christlichem Brauchtum und neben anderem mehr eben auch ein nachhaltiges Abreißen der Menschen aus der Kette des von Christus her sich ausbreitenden Anerkennungsgeschehens. Natürlich ist im Christentum Ostdeutschlands wie auch anderswo das spezifische Kommunikationsgeschehen *in* den Organisationsformen der institutionellen Kirchen und *mit* den Bildungs- und Kulturgütern des Christlichen tradiert worden. Weil aber vielfach der unterscheidende Blick für das verloren gegangen ist, was im Christentum das Eigentliche ist und was die Folgeerscheinungen sind, kam es dann z. B. dazu, dass Familien unter dem politischen Druck ihre Bindung zu den Kirchen und zu der von ihnen getragenen christlichen Bildung aufgegeben haben und sie darin zugleich auch das grundlegende Anerkennungsgeschehen haben abreißen lassen.

Neben dieser Beobachtung darf allerdings die andere nicht in den Hintergrund treten, dass sich der christliche Glaube im Osten Deutschlands über die DDR-Zeit hinweg auch erhalten hat. Auch dafür wird es mehrere Erklärungen geben. Eine mag darin bestehen, dass trotz aller staatlichen Repressionen christliche Bildung und kirchliches Brauchtum von Etlichen dennoch nicht aufgegeben wurden, so dass in, mit und unter christlicher Kultur das spezifische Überlieferungsgeschehen seine Fortsetzung finden konnte. Zum anderen darf der Beitrag der kirchlichen Arbeit vor Ort nicht unterschätzt werden. Und nicht zuletzt ist auch in einer privatisierten und von den verfassten Kirchen und ihren Vermittlungsinstitutionen unabhängigen Weise die Zuwendung Jesu Christi an andere Menschen weitergegeben worden. Macht der christliche Überlieferungsprozess an Kirchengrenzen nicht halt, so muss freilich auch in umgekehrter Weise festgehalten werden, dass der Wirkungsbereich von kirchlichem Leben und christlicher Kultur nicht automatisch die Wirkung des Evangeliums sichert. Seit den Zeiten Jesu gibt es bis heute die Erfahrung, dass seine Anrede Menschen auch nicht trifft, so dass sie die Kette seiner Anerkennung bei sich abreißen lassen. Zu Zeiten der Teilung Deutschlands hat es das auf beiden Seiten gegeben. Im Ganzen gesehen dürfte aber nach meiner Sicht die religions- und kirchenfeindliche Politik des SED-Staates den Nerv des christlichen Glaubens entscheidend getroffen haben, sowenig die Machthaber die Zusammenhänge auch durchschaut haben werden.[19]

4. Chancen und Grenzen der Kategorie »Traditionsabbruch«

Am Anfang stand die Frage, wie hilfreich die Kategorie »Traditionsabbruch« ist. Ganz bestimmt ist das Wort für eine programmatische Besinnung der Kirche(n) auf ihren Auftrag ungeeignet. Aber bei der Analyse, die zu solcher Besinnung notwendig ist, kann dieses Stichwort durchaus Einsichten befördern. Sowohl in

---

[19] Die hier benannten Zusammenhänge sehe ich keineswegs als den alleinigen Grund für den Rückgang der Zahl der Christen in den östlichen Bundesländern und für den Abbruch von christlicher Tradition an. Natürlich ist dieser Prozess in einem viel größeren Kontext zu sehen, aus dem heraus auch deutlich wird, dass der ideologische Atheismus und die atheistische Politik der DDR jenen Prozess nur befördert, aber nicht erst ausgelöst haben. So ist auch das Thema »Abbruch von christlicher Tradition« nicht nur eine ostdeutsche Problemstellung. Was sich dort aber in besonderer Schärfe und in einem fortgeschrittenen Stadium zeigt, trägt über die spezifisch ostdeutschen Umstände hinaus Züge, die durchaus anderswo wiederentdeckt werden können.

der Wahrnehmung der gegenwärtigen Lage als auch im Erfassen dessen, was das Christentum eigentlich ausmacht, kann es zu wichtigen Differenzierungen verhelfen:

1. Sosehr das grundlegende christliche Überlieferungsgeschehen nach seinen Anfängen sich in, mit und unter den wachsenden Formen kirchlichen Brauchtums und christlicher Bildungskultur vollzieht, kann dennoch das eigentlich Christliche von seinen kulturellen Institutionen unterschieden werden; das heißt unter anderem:
   1.1. es ist nicht von seinen Ausdrucksweisen abhängig;
   1.2. das grundlegende christliche Überlieferungsgeschehen kann auch trotz des Tradierens kirchlichen Brauchtums und christlicher Kultur abreißen;
   1.3. das grundlegende christliche Überlieferungsgeschehen kann auch außerhalb der kirchlichen Tradierungen seinen Weg nehmen.
2. Wo christliches Brauchtum und von Kirchen getragene Bildungs- und Öffentlichkeitsarbeit vorhanden sind (ganz gleich auf welchem Niveau), muss kirchliche Initiative darauf gerichtet sein, diese Institutionen zu fördern und zu intensivieren (das ist auch ein kulturpolitisches Mandat der Kirchen).
3. Aber selbst wo christliches Brauchtum und von kirchlichen Aktivitäten inspirierte Kultur am Boden liegen, findet Christus seinen Weg zu den Menschen; da weckt die Begegnung der Person Jesu von Nazareth mit Menschen Glauben, setzt Bildung frei und verleiht Sprache.
4. Notwendig bleibt aber immer der Zusammenhang von:
   4.1. *äußerem Wort*: dass von der Anrede Jesu betroffene Menschen seine zuvorkommende Achtung an Andere weitergeben (»Mission«), und
   4.2. *unverfügbarem Wirken des Heiligen Geistes:* dass diese Achtung unter den angesprochenen Menschen Aufnahme findet.

Sosehr also eine christlich geprägte Kultur die Tradierung des Glaubens unterstützt und so wichtig es ist, sie zu pflegen und zu erhalten, ist doch die Vertrauensbeziehung, die den christlichen Glauben ausmacht, auf religiöse Kulturgüter wie Kirchenarchitektur, Liedgut und Brauchtum in letzter Notwendigkeit nicht angewiesen. Daher stellen Unkenntnis und religiöse Indifferenz im Osten Deutschlands auch keine unüberwindlichen Hindernisse für die Rückbesinnung auf den christlichen Glauben dar. Immer wieder werden Menschen mit der Person Jesu in Beziehung treten, und zwar so, dass diese Begegnung ihrem Leben eine zentrale Orientierung gibt. Ob jene Menschen von Haus aus religiöse sind oder nicht, ist dabei nicht ausschlaggebend. Jene Begegnung wird Religion begründen, indem sie Religiosität in den Menschen freisetzt.[20]

---

[20] M. Petzoldt, Zur religiösen Lage im Osten Deutschland. Sozialwissenschaftliche und theologische Interpretationen, in: Bertelsmann Stiftung (Hrsg.), Woran glaubt die Welt? Analysen und Kommentare zum Religionsmonitor 2008, Gütersloh 2009, 125-150.

DASS WISSENSCHAFT MIT RELIGION UNVEREINBAR SEI

Von der Zählebigkeit einer marxistisch-leninistischen These im Osten Deutschlands[1]

Matthias Petzoldt

Im Sommersemester 2000 führte ich an der Leipziger Universität zusammen mit der Religionssoziologin Monika Wohlrab-Sahr ein Seminar zum Thema »Religionslosigkeit, religiöse Indifferenz, Atheismus« durch. Untersucht werden sollte aus soziologischer und theologischer Perspektive, wie der nachweisbare Befund zu verstehen ist, dass in Mitteleuropa – d. h. in Ostdeutschland und Tschechien, bis zu einem gewissen Grad auch in Estland – außergewöhnlich viele Bürgerinnen und Bürger bei Befragungen sich als konfessionslos oder gar religionslos bezeichnen; ein Tatbestand, der im auffälligem Unterschied zu anderen Ländern Europas und erst recht zu anderen Kontinenten steht.[2]

Bei der Suche nach Erklärungen haben wir uns den Marxismus-Leninismus als die herrschende Ideologie in der DDR näher besehen. Dabei gingen wir der Frage nach, welchen Stellenwert darin der Atheismus einnahm.[3] Hier stießen wir unter anderem auf die folgenden Texte:

Rolf Kirchhoff: Wissenschaftliche Weltanschauung und religiöser Glaube. Berlin 1959: »Aus dem Wesen der Wissenschaften und der religiös-idealistischen Weltanschauung folgt, daß Wissenschaft und Religion unvereinbar sind.«[4] »Die religiösen Ideologen mögen sich noch so drehen und wenden, noch so raffinierte Betrugsmanöver anwenden, die Tatsache, daß jede Religion, ganz gleich in welcher Form sie auftritt, der Wissenschaft entgegengesetzt ist, daß sie wissenschaftsfeindlich ist, läßt sich nicht beseitigen. Jeder Gottesglaube, in welcher Gestalt er auch immer auftreten mag, behindert den wissenschaftlichen Fortschritt, weil er der Wissenschaft Grenzen setzt, weil er durch die Unterwerfung

---

[1] In gekürzter Fassung veröffentlicht in: Materialdienst der EZW 64 (2001), 395-405; jetzt in vollständiger Fassung und geringfügig ergänzt durch einige Hinweise auf neuere Publikationen.

[2] Andere Fragen waren, mit welchen Kategorien und mit welchen Theorien dieses Phänomen soziologisch zutreffend beschrieben und erklärt werden kann.

[3] Weitere Fragestellungen ergaben sich daraus: Welche Rolle spielte dieser Atheismus in der Lehrerausbildung? Wie fand er in den Lehrstoff einzelner Unterrichtsfächer Eingang? Usw. usf.

Natürlich richtete sich unsere Aufmerksamkeit auch auf das Phänomen Jugendweihe.

[4] A. a. O.,16.

des Menschen unter eine höhere Gewalt die Schöpferkraft des Menschen einschränkt. Der wissenschaftliche Fortschritt kann sich nur im Kampf gegen die vernunftwidrigen Lehren der Religion durchsetzen. – Der dialektische Materialismus steht in enger Wechselbeziehung mit den Einzelwissenschaften. Er ist selbst eine Wissenschaft.«[5] »Im Marxismus-Leninismus bilden Weltanschauung, Philosophie und Wissenschaft eine untrennbare Einheit. Der Marxismus-Leninismus ist eine wissenschaftliche Weltanschauung.«[6]

Frank Fiedler u. a. (Hg.): Dialektischer und historischer Materialismus. Lehrbuch[7] für das marxistisch-leninistische Grundlagenstudium. Berlin 1974: »Religion ist eine verkehrte Form der Widerspiegelung der Natur und der Gesellschaft im menschlichen Bewußtsein. Das Religiöse steht im schroffen Gegensatz zum wissenschaftlichen Bewußtsein. Es ist nicht durch objektives Wissen um die Gesetze der Natur und der sozialen Entwicklung gekennzeichnet, sondern durch den Glauben an übernatürliche Kräfte und übermenschliche Mächte. An die Stelle des wirklichen, materiellen Zusammenhangs der Dinge und Erscheinungen tritt im religiösen Glauben das Wunder als Inbegriff der von ›göttlichen‹ Kräften bewirkten Aufhebung der Naturgesetzlichkeit.«[8]

Achtundvierzig Studierende hatten an dem Seminar teilgenommen. Ein Drittel kam aus der Soziologie, ein weiteres aus der Theologie und das letzte Drittel kunterbunt aus vielen Fakultäten. Erstaunlich war nun, wie die in den Texten vertretene These von der Unvereinbarkeit von Wissenschaft und Religion für einige ostdeutsche Studierende völlig einleuchtend war, ja wie sie von ihnen geradezu verteidigt wurde. Uns wurde daran deutlich: Jenen Sachverhalt, den wir anhand von verschiedenen sozialwissenschaftlichen Befragungen und mittels unterschiedlicher soziologischer Theorien untersuchten, hatten wir mitten unter uns. Und noch zwei weitere Beobachtungen konnten in diesem Zusammenhang gemacht werden. Die eine betraf die Theologiestudenten und -studentinnen. Sie standen sehr ratlos vor der Argumentation, ganz gleich ob sie aus dem Osten oder aus dem Westen Deutschlands kamen. Wohl merkten sie, dass hinter jener These ein Zerrbild von Religion und speziell vom Christentum stand, jedenfalls eine Auffassung, die mit ihren eigenen Erfahrungen und mit ihrer Innenkenntnis von Christentum und Religion nicht übereinstimmte. Mit dem Bild von Wissenschaft aber, das hier gezeichnet wurde, konnten sie sich nicht kritisch auseinandersetzen. So konnten sie auch dem nichts entgegenstellen, wie von solcher Selbstdarstellung als Wissenschaft her das Bild von Religion und Christentum unweigerlich in einen abwertenden Sog geriet. Die andere Beobachtung bezog sich auf die Studierenden (aller Fachrichtungen), die aus den alten Bundesländern kamen und dort aufgewachsen waren. Ganz gleich ob sie Christen waren oder nicht, die arrogante und oft feindselige Weise, wie in

---

[5] A. a. O., 24.

[6] A. a. O., 25.

[7] Ein Lehrbuch, das ausdrücklich vom Minister für Hoch- und Fachschulwesen autorisiert ist.

[8] A. a. O., 579.

der marxistischen Literatur von einem Standpunkt der Wissenschaftlichkeit aus
über Religion geurteilt wurde, war zwar befremdlich. Eine derartige Entgegensetzung kannten sie aus ihrer Erziehung und ihrer Schulzeit nicht. Aber der
Argumentation standen sie genauso ratlos gegenüber. Für einige hatte sie sogar
etwas Einleuchtendes. Die Schulbildung – als ein Beispiel – müsse sich heutzutage an den Ergebnissen der Wissenschaft ausrichten; da habe die Religion als
Schulfach keinen Platz mehr!

Diese Begebenheit aus dem Seminar mag schlaglichtartig ein Problem be-
leuchten, das auch aus anderen Bereichen bekannt ist: Wie zählebig jene marxistisch-leninistische Entgegenstellung von Wissenschaft und Religion auch
nach dem Machtverlust dieser Ideologie sich durchhält und Anhängerschaft findet. Zudem hat die Ratlosigkeit der Studierenden die Notwendigkeit vor Augen
geführt, sich kritisch mit jenem Bild von Wissenschaft und Religion auseinandersetzen zu können. Vor allem lässt die Frage keine Ruhe, wie das zu verstehen ist, dass von jener These solche Wirkung ausgeht? Zu diesem Problemkom-
plex habe ich im Seminar Thesen zur Diskussion gestellt, die den Grundstock
auch für die nachfolgenden Überlegungen bilden. Obwohl damit die Auseinandersetzung mit der marxistisch-leninistischen These von der Unvereinbarkeit
von Wissenschaft und Religion im Vordergrund steht, wird es doch nötig sein,
in aller Kürze zunächst etwas zum Charakter und zum Stellenwert von Religionskritik und Atheismus bei Karl Marx und im Marxismus-Leninismus[9] auszu-
führen.

1. Religionskritik und Atheismus bei Karl Marx und im Marxismus-Leninismus

1.1. Bei *Karl Marx* (1818-1883) findet sich Religionskritisches schon in der philosophischen Doktorarbeit[10] von 1841. Er gehörte damals in den Kreis der Links-
hegelianer. Dabei handelte es sich um eine Gruppe von jungen kritischen Intellektuellen, die Preußen als den ›allerchristlichsten Staat‹ apostrophierten und

---

[9] Zwei Anmerkungen zu meinem Wortgebrauch »marxistisch-leninistisch« in diesem
Aufsatz: 1. Ich mache hiermit die Unvereinbarkeitsthese zum Thema, wie sie von marxis-
tischer Seite her vertreten worden ist; nicht aber, wie sie auch aus anderer Sicht formuliert wurde. 2. Mit der Bezeichnung »marxistisch-leninistisch« zeige ich an, dass ich immer den Marxismus zum Thema mache, wie er im Ostblock zur herrschenden Ideologie
geworden ist. Dies muss im Unterschied zu anderen Marxismen betont werden, die gerade in kritischer Absetzung zum Marxismus-Leninismus die Anstöße von Marx weiterbe-
dacht haben.

[10] K. MARX, Differenz der demokritischen und epikureischen Naturphilosophie (1841). In:
MEGA I/1, 90f.

bekämpften.[11] Wo Thron und Altar so eng zusammenstanden, musste Religionskritik zur politischen Waffe werden.

Zu den Linkshegelianern zählte auch Ludwig Feuerbach (1804 - 1872). Er veröffentlichte 1841 sein Werk »Das Wesen des Christentums«. Diese Kritik am Christentum[12] erregte damals großes Aufsehen und wurde von den Linkshegelianern gefeiert.[13]

Noch unter dem Eindruck der Feuerbachschen Religionskritik steht der Aufsatz von Karl Marx »Zur Kritik der Hegelschen Rechtsphilosophie. Einleitung« (1844).[14] Dem Feuerbachschen Werk ist es nach seiner Sicht zu verdanken, dass die Religionskritik für Deutschland »im Wesentlichen beendigt«[15] ist. Dieses Urteil besagt freilich weder, dass Religionskritik für Marx hinfort bedeutungslos werde, noch geht aus ihm hervor, dass sie für ihn als abgeschlossen gelte. *Die Religionskritik wird nicht bedeutungslos.* Noch im selben Satz erklärt Marx: »und die Kritik der Religion ist die Voraussetzung aller Kritik«[16]. Erst durch die Religionskritik bekommt man nach seinem Urteil den Blick frei für die Gesellschaftskritik. Eben darin sah er das Verdienst Feuerbachs. Er hat »die phantastische[n] Wirklichkeit des Himmels« widerlegt, indem er sie durchschauen gelehrt hat als das, worauf der Mensch sein Suchen gerichtet, aber »nur den *Wiederschein* seiner selbst gefunden hat«[17]. *Die Religionskritik ist für Marx auch nicht abgeschlossen; sie muss weitergeführt werden zur Gesellschaftskritik.* So durchschlagend und vernichtend die Feuerbachsche Religionskritik nach Marxens Sicht auch war, so darf diese doch nicht bei einer abstrakten Auffassung vom Menschen, vom Wesen des Menschen als der Gattung, stehen bleiben:

»Aber der *Mensch*, das ist kein abstraktes, außer der Welt hockendes Wesen. Der Mensch, das ist *die Welt des Menschen*, Staat, Societät. Dieser Staat,

---

[11] Vgl. H. Lutter, Marxismus - Atheismus - Religionskritik. In: Berliner Dialog-Hefte 2/1994, 2-17, 4.

[12] Zur theologischen Auseinandersetzung mit Feuerbachs Christentumskritik vgl. M. Petzoldt, Gottmensch und Gattung Mensch. Studien zur Christologie und Christologiekritik Ludwig Feuerbachs, Berlin 1989; ders., Theologische Orientierung angesichts der Herausforderung durch Ludwig Feuerbach, in: ders., Christsein angefragt. Fundamentaltheologische Beiträge, Leipzig 1998, 79-103; ders., Zwischenzeitliches Interesse an Luthers Theologie. Zum Wandel in Ludwig Feuerbachs Denken, in: Chr. Danz/R. Leonhardt (Hrsg.), Erinnerte Reformation. Studien zur Luther-Rezeption von der Aufklärung bis zum 20. Jahrhundert, Berlin 2008, 123-168.

[13] Marx ist mit Engels beeindruckt von der Lektüre der 1. Aufl. von Feuerbachs »Das Wesen des Christentums«: »Wir waren alle momentan Feuerbachianer«, so Fr. Engels in ders., Ludwig Feuerbach und der Ausgang der klassischen deutschen Philosophie. Berlin 1970 (Kleine Bücherei des Marxismus-Leninismus), S. 22f.

[14] Erschienen in den Deutsch-französischen Jahrbüchern, Bd. 1. Ich zitiere nach MEGA I/2, 170-183.

[15] A. a. O., 170.

[16] Ebd.

[17] Ebd. [Auslassung: M. P.].

diese Societät produziren die Religion, ein *verkehrtes Weltbewußtsein*, weil sie eine *verkehrte Welt* sind. Die Religion ist die allgemeine *Theorie dieser Welt*, [...] ihr allgemeiner Trost- und Rechtfertigungsgrund. Sie ist die *phantastische Verwirklichung* des menschlichen Wesens, weil das *menschliche Wesen* keine wahre Wirklichkeit besitzt. Der Kampf gegen die Religion ist also mittelbar der Kampf gegen *jene Welt*, deren geistiges *Aroma* die Religion ist.«[18] »Das *religiöse* Elend ist in einem der *Ausdruck* des wirklichen Elendes und in einem die *Protestation* gegen das wirkliche Elend. Die Religion ist der Seufzer der bedrängten Kreatur, das Gemüth einer herzlosen Welt, wie sie der Geist geistloser Zustände ist. Sie ist das *Opium* des Volks.«[19]

Für Marxens Religionskritik ist also Religion sowohl der Ausdruck der sozialpolitischen Ohnmacht der Unterdrückten als auch ihr Protest gegen diesen Zustand. Wie immer wieder darauf hingewiesen wurde, liegt in jener Doppelbewertung einerseits das positive Urteil, insofern Marx in der Religion das humanitäre Ideal einer von Unterdrückung freien Welt zum Ausdruck kommen sieht. Aber solche positive Wertung von Religion steht doch für Marx unter dem eindeutig negativen Vorzeichen, dass er sie für ein verkehrtes Weltbewusstsein[20] hält, für Illusion[21], die ins Reich der Phantasie gehöre[22], weil sie nicht die Verhältnisse wahrheitsgetreu widerspiegele[23] und in ihrer opiatischen Wirkung die Menschen von der revolutionären Veränderung des gesellschaftlichen Elends abhalte.[24]

Deshalb teilt Marx die Auffassung mancher seiner Zeitgenossen, dass man die Religion bekämpfen müsse.[25] Allerdings ist dieser Kampf nicht als ein weltanschaulicher zu führen: als Kampf gegen die Religion als Religion. Man darf von der Kritik an der Religion oder gar von ihrer Vernichtung nicht die Verbesserung der politischen und sozialen Missstände erhoffen. Denn deren *Ursachen* liegen nicht in der Religion selbst. Vielmehr ist die Religion nur *Ausdruck* des politischen und sozialen Elends. Religionskritik hat also für Marx nicht in sich

---

[18] Ebd.

[19] A. a. O., 171. Ähnliche Gedanken (»Opium«), gar Formulierungen, finden sich schon vor Marx zum Beispiel bei Goethe, Heine, Hess und Feuerbach. Vgl. zu dieser Vorgeschichte R. Seeger, Herkunft und Bedeutung des Schlagworts: »Die Religion ist das Opium für das Volk«, in: Theologische Arbeiten zur Bibel-, Kirchen- und Geistesgeschichte. Halle 1935; W. Kleinig, Genesis und aktuelle Diskussion des Marx'schen Satzes »Religion ist Opium des Volks«, in: Wissenschaftlicher Atheismus. Forschungsbericht 40. Rostock/Warnemünde 1987, 46-57; vgl. auch H. Lutter, a. a. O. (s. Anm. 11), 5f.

[20] Vgl. a. a. O., 170.

[21] Vgl. a. a. O., 171.

[22] Vgl. a. a. O., 170.

[23] Vgl. ebd.

[24] Vgl. a. a. O., 171.

[25] Marx plante, zusammen mit Bruno Bauer und Ludwig Feuerbach ein »Journal des Atheismus« herauszugeben, was aber nicht zustande kam. - Näheres dazu s. W. Schuffenhauer, Feuerbach und der junge Marx. Zur Entstehungsgeschichte der marxistischen Weltanschauung, Berlin ²1972, 28 und 160f.

einen Sinn, sondern als *Voraussetzung für den*[26] und *Durchgangsstadium zum*[27] eigentlichen Kampf gegen politische und wirtschaftliche Missstände: »Der *Atheismus* [...] hat keinen Sinn mehr, denn der Atheismus ist eine *Negation des Gottes* und sezt durch diese Negation das *Dasein des Menschen*; aber der Socialismus als Socialismus bedarf einer solchen Vermittlung nicht mehr; er beginnt von dem *theoretisch und praktisch sinnlichen Bewußtsein* d[es] Menschen und der Natur als des *Wesens*. Er ist *positives*, nicht mehr durch die Aufhebung der Religion vermitteltes *Selbstbewußtsein* d[es] Menschen.«[28]

1.2. *Friedrich Engels* (1820-1895), sein Freund und Mitstreiter, ist es gewesen, der den sozialrevolutionären Überlegungen und politisch-ökonomischen Untersuchungen von Karl Marx einen weltanschaulichen Zuschnitt gegeben hat. Engels brachte für die Marxsche Sicht von der Menschheitsgeschichte, ihrer Entwicklung durch Klassenkämpfe und ihrer Zielvorstellung eines Kommunismus die Bezeichnung »historischer Materialismus« auf.[29] Und er flankierte diesen mit seinen philosophischen Überlegungen und Arbeiten zur außermenschlichen Natur. Engels entwarf das Konzept einer geschlossenen Weltanschauung in der Einheit von historischem und dialektischem Materialismus. Die Dialektik als die allgemeinsten Bewegungs- und Entwicklungsgesetze sah er in der Natur wie in der Menschheitsgesellschaft und im Denken gleichermaßen am Wirken.[30] Engels formulierte wegweisend für den Marxismus die ›Grundfrage der Philosophie‹ in der Vorordnung des Seins vor dem Denken[31] und übte vom materialistischen Standpunkt aus auch Religionskritik mit naturphilosophischer Argumentation.[32]

Marx dagegen hat in einer Religionskritik als weltanschaulicher Kritik – etwa mit dem Ziel, eine Unvereinbarkeit von Religion und Wissenschaft aufzuzeigen – nicht seine Aufgabe gesehen, auch später nicht, als das Thema Religion bei ihm ohnehin in den Hintergrund getreten ist.[33] Eine solche Zielstellung spielte deshalb keine Rolle, weil zum einen Religionskritik für ihn eben eindeu-

---

[26] »Die Aufhebung der Religion als des *illusorischen* Glücks des Volks ist die Forderung seines *wirklichen* Glücks. Die Forderung, die Illusionen über seinen Zustand aufzugeben, ist die *Forderung, einen Zustand aufzugeben, der der Illusionen bedarf*. Die *Kritik der Religion ist also im Keim die Kritik des Jammerthales*, dessen *Heiligenschein* die Religion ist.« (MEGA I/2, 171).

[27] »Die Kritik des Himmels verwandelt sich damit in die Kritik der Erde, die *Kritik der Religion* in die *Kritik des Rechts*, die *Kritik der Theologie* in die *Kritik der Politik*« (ebd.).

[28] K. MARX, Ökonomisch-philosophische Manuskripte (1844). In: MEGA I/2, 398.

[29] MEW 22, 292.

[30] MEGA I/27, 336.

[31] FR. ENGELS, Ludwig Feuerbach und der Ausgang der klassischen deutschen Philosophie, 1886 (in der Druckfassung von 1888 MEW 21, 259-307).

[32] FR. ENGELS, Dialektik der Natur (Fragment geblieben, entstanden in der Zeit von 1873-1883); DERS., Herrn Eugen Dührings Umwälzung der Wissenschaft (Anti-Dühring), 1876.

[33] Einen guten Überblick über die Entwicklung in Marx' Auffassungen zum Thema Religion vermittelt die Textsammlung von G. BRAKELMANN/K. PETERS (Hrsg.), Karl Marx über Religion und Emanzipation 2 Bde. Gütersloh 1975.

tig in der Funktion sozialpolitischer Veränderung stand. Zum anderen hielt er Religionskritik allein unter weltanschaulicher Zielstellung für einen Rückschritt in die Feuerbachsche Begrenztheit, welche die Religion als das eigentliche Übel der Menschheit betrachtete.

Sosehr also die religionskritischen Zielstellungen von Marx und Engels unterschieden werden müssen, meine ich jedoch, dass die Marxsche Religionskritik sehr wohl *anschlussfähig* und *aufgeschlossen* für die von Engels initiierte Einbindung der Religionskritik in den Kampf der materialistischen Weltanschauung gegen Religion gewesen ist und darin auch anschlussfähig und offen für die dann vom Marxismus-Leninismus vertretene und propagierte These von der Unvereinbarkeit von Wissenschaft und Religion. Mit *Anschlussfähigkeit* bezeichne ich den Sachverhalt, dass Engels wie der spätere Marxismus-Leninismus mit guten Gründen ihren Atheismus und speziell die Entgegenstellung von Wissenschaft und Religion mit der Marxschen Religionskritik in Verbindung bringen konnten, ohne dass man ihnen daraus den Vorwurf machen dürfte, dass sie seine Gedanken ins Gegenteil verkehrt hätten.[34] Und mit der Charakterisierung der *Aufgeschlossenheit* möchte ich noch einen Schritt weitergehen und anzeigen, dass Marx auch von seiner Seite ganz offensichtlich für die Engelssche Ausweitung offen war.[35]

1.3. Es bedeutete noch einmal ein Schritt über die Engelssche Ausweitung zur Weltanschauung hinaus, als mit der Machtübernahme einer kommunistischen Partei das Marxsche Programm zur politisch herrschenden Ideologie wurde, zum *Marxismus-Leninismus*. Dies geschah erstmals 1917 in Russland. Die machthabende Partei der Bolschewiki strebte ein Gesellschaftsmodell an, das in beinahe mittelalterlicher Geschlossenheit auf die Einheit von Politik, Wirtschaft, Wissenschaft, Weltanschauung und alltäglichem Leben ausgerichtet war. In Russland konnte man an feudale Gesellschaftsstrukturen anknüpfen; nur dass die bisherigen Eliten mit revolutionärer Gewalt verjagt und durch neue ersetzt

---

[34] Aus der oben zitierten Einschätzung von Religion durch Marx als verkehrtes Weltbewusstsein, als Illusion, die ins Reich der Phantasie gehöre und die Verhältnisse nicht wahrheitsgetreu widerspiegele (MEGA I/2, 170f.), ist zu ersehen, dass für Marx das Urteil nicht fern lag, die Religion aus wissenschaftlicher Sicht für unhaltbar anzusehen. Bestätigt wird solche Schlussfolgerung z. B. durch ein Zitat aus den Ökonomisch-philosophischen Manuskripten (1844): »Die *Erd*schöpfung hat einen gewaltigen Stoß erhalten durch die *Geognosie*, d. h. durch die Wissenschaft, welche die Erdbildung, das Werden der Erde, als einen Proceß, als Selbstzeugung darstellte. Die generatio aeqivoca ist die einzige praktische Widerlegung der Schöpfungstheorie« (MEGA I/2, 397).

[35] Auch wenn die Dialektik der Natur nicht das Thema von Marx war, sondern das von Engels, hat doch Marx darin mit Engels gut zusammenarbeiten können. Marx hat auch nicht Engels in dem Bemühen widersprochen, dem historischen Materialismus einen naturwissenschaftlich-weltanschaulichen zur Seite zu stellen. Vgl. dazu das Marx-Zitat aus dem »Kapital«: »Der *religiöse Wiederschein* der wirklichen Welt kann nur verschwinden, sobald die Verhältnisse des praktischen Werkeltagslebens den Menschen tagtäglich durchsichtig vernünftige Beziehungen zu einander und zur Natur darstellen« (MEGA II/5, 48).

wurden: in der Politik, in der Wirtschaft, im Recht und so auch im Bereich von Religion und Weltanschauung. An die Stelle des orthodoxen Christentums wurde die marxistisch-leninistische Weltanschauung gesetzt, die einen Atheismus verordnete und diesen über eine religionsfeindliche Politik überall durchzusetzen suchte. Als nach dem Zweiten Weltkrieg kommunistische Parteien in den osteuropäischen Ländern an die Macht kamen, konnten sie strukturell dort nicht an geschlossene Gesellschaften anknüpfen, sondern fanden Entwicklungen vor, wo die moderne Verselbstständigung der gesellschaftlichen Teilsysteme wie Politik, Recht, Wirtschaft, Wissenschaft, Religion usw. teilweise schon fortgeschritten war. Dieser Ausdifferenzierungsprozess wurde unter der Macht der kommunistischen Parteien wieder zurückzudrehen versucht in ein geschlossenes Gesellschaftsmodell, das auch einen Weltanschauungsstaat darstellte. Auf diese Weise entwickelte sich in den sozialistischen Ländern ein Systemzwang, der ideologisch in der Einheit von historischem und dialektischem Materialismus verankert war und der regelrecht darüber wachte, dass die sozialistische Gesellschaftsstruktur mit Wissenschaft und atheistischer Weltanschauung eine Einheit bildeten. Atheismus war folgerichtig ein fester Bestandteil der Staatsdoktrin. Dementsprechend allergisch und aggressiv reagierten die Machthaber, wo diese Einheit noch nicht verwirklicht zu sein schien und in Gefahr zu geraten drohte.

Bei der Beurteilung der Lage muss aber folgender Aspekt berücksichtigt werden. Der Systemzwang zum Weltanschauungsstaat auf der einen Seite und die persönliche Zurückhaltung von Karl Marx gegenüber einer Religionskritik als Weltanschauungskampf auf der anderen Seite - diese unterschiedliche Gewichtung verlieh dem Marxismus-Leninismus im Kampf der Systeme auch eine Flexibilität für Strategie und Taktik. Je nach politischer Zweckmäßigkeit konnte die atheistische Religionskritik in den Vordergrund geschoben oder zurückgenommen werden[36]:

- Gegen eine westliche Gesellschaftskritik an Sozialismus und Kommunismus, welche gerade über eine Kritik am Atheismus der kommunistischen Ideologie die Zustimmung für die westlichen Ziele suchte, wurde der Atheismus heruntergespielt mit dem Hinweis auf die eigentliche humanistische Zielstellung des Marxismus-Leninismus, nämlich in der Errichtung ausbeutungsfreier Gesellschaftsverhältnisse.
- Ähnlich heruntergespielt werden konnte die atheistische Religionskritik, um die ablehnende Haltung gegen das sozialistische Gesellschaftssystem unter Christen im Ostblock aufzuweichen und um sie gar als Bündnispartner für die Politik der sozialistischen Länder zu gewinnen.
- Umgekehrt wurde der Atheismus als wesentlicher Bestandteil des Marxismus-Leninismus hervorgekehrt, wo die herrschende Partei den Eindruck hatte, dass es notwendig sei, den Einfluss der Kirchen zurückzudrängen und zu brechen.

---

[36] Auch in dem retrospektiven Aufsatz von H. Lutter, a. a. O. (s. Anm. 11), scheint diese Flexibilität marxistisch-leninistischer Religionspolitik durch.

- Je mehr die Zukunftsvision Kommunismus in den eigenen Reihen an (bes. ökonomischer) Überzeugungskraft verlor, desto stärker wurde der ideologische Druck nach innen erhöht (z. B. in einer repressiven Pädagogik, die zu einem ›sozialistischen Menschen‹ *erziehen* sollte, statt sich darauf zu verlassen, dass mit dem Wandel der gesellschaftlichen Verhältnisse sich auch die Menschen ändern). Solcher ideologische Systemzwang duldete im weltanschaulichen Bereich keine Ausnahmen. Noch vorfindliche Restbestände von Religion mussten nachweislich ›absterben‹.

Die vier genannten Aspekte flexibler Strategie und Taktik skizzieren nur Eckpunkte eines breiten Spektrums praktischer Zielstellungen in der Religionspolitik der sozialistischen Länder.

1.4. Fragt man nun – nachdem die marxistisch-leninistische Ideologie in den ehemals sozialistischen Ländern die politische Macht verloren hat – danach, was davon geblieben ist, so fällt auf, dass unter der dortigen Bevölkerung die politischen Parolen und ökonomischen Ideologien schon zu sozialistischen Zeiten oft keine Überzeugung fanden und dass erst recht nach der Wende jene Zielstellungen ganz schnell über Bord geworfen wurden. Besonders erschreckend war dabei, wenn man Zeuge wurde, wie ehemalige Parteigenossen sich als rücksichtslose Unternehmer im Stile eines Manchesterkapitalismus aufführten. Im Unterschied dazu hat sich aber ganz offensichtlich die These von der Unvereinbarkeit von Wissenschaft und Religion tief in die Köpfe und auch Herzen der Menschen eingegraben. Damit sind wir wieder bei dem eingangs beschriebenen Phänomen angelangt, welches der kritischen Auseinandersetzung und der Erklärung bedarf.

2. Zur marxistisch-leninistischen These von der Unvereinbarkeit von Wissenschaft und Religion

Die vom Marxismus-Leninismus vertretene These werde ich nun meinerseits in Thesen diskutieren.

2.1. *Das Verhältnis von Wissenschaft und Religion wird als Gegensatz hingestellt.*
Zunächst noch drei Beispiele: Olof Klohr hatte 1976 in der Zeitschrift »Wissenschaftlicher Atheismus« unter dem Thema »Unvereinbarkeit von wissenschaftlicher Weltanschauung und religiösem Glauben« ein Heft zusammengestellt und dort programmatisch formuliert: »Alles, was der Mensch mit Hilfe rationalen Erkennens als wahr nachweist, ist kein Glaube, sondern Wissen. Die ›Gegenstände‹ des Glaubens sind somit nicht rational, sondern *irrational. [...] es gibt kein Wissen von Glaubensdingen und keinen Glauben in der Wissenschaft.*«[37]

---

[37] Wissenschaftlicher Atheismus, Reihe 1, Heft 12 (1976), 13 und 14.

In diesem Sinne wurde auch in dem von Georg Klaus und Manfred Buhr herausgegebenen zweibändigen Philosophischen Wörterbuch »religiöser Glaube«[38] definiert als »die aus einer (subjektiven) Entfremdungssituation resultierende und auf phantastisch verkehrte Widerspiegelung der Wirklichkeit beruhende unbeweisbare Überzeugung von der Existenz übernatürlicher, immaterieller Wesenheiten und Kräfte, die in das Naturgeschehen, das gesellschaftliche Leben und das individuelle Schicksal des Menschen eingreifen und sich entsprechend, auf mysteriöse Weise, dem Menschen ›offenbaren‹.«[39]

In der populärwissenschaftlich angelegten und auf jugendliche Leser ausgerichteten Reihe »nl * konkret«, Bd. 18, erschien in deutscher Übersetzung ein Taschenbuch von Wiktor Timofejew, in dem man lesen konnte: »Die marxistische Weltanschauung ist wissenschaftlich. Alle ihre Grundsätze beruhen auf den Errungenschaften der modernen Wissenschaft. – Die religiöse Weltanschauung aber steht der Wissenschaft entgegen. Deshalb ist es unmöglich, die reale Wirklichkeit richtig zu erklären, wenn man von der religiösen Weltanschauung ausgeht. Nur der Verzicht (und am besten der bewußte Verzicht) auf die religiösen Prinzipien der Erklärung der Welt gibt der Entwicklung der Wissenschaft freien Raum.«[40]

Ganz gleich wie die Formulierung der marxistisch-leninistischen These im Einzelnen ausfiel, lief sie doch immer darauf hinaus, dass die ›wissenschaftliche Weltanschauung‹ sich kraft ihrer eigenen Definition auf der Seite der Wissenschaft sah und in der Logik dieser Argumentation die Religion auf die Seite von Unwissenschaftlichkeit stellte.

2.2. *Gerade in wissenschaftlicher Hinsicht ist die These mehrfach in Frage zu stellen.*

2.2.1. *erkenntnistheoretisch*

Wissenschaft untersucht und beschreibt kritisch – d. h. methodisch geregelt – Wirklichkeit. Solcher Umgang mit Wirklichkeit ist einer von mehreren. Es ist derjenige, welcher segmentierend einen Bereich der Wirklichkeit untersucht, d. h. ihn unter spezielle (physikalische, soziologische usw.) Fragen stellt, und der auch nur im Hinblick auf diese Fragestellungen methodisch kontrollierte Antworten erhält.

---

[38] Zur Kontroverse im Ostblock-Marxismus 1977 bis Mitte der 80iger Jahre über das Verständnis von Wesen und Funktion des Phänomens *Glauben*, soweit es im sozialistischen Kontext nicht als religiöser Glaube auftritt, vgl. M. PETZOLDT, Glaube und Wissen. Marginalien zu einer marxistischen Diskussion, in: DERS., Christsein angefragt. Fundamentaltheologische Beiträge, Leipzig 1998, 121-144 (mit Literaturhinweisen)

[39] 2. Bd. Berlin [12]1976, 1052.

[40] W. TIMOFEJEW, Kommunismus und Religion. Über die sozialen Prinzipien, Berlin 1975, 20-21.

Vom wissenschaftlichen Umgang mit Wirklichkeit ist der lebensweltliche[41] zu unterscheiden, der seinerseits in eine Vielfalt von praktischen Vollzügen ausdifferenziert ist. Zum lebensweltlichen Umgang mit Wirklichkeit gehören auch die weltanschaulichen Grundüberzeugungen und religiösen Deutungen; z. B. die Grundüberzeugung des Marxismus-Leninismus »Die Materie ist unendlich« und die religiöse Deutung (nicht nur) des Christentums »Gott ist Schöpfer der Welt«.

Der lebensweltliche Umgang mit Wirklichkeit geht der wissenschaftlichen Fragestellung voran:

- aus den lebensweltlichen Vollzügen werden wissenschaftliche Fragen entwickelt (ein Ausschnitt der Lebenswelt kann auf diese Weise zum Untersuchungsgegenstand der Wissenschaft werden);
- weltanschauliche Grundüberzeugungen bestimmen die Perspektive der wissenschaftlichen Fragestellung (und gehen in das ›Paradigma‹ ein[42]).

Der schon zitierte R. Kirchhoff bringt die weltanschauliche Vorprägung der marxistisch-leninistischen Erkenntnistheorie anschaulich zum Ausdruck und verallgemeinert ihren materialistischen Ausgangspunkt als weltanschauliche Position aller Einzelwissenschaften: »Der dialektische Materialismus und die Einzelwissenschaften gehen vom gleichen Ausgangspunkt an die Erforschung der Natur und Gesellschaft heran. Sie betrachten die Welt materialistisch. Sie gehen davon aus, daß die Natur und die Gesellschaft, die objektive Realität, die es zu erforschen und zu verändern gilt, unabhängig und außerhalb des menschlichen Bewußtseins existieren und von unserem Bewußtsein widergespiegelt werden. Der dialektische Materialismus und die Einzelwissenschaften gehen von der Erkennbarkeit der Welt aus.«[43]

Umgekehrt wirken die wissenschaftlich gewonnenen Einsichten auch wieder auf die Praxis der lebensweltlichen Vollzüge zurück.

In der Tat sind also Wissenschaft und Religion/Weltanschauung in ihrem jeweils spezifischen Umgang mit Wirklichkeit zu unterscheiden: Religion/Weltanschauung im praktisch-lebensweltlichen und Wissenschaft im theoretisch-diskursiven Umgang.

Diese *Unterscheidung* wird aber in eine unsachgemäße Zuordnung gebracht, wenn beide Größen als ein *Gegensatz* hingestellt werden. Dann ist – im hier beschriebenen Fall – der wissenschaftliche Zugriff auf Wirklichkeit zum alleinigen Maßstab des Umgangs mit Wirklichkeit erhoben worden. Unter solcher einseiti-

---

[41] Der Begriff *Lebenswelt* bezeichnet in der sozialwissenschaftlichen Literatur die vortheoretischen Lebensbezüge und steht damit für die durch rationale Reglementierung nicht erfassten Lebensbereiche.

[42] Vgl. Th. S. Kuhn, Die Entstehung des Neuen. Studien zur Struktur der Wissenschaftsgeschichte., Frankfurt a. M., 1978; Ders., Die Struktur wissenschaftlicher Revolutionen. Frankfurt a. M., [10]1989.

[43] R. Kirchhoff, Wissenschaftliche Weltanschauung und religiöser Glaube, Berlin 1959, 24f.

gen Zuordnung wird der *vor*wissenschaftliche Umgang als *un*wissenschaftlicher missverstanden und ausgegeben.

Außerdem übersieht bzw. überspielt die These von der Unvereinbarkeit von Wissenschaft und Religion in ihrer marxistisch-leninistischen Auffassung den Tatbestand, dass sie in ihrem eigenen Verständnis von Wissenschaft als ›wissenschaftlicher Weltanschauung‹ in unsachgemäßer Weise den wissenschaftlichen Zugriff auf Wirklichkeit mit dem vorwissenschaftlichen Umgang einer Weltanschauung[44] vermischt. Sie suggeriert eine Selbstverständlichkeit, dass Wissenschaft als Weltanschauung auftreten könne.

2.2.2. wissenschaftstheoretisch

Wie Wissenschaften und Weltanschauungen/Religionen in ein Verhältnis treten können, ist für die Wissenschaftstheorien nun aber eine besonderes Problem.

2.2.2.1. Weltanschauungen und Religionen können selbst zum Gegenstand wissenschaftlicher Untersuchung werden. Dabei gehört es zur wissenschaftlichen Untersuchung hinzu, die implizierten vorwissenschaftlichen Grundüberzeugungen ins Bewusstsein zu heben und kritisch zu reflektieren.

Problematisch für die heutigen Wissenschaftstheorien wird jedoch, wenn die Wissenschaften für ihre Aussagen weltanschauliche bzw. religiöse Geltung beanspruchen. Unter anderem wird damit der methodisch geregelte Zugriff auf ein Wirklichkeitssegment verlassen, und die Einstellung zur Wirklichkeit wird zum Inhalt.

Für die modernen Naturwissenschaften ist dies keine zulässige Zielstellung. Unter den Geisteswissenschaften ist dies nur für die Philosophie und für die Theologie eine denkbare, wenngleich immer eine umstrittene Zielstellung, insofern hierbei wissenschaftliches Fragen und Untersuchen die immanent erfass-

---

[44] Die vorwissenschaftlichen Grundüberzeugungen bringen *Weltanschauungen* mehr auf der Vorstellungsebene und *Religionen* mehr in ganzheitlichen Vollzügen zum Ausdruck, wobei Religionen immer auch weltanschauliche Vorstellungen entwickeln, die einen mehr, die anderen weniger. *Weltanschauung* definiert Meyers Großes Taschenlexikon in 24 Bänden. Mannheim u. a. [2]1987, Bd. 24, 54 als »einheitl. vorwiss. oder philosoph. formulierte Gesamtauffassung der Welt und des Menschen mit handlungsorientierter Intention«. Und ich verstehe unter *Religion* die jeweils geschichtlich gewachsene Strukturierung einer Menschengemeinschaft, in welcher der/die Einzelne seine/ihre Vorfindlichkeit transzendiert, d.h. über sich hinausgreift bei der Suche nach Sinn, wie zum Beispiel bei der Bewältigung von Kontingenzen des Lebens, im Bedürfnis nach gesellschaftlicher Integration, in der intersubjektiven Ausdifferenzierung nach Werten usw. Während der Begriff *Religion* das jeweils geschichtlich gewachsene Phänomen System von Symbolen und Ritualen mit seinen spezifischen Erzählformen im Blick hat, hebt der Begriff *Religiosität* auf die individuelle Symbol- und Ritualpraxis im individuellen Vollzug des Transzendierens ab. Vgl. M. PETZOLDT, Zum Unterscheidungspotential des Religionsbegriffs. Eine Problemanzeige, in: R. HEMPELMANN/U. DEHN (Hrsg.), Dialog und Unterscheidung. Religionen und neue religiöse Bewegungen im Gespräch, Berlin 2000, 98-107; DERS., Überhaupt religiös? Zur Frage nach der Vorfindlichkeit von Religion, in: I. U. DALFERTH/H.-P. GROSSHANS (Hrsg.), Kritik der Religion. Zur Aktualität einer unerledigten philosophischen und theologischen Aufgabe, Tübingen 2006, 329-349.

bare Wirklichkeit bewusst transzendiert und zu Aussagen gelangt (wie z. B. »Die Materie ist unendlich« oder »Gott ist Schöpfer der Welt«), die sich den Kriterien der Verifikation und/oder Falsifikation entziehen.

An dieser Stelle macht sich ein kleiner Exkurs zu einflussreichen Schulen von Wissenschaftstheorie des 20. Jahrhunderts nötig. Er mag zugleich einen Eindruck davon vermitteln, dass es darüber, was Wissenschaft ist und was als wissenschaftlich gilt, keine einheitliche Wissenschaftstheorie gibt.

Für den *Logischen Empirismus* (*Neopositivismus*) kann ›die Welt‹ nicht Gegenstand von Wissenschaft sein. Aussagen über ›die Welt‹ sind nicht verifizierbar.[45] Für den frühen Wittgenstein verbietet sich eine wissenschaftliche Untersuchung darüber, worum es in Religion und Weltanschauung geht: »Wovon man nicht sprechen kann, darüber muß man schweigen.«[46]

Der *Kritische Rationalismus* hat wissenschaftstheoretisch (im Zuge des Kampfes von Popper, Albert und anderer gegen alles ›Dogmatische‹ in den Wissenschaften) z. B. am Marxismus dessen Dogmatismus angegriffen.[47] Die marxistische Ideologie wolle letztgültige Aussagen über die Wirklichkeit machen (verbunden mit einer naiven Widerspiegelungstheorie der Erkenntnis): *so sei die Wirklichkeit.* Dagegen könnten alle wissenschaftlichen Aussagen nicht mehr sein wollen als Hypothesen; alles Wissen könne nur Vermutungswissen sein, das der Falsifikation ausgesetzt werde. Und Fortschritt in den Wissenschaften könne es nur unter der Anerkennung des Hypothesencharakters ihrer Aussagen geben; nur so könne es zur Widerlegung wissenschaftlicher Sätze kommen, was zur Aufstellung neuer Hypothesen führe. Wo aber die Wissenschaft vorgebe, dass die Wirklichkeit so sei, wie ihre Aussagen diese ›abbilde‹, erstarre sie zum Dogmatismus; und sie müsse dann andere Ansichten als ›verzerrende‹ Widerspiegelung der Wirklichkeit oder als ›unwissenschaftliche‹ Meinung diffamieren. Die Weiterentwicklung der Wissenschaften würde auf diese Weise zum Stillstand gebracht.[48]

Die *Kritische Theorie* (*Frankfurter Schule*) hat den ideologischen Charakter der neuzeitlichen Forderung nach Voraussetzungslosigkeit der Wissenschaft aufgedeckt. ›Objektive‹ Erkenntnis gibt es nicht. Alle Erkenntnis ist interessengeleitet.[49] Es komme in der Wissenschaft gerade darauf an, dass die Interessen,

---

[45] VEREIN ERNST MACH (Hrsg.), Die wissenschaftliche Weltauffassung. Der Wiener Kreis, Wien 1929.

[46] Letzter Satz in WITTGENSTEINS Tractatus logico-philosophicus (1922).

[47] K. R. POPPER, Prognose und Prophetie in den Sozialwissenschaften, in: E. TOPITSCH (Hrsg.), Logik der Sozialwissenschaften, Köln/Berlin, 1965, Frankfurt a. M. [12]1993, 113-125; DERS., Die offene Gesellschaft und ihre Feinde Bd. 2 (1945), Tübingen [7]1992. H. ALBERT, Ist der Sozialismus unvermeidbar? Historische Prophetie und die Möglichkeiten der Wissenschaft, in: DERS., Freiheit und Ordnung. Zwei Abhandlungen zum Problem einer offenen Gesellschaft, Tübingen 1986, 60-102.

[48] Zum Wissenschaftsverständnis Poppers vgl. DERS., Logik der Forschung (1935), Tübingen [10]1994. Vgl. DERS., Wissen und Nichtwissen, in: DERS., Auf der Suche nach einer besseren Welt, München [7]1984, 41-54.

[49] J. HABERMAS, Erkenntnis und Interesse, Frankfurt a. M.. (1968) [11]1994.

die bei wissenschaftlichen Untersuchungen jeweils im Spiel sind, sichtbar gemacht und selbst dem wissenschaftlichen Diskurs ausgesetzt werden. Wo das nicht geschehe, werden sie von den Interessen der politischen Machthaber geleitet und verkommen zu Ideologien.

Es verwundert nicht zu sehen, dass sich der *Marxismus-Leninismus* scharf mit dem Logischen Empirismus, mit dem Kritischen Rationalismus und der Kritischen Theorie auseinandergesetzt hat.[50]

Philosophie und Theologie können den Anspruch auf Weltanschauungsqualität ihrer Aussagen nur dann in einer wissenschaftlich vertretbaren Weise erheben, wenn sie die Religiosität (das Transzendieren) solcher Zielstellung und damit schon die Religiosität ihrer Fragestellung selbst zum Gegenstand der Untersuchung machen. Sie müssen den Ansatz ihres wissenschaftlichen Fragens überhaupt zur Diskussion stellen und dürfen ihn nicht ideologisch immunisieren oder gar mit Hilfe von Macht durchsetzen.

Ich kritisiere also die marxistisch-leninistische These von der angeblichen Unvereinbarkeit von Wissenschaft und Religion nicht deshalb als wissenschaftlich unhaltbar, weil der Marxismus-Leninismus in seiner wissenschaftlichen Praxis sich selbst als religiös (besser: kryptoreligiös[51]) erzeigt, sondern weil er den kryptoreligiösen Charakter seiner wissenschaftlichen Zielstellung nicht erkennt bzw. nicht wahrhaben will, indem er die Kryptoreligiosität seiner Fragestellung nicht zum Gegenstand des kritischen Diskurses erhebt[52] und damit verschleiert.

---

[50] Vgl. dazu nur einige Schriften aus der Reihe »Zur Kritik der bürgerlichen Ideologie«, hrsg. v. M. BUHR im Akademie-Verlag Berlin, wie z. B. Bd. 10 W. R. BEYER, Die Sünden der Frankfurter Schule. Ein Beitrag zur Kritik der »Kritischen Theorie« (1971). Bd. 11 H. WESSEL, Philosophie des Stückwerks. Eine Auseinandersetzung mit dem neupositivistischen »kritischen Rationalismus« (1971). Bd. 12 A. GEDÖ/M. BUHR/V. RUML, Die philosophische Aktualität des Leninismus. Zur Aktualität der Leninschen Positivismus-Kritik. Positivistische »Philosophie der Wissenschaften« im Lichte der Wissenschaft (1972). Bd. 17 R. BAUERMANN/H.-J. RÖTSCHER, Dialektik der Anpassung. Die Aussöhnung der »Kritischen Theorie« mit den imperialistischen Herrschaftsverhältnissen (1972). Bd. 19 E. ALBRECHT, Bestimmt die Sprache unser Weltbild? Zur Kritik der gegenwärtigen bürgerlichen Sprachphilosophie (1972). Bd. 26 H. HORSTMANN, Der Physikalismus als Modellfall positivistischer Denkweise (1973). Bd. 71 G. DOMIN/H.-H. LANFERMANN/R. MOCEK/D. PÄLIKE, Bürgerliche Wissenschaftsauffassungen I (1976). Bd. 73 O. FINGER, Der Materialismus der »kritischen Theorie« (1976). Bd. 82 J. SCHREITER, Zur Kritik der philosophischen Grundposition des Wiener Kreises (1977).

[51] Unter *Kryptoreligiosität* verstehe ich eine Religiosität, die nur aus der Außenperspektive wahrgenommen, aus der Binnenperspektive aber verneint wird. - Vgl. M. PETZOLDT, Zum Unterscheidungspotential des Religionsbegriffs (s. Anm. 44), 100-105.

[52] Immerhin bemerkenswert ist in diesem Zusammenhang die Erinnerung von H. LUTTER (s. Anm. 11) an die 70iger Jahre des 20. Jahrhunderts, in denen die DDR-Marxisten die Diskussionen der Theologie beobachteten. »Wir stellten uns in jener Zeit auch die Frage nach der Möglichkeit einer Transzendenz im Marxismus, konnten sie aber derzeit theoretisch noch nicht bewältigen« (a. a. O., 13). In dem Aufsatz fällt kein Wort darüber, ob

2.2.2.2. An der marxistisch-leninistischen These vom Gegensatz zwischen Wissenschaft und Religion zeigte sich ein kryptoreligiöser Erwartungshintergrund: eine Wissenschafts*gläubigkeit*, die erhoffte, dass Wissenschaft alles zu erklären vermag und dass die ›Produktivkraft‹ Wissenschaft alle wirtschaftlichen Problem lösen könne. Wissenschaft hat in solcher Wissenschaftsgläubigkeit die Funktion von Religion übernommen: weltanschauliche Grundüberzeugungen bereitzustellen, Kontingenzen zu bewältigen, Gesellschaft zu integrieren usw.

2.2.3. *systemtheoretisch*

Die marxistisch-leninistische These vom Gegensatz zwischen Wissenschaft und Religion stand mit ihrer antireligiösen Politik auf dem Boden einer vormodernen (vorpluralistischen, in mancher Hinsicht gar absolutistischen) Ideologie, die sich die politische Einheit einer Gesellschaft nur unter Absicherung durch die Integrationskraft einer einheitlichen Weltanschauung/Religion vorstellen konnte. Als Ideologie, die alle Lebensbereiche der Glieder ihrer Gesellschaft zu erfassen und zu bestimmen suchte, wehrte sich der Marxismus-Leninismus gegen den modernen Ausdifferenzierungsprozess der Gesellschaft in die Pluralität autopoietischer Teilsysteme (Politik, Recht, Wirtschaft, Wissenschaft, Religion, Erziehung usw.).[53] Solch eine reaktionäre Zielstellung, die Pluralisierung aufzuhalten suchte, indem Politik, Recht, Wissenschaft, Weltanschuung/Religion, Erziehung usw. in einem ideologischen Monopol zusammengehalten wurden, sah sich unter anderem dazu genötigt, alle mögliche oder tatsächliche Pluralität von Weltanschauung und Religion zu unterbinden.

Die systemtheoretische Perspektive hält nicht nur eine Erklärung für die religionspolitischen Repressalien in den sozialistischen Ländern bereit. Sie bringt auch einen weiteren Verweis auf die wissenschaftliche Unhaltbarkeit der These vom Gegensatz zwischen Wissenschaft und Religion, insoweit dieselbe eine Verweigerung darstellt, das pluralistische Nebeneinander von Wissenschaft und Religion als autopoietischer Teilsysteme wahrzunehmen und zu respektieren.[54]

---

diese Frage im Marxismus-Leninismus des Ostblocks weiterverfolgt oder an anderer Stelle aufgegriffen worden wäre.

[53] Vgl. N. LUHMANN, Die Gesellschaft der Gesellschaft, Frankfurt a. M. 1997; DERS., Soziologische Aufklärung Bde. 1-4. Opladen 1974-1987; DERS., Funktion der Religion, Frankfurt a. M. 1982; DERS., Die Religion der Gesellschaft, Frankfurt a. M. 2000.

[54] Auch gegen die Systemtheorie hat der Marxismus-Leninismus polemisiert, was sich u. a. wieder in der Schriftenreihe »Zur Kritik der bürgerlichen Ideologie«, hrsg. v. M. BUHR im Akademie-Verlag Berlin niedergeschlagen hat, z. B.: Bd. 46 C. WARNKE, Die »abstrakte« Gesellschaft. Systemwissenschaften als Heilsbotschaft in den Gesellschaftsmodellen Parsons', Dahrendorfs und Luhmanns (1974). Bd. 71 (s. Anm. 50), 191-202. Bd. 101 H. HOLZER, Soziologie in der BRD. Theoriechaos und Ideologieproduktion (1982), 83-89.

2.3. Die nachhaltige Wirkung der These vom Gegensatz zwischen Wissenschaft und Religion ist unter anderem darin begründet, dass sie selbst zu einer vorwissenschaftlichen Grundüberzeugung geworden ist und in ihrem Weltanschauungscharakter den Platz von Religion eingenommen hat.

2.3.1. Über eine möglichst in alle Lebensbereiche hineinreichende Propaganda zu Zeiten des Marxismus-Leninismus als herrschender Ideologie ist die in jener Behauptung vermittelte Sicht zu einer lebensweltlichen vorwissenschaftlichen Grundüberzeugung vieler Menschen geworden. Die Unvereinbarkeitsthese hat damit selbst Weltanschauungsqualität erhalten. Eine solche Überzeugung sitzt tief; sie ist für kritische wissenschaftliche Argumentation nur schwer zugänglich. In einem *Vor*urteil von Wissenschaft hat sie im Vorhinein eine Vorstellung von dem, was Wissenschaft zu erkennen und zu leisten vermag; abweichende Auffassungen der Wissenschaftstheorie und gegenteilige Erfahrungen aus der Praxis wissenschaftlicher Arbeit werden ausgeblendet.[55]

Was Wolf Krötke in einem etwas anderem Zusammenhang über den zum »Ressentiment« geworden »massenhaften Gewohnheitsatheismus« im postsozialistischen Kontext ausgeführt hat[56], ließe sich auch auf die gewachsene Grundüberzeugung vom Gegensatz zwischen Wissenschaft und Religion beziehen.

Freilich ist die Durchschlagskraft der religionskritischen Propaganda des Marxismus-Leninismus und die nachhaltige Wirkung der Unvereinbarkeitsthese bis in unsere Zeit hinein nur auf dem Hintergrund eines umfassenderen Plausibilitätsverlustes von Religion und Christentum in der abendländischen Kultur verständlich.[57]

2.3.2. Eine Kultur, die – wie in den ostdeutschen Ländern und ihrer Geschichte – ihre religiöse Prägung vornehmlich durch protestantische (und das heißt hier: auf den Intellekt zielende) Frömmigkeit erhalten hat, mag vielleicht empfänglicher sein für einen Szientismus, der hinter der Entgegensetzung von Wissenschaft und Religion steht, als gesellschaftliche Kulturen auf dem Hintergrund katholischer oder orthodoxer Frömmigkeitsformen, die ihrerseits stärker als

---

[55] Solcher *Vor*urteilscharakter verschließt nicht automatisch weltanschauliche Grundüberzeugungen gegen wissenschaftlicher Kritik (in diesem Fall: andere Auffassungen von Wissenschaft und andere Erfahrungen mit Wissenschaft, die dem vorgefassten Bild von Wissenschaft nicht entsprechen). Zunächst einmal hält er nur eine Erklärung für die Festigkeit *vor*wissenschaftlicher Grundüberüberzeugungen bereit. Allerdings *kann* aus *vor*wissenschaftlicher Grundüberzeugung auch *un*wissenschaftliche Einstellung zur Wissenschaft (in Form von Wissenschafts*feindlichkeit* wie Wissenschafts*gläubigkeit*) werden. Davon gibt es in der Geschichte des Christentums genügend Beispiele, die dann wiederum von marxistisch-leninistischer Religionskritik zum Beleg ihrer These von der Unvereinbarkeit von Wissenschaft und Religion herangezogen wurden. Im vorliegenden Fall hat sich das weltanschaulich verfestigte Bild vom Gegensatz der Wissenschaft zur Religion als *un*wissenschaftliches Vorurteil etabliert.
[56] W. Krötke, Religion und Weltanschauung im postsozialistischen Kontext, in: Materialdienst der EZW 11/2000, 379-38, 380f.
[57] Vgl. dazu M. Petzoldt, Christsein angefragt (s. Anm. 12), 79-193.

protestantische Spiritualität in Riten und Bräuchen lebendig sind. So stellt das Nebeneinander von Wissenschaft und Religion in weniger verkopften Frömmigkeitsformen ein geringeres Problem dar, weil dort Religion stärker in seiner lebensweltlichen Eigenart praktiziert wird und darin sich selbstverständlicher von der Diskursivität der Wissenschaften unterscheidet.

2.3.3. Es mag die Frage aufkommen, ob nicht jenes wissenschaftlich sich gebärdende Ressentiment gegen Religion in einer Situation und Atmosphäre, wo neue religiöse Bewegungen und Kulte um sich greifen, längst überholt ist? So nahliegend diese Frage ist, bedarf doch das angesprochene Phänomen einer differenzierteren Betrachtungsweise. Um jetzt nur einige wenige Aspekte davon anzusprechen:

2.3.3.1. Auch wenn mir dazu empirisches Datenmaterial nicht zur Verfügung steht, muss ich doch aus den Beobachtungen vor Ort in der Nachwendezeit vermerken, dass die in der Frage enthaltene Behauptung nicht zutrifft. Die ostdeutsche Bevölkerung hat sich gegenüber sog. neuen Sekten und neureligiösen Kulten recht resistent gezeigt. Das mag nicht unwesentlich in der Nachwirkung des oben genannten Ressentiments gegen Religion begründet sein.[58]

2.3.3.2. Manche esoterischen Auffassungen und Praktiken lassen sich sehr wohl auf der Basis eines wissenschaftlichen Weltbildes vertreten und vollführen. Man wähnt sich dabei freilich den Erkenntnissen der schulmäßig betriebenen Wissenschaften voraus. Strömungen in Körper und Raum (etwa von Ki-Energie) seien von den herkömmlichen Naturwissenschaften und von der Schulmedizin nur noch nicht richtig verstanden und erforscht worden. Esoterische Vorstellungen und Praktiken werden also von den betreffenden Personen ganz und gar nicht im Widerspruch zur Wissenschaft gesehen, sondern vielmehr in diese integriert. Und genauso werden die Handlungen in Abgrenzung zur oder gar in Ablehnung von Religion praktiziert, etwa als therapeutische Methode. – Man mag diesen Überzeugungen entgegenhalten, dass ein in dieser Weise wissenschaftlich verstandenes Weltbild mit einer Unklarheit über die Religiosität der eigenen Orientierung einhergeht. Doch wäre das keine überraschende Entdeckung, insofern eine ähnliche Kryptoreligiosität schon für die marxistisch-leninistische Weltanschauung wie auch für die sich verselbständigt habende These vom Gegensatz zwischen Wissenschaft und Religion konstatiert werden musste.

2.3.3.3. Außerdem kann man ein Nebeneinanderher von Wissenschaftsgläubigkeit im beruflichen Alltag und Suche nach dem irrationalem Kick in der Freizeit beobachten. Die nüchterne, aber durchaus effiziente Zweckrationalität der beruflichen Lebenswelt soll sowohl mit der Entspannung fernöstlicher Meditati-

---

[58] Vgl. A. Fincke, ... raus aus der FDJ, rein in die nächstbeste Sekte? Sekten und religiöse Randgruppen in den neuen Bundesländern, in: Materialdienst der EZW 59 (1996), 97-103; auch E. Neubert, Organisierte Konfessionslosigkeit – »Humanismus« als Ersatz für Sozialismus, in: Materialdienst der EZW 59 (1996), 225-234.

onsübungen als auch mit dem Nervenkitzel okkulter Praktiken oder extrem-
sportlicher Abenteuer kompensiert werden. In der Erlebnisgesellschaft wird
solcher Dualismus von rationaler Wissenschaftlichkeit und irrationalem Erleb-
nis nicht in Frage gestellt. Er gilt vielmehr als normal. Unter anderem auf religiöse Praktiken wird hierbei nicht um der Religion willen zurückgegriffen, sondern der gesuchten Irrationalität wegen. Dabei macht sich ein Vagabundieren
breit: nicht nur von einer Religion bzw. neureligiösen Bewegung und Praxis zur
anderen[59], sondern auch zwischen fernöstlichem Medikationskurs, Bungeejum-
ping, okkulter Messe, Rafting usw. Eine Entgegensetzung von Wissenschaft und
Religion bleibt für diese Einstellung konstitutiv. - Auch an jenem Bestreben, den
ultimativen Kick zu erleben, mag man wieder mit einigem Recht ein Transzendieren entdecken, das ein religiöses Bedürfnis erkennen lasse. Nur würde sich
diese Feststellung in die schon vermerkte Beobachtung von (Krypto-)Religiosität
einreihen. Darüber hinaus muss man auseinanderhalten: Religiosität dieser Art
ist nicht in sich eine Religion[60], sondern lebt parasitär von Religionen.[61]

*2.4. Das zum wissenschaftsgläubigen Vorurteil verfestigte Ressentiment gegen Reli-
gion führt zu Wahrnehmungsdefiziten von erheblicher Tragweite:*

*2.4.1. Nicht mehr wahrgenommen wird, dass Religion nicht nur (natürliche und
gesellschaftliche) Wirklichkeit reflektiert[62], sondern ihrerseits Wirklichkeit prägt,
gestaltet und schafft.*
Wie schon der Soziologe Max Weber[63] oder der Naturwissenschaftler Carl
Friedrich von Weizsäcker[64] auf je eigene Weise deutlich gemacht haben, bildet
die jüdisch-christliche Entzauberung der vorfindlichen Welt den maßgeblichen
Nährboden europäischer Kultur, auf dem sich die moderne Entwicklung von
Naturwissenschaft und Technik entfaltet. In der vom Christentum geprägten
Kultur bricht sich die Frauenemanzipation Bahn. Das Christentum wird zusammen mit anderen kulturellen Traditionen zum Träger des Menschenrechts-
gedankens. Und von den Ländern, die vom puritanischen Protestantismus geprägt wurden, geht der Geist ökonomischer Rationalität aus.[65] Die Beispiele ließen sich fortsetzen. Zwar widerlegen sie die marxistisch-leninistische Sicht,
dass Religion nur der bewusstseinsmäßige Reflex von Wirklichkeit sei, und zeigen, dass umgekehrt (christliche) Religion auch Wirklichkeit hervorbringt und

---

[59] Vgl. R. HEMPELMANN, Die Kirchen und die vagabundierende Religiosität, in: Materialdienst der EZW 64 (2001), 2-8.

[60] S. dazu die Definition von Religion in Anm. 44.

[61] Vgl. dazu M. PETZOLDT, Überhaupt religiös? (s. Anm. 44).

[62] Oder wie Marx und der Marxismus erklärt haben: Religion sei *Ausdruck* vom Sein im
Bewusstsein.

[63] M. WEBER, Gesammelte Aufsätze zur Religionssoziologie I, Tübingen 1988, 93-96, 203-
206; DERS., Gesammelte Aufsätze zur Wissenschaftslehre, Tübingen 1988, 582-613.

[64] C. F. v. WEIZSÄCKER, Christlicher Glaube und Naturwissenschaft, Berlin 1959.

[65] Vgl. M. WEBER, Die protestantische Ethik 2 Bde., hrsg. v. J. WINCKELMANN, Gütersloh
Bd. I. Eine Aufsatzsammlung, [8]1991; Bd. II. Kritiken und Antikritiken, [5]1987.

prägt. Oft stehen die Beispiele aber auch dafür, wie problematisch solche Prägungen und Gestaltungen von Wirklichkeit durch das Christentum sein konnten und nach wie vor sein können.[66]

2.4.2. *Das gesellschaftskritische Potential von Religion gerät bedenklich aus dem Blickfeld.*

Nicht mehr wahrgenommen wird das gesellschaftskritische Potential von Religion, dem einerseits Karl Marx noch anfänglich auf der Spur war (wenngleich unter negativer Bewertung), und das andererseits durch die biblische Überlieferung (prophetische Kritik und Jesus-Überlieferung!) und durch die Geschichte des Christentums hindurch bis heute wirksam ist; das allerdings auch die Beispiele der Versagens (z. B. im Christentum) bloßlegt, wo Religion zur Sanktionierung ungerechter politischer, sozialer und wirtschaftlicher Verhältnisse und Zustände instrumentalisiert wurde und wird und wo außerchristliche Kritik (wie z.B. die von Marx und vom Marxismus-Leninismus) bis heute zur ernsthaften Herausforderung geworden ist.

2.4.3. *Nicht mehr erfasst wird das religionskritische Potential im Christentum selbst.*

Zum christlichen Glauben gehört von seinem Grund her und von seinem Beginn an die kritische Selbstreflexion im Kontext der kritischen Wahrnehmung seiner Umwelt. So entwickelt das Christentum die Fähigkeit, über den Glauben Rechenschaft zu geben (1Petr 3,15). Der christliche Glaube stellt die Wahrheitsfrage: Ist der Glaube echt oder geheuchelt? Macht sich in Religion der Mensch nur ein Bild von Gott oder wird er wirklich von Gott angesprochen? Ist der religiöse Kult Gottesdienst oder Götzendienst? Dient die Religion dem Menschen, sich ins rechte Licht zu rücken, oder verlässt sich der Mensch allein auf die Rechtfertigung durch Gott? Diese wenigen Fragestellungen sollen das religionskritische Potential des christlichen Glaubens nur andeuten.[67] Und dementsprechend durchziehen auch die Geschichte des Christentums immer neue Reformbewegungen, welche die Lebenspraxis der Christen und Christinnen vom Grund des Glaubens her kritisch hinterfragen.

2.5. Die unter 2.2.1. thematisierte Unterscheidung zwischen lebensweltlichem Umgang mit Wirklichkeit und wissenschaftlichem Zugriff auf Wirklichkeit lässt abschließend die Frage aufkommen, wie in jenen Koordinaten und damit wie im Verhältnis zu Wissen und Wissenschaft christliche Religion zu orten ist. Dazu kann aus der Innenansicht des christlichen Glaubens, zugleich aber in der Vermittlung für die Außenperspektive, Folgendes in gebotener Kürze festgehalten werden: Als vorwissenschaftlicher Umgang mit Wirklichkeit ist christlicher

---

[66] Vgl. die Diskussionen um die ›Kulturschuld‹ des Christentums am neuzeitlichen Herrschaftsstreben des Menschen über die Natur und um den Protestantismus als Urheber des Kapitalismus.

[67] Vgl. zum Ganzen G. EBELING, Dogmatik des christlichen Glaubens I, Tübingen ²1982, 106-139: § 6 Glaube und Religion; auch H.-J. KRAUS, Theologische Religionskritik, Neukirchen-Vluyn 1982.

Glaube eine bestimmte Art zu leben. Er ist eine Lebensweise, für die die Person des Jesus von Nazareth zentral ist. Jesu Zuwendung weckt und begründet Vertrauen (Glauben), das dem Leben Sinn gibt. Auf dieser personalen Grundebene (»ich glaube dir«) wird der/die Glaubende sowohl im Denken als auch im Fühlen und Wollen erfasst. Die Relation zum Wissen ist für die Bestimmung des Glaubens in seiner personalen Struktur nur peripher. Indem der/die Glaubende über seinen/ihren Glauben als Vertrauen nachdenkt, gelangt der Glaube auf seinen Reflexionseben zu Glaubensaussagen. Als doxastischer Glaube (»ich glaube, dass«) rückt die kognitive Struktur des christlichen Glaubens in den Vordergrund. Hier wird der Glaube vergleichbar mit Wissen. Und in seiner transzendierenden Aussagestruktur (»ich glaube an«) macht der christliche Glaube sein religiöses Transzendieren explizit.[68] Die innere Unterscheidungsmöglichkeit der Strukturen zeigt an, a) dass der christliche Glaube wesentlich – auf seiner Grundebene – Vertrauen auf die Person Jesu ist[69], b) dass alles andere im christlichen Glauben sich aus dieser zentralen Orientierung ergibt[70], c) dass christlicher Glaube aus sich selbst heraus – auf seinen Reflexionsebenen – ein Nachdenken über sich selbst freisetzt, d) dass er auf seinen Reflexionsebenen zu weltanschaulichen Aussagen gelangt (z. B. »Gott ist Schöpfer der Welt«). Wo christlicher Glaube in seiner strukturellen Ganzheit[71] einer methodisch geregelten und kontrollierten Reflexion unterzogen wird, wird christliche Religion zum Gegenstand wissenschaftlicher Untersuchung. Erfolgt diese allein aus einer Beobachterperspektive, haben wir es mit Religionswissenschaft zu tun. Im Unterschied dazu untersucht Theologie die christliche Religion zwar auch aus einer Beobachterperspektive, indem sie aber zugleich die Teilnehmerperspektive mit in die Reflexionen einbezieht. Zur wissenschaftlichen Arbeit der Theologie gehört es, diese ihre lebensweltliche Verankerung in der christlichen Religion selbst zum Gegenstand der kritischen Untersuchung zu machen.

---

[68] Vgl. M. Petzoldt, Art. Glaube und Wissen I. Fundamentaltheologisch, RGG⁴ Bd. 3 (2000), 985-986.

[69] Vgl. M. Petzoldt, Offenbarung - in sprechakttheoretischer Perspektive, in: Gottes Offenbarung in der Welt. FS H. G. Pöhlmann, hrsg. v. F. Krüger, Gütersloh 1998, 129-148.

[70] Erfahrungen Gottes; Verstehen des Menschseins in seinem Verfehlen (Sünde) und Glücken (Heil); Verstehen der Welt als Schöpfung; in eine Gemeinschaft der Vertrauenden gestellt zu sein (Kirche); Impulse zum Handeln zu bekommen (Werke); Hoffnung (ewiges Leben, Auferstehung) usw.

[71] Vgl. M. Petzoldt, Zur Frage nach der Rationalität von »glauben«, in: A. Fatić (Hrsg.), Denkformen, FS Dragan Jakovljević, Belgrad 2013, 340-371.

Autorenverzeichnis

Beyer, Martin, Dr. theol., Pfarrer der Ev.-Luth. Kirchgemeinde Olbernhau.

Danz, Christian, Dr. theol. habil., Professor für Systematische Theologie A.B. an der Evangelisch-Theologischen Fakultät der Universität Wien.

Kropff, Michael, Pastor der Ev.-Method. Kirchengemeinde Zschorlau.

Krötke, Wolf, Dr. theol. habil., Professor emeritus für Systematische Theologie an der Theologischen Fakultät der Humboldt-Universität Berlin.

Leonhardt, Rochus, Dr. theol. habil., Professor für Systematische Theologie unter besonderer Berücksichtigung der Ethik an der Theologischen Fakultät der Universität Leipzig.

Liedke, Ulf, Dr. theol. habil., Professor für Theologische Ethik und Diakoniewissenschaft an der Evangelischen Hochschule Dresden (FH) und Privatdozent an der Theologischen Fakultät der Universität Leipzig.

Loos, Elisabeth, Theologin und Biologin, Doktorandin an der Theologischen Fakultät sowie der Fakultät für Biowissenschaften, Pharmazie und Psychologie der Universität Leipzig.

Nagel, Christiane, Dipl. theol., Doktorandin an der Theologischen Fakultät der Universität Leipzig.

Petzoldt, Matthias, Dr. theol. habil., Professor emeritus für Systematische Theologie unter besonderer Berücksichtigung der Dogmatik an der Theologischen Fakultät der Universität Leipzig.

Pickel, Gert, Dr. phil. habil. , Professor für Religions- und Kirchensoziologie an der Theologischen Fakultät der Universität Leipzig.

Ulrich H. J. Körtner

Gottesglaube und Religionskritik

*Forum Theologische
Literaturzeitung (ThLZ.F) | 30*

168 Seiten | Paperback
ISBN 978-3-374-03753-7
EUR 18,80 [D]

In Auseinandersetzung mit heutigen Formen des Atheismus soll das komplexe Verhältnis von christlichem Glauben und Religionskritik untersucht werden. Komplex ist dieses Verhältnis zum einen, weil der Begriff der Religionskritik eine mehrfache Bedeutung hat, zum anderen, weil der biblische Gottesglaube selbst erhebliches religionskritisches Potenzial hat. Gottesglaube und Religionskritik stehen sich also nicht einfach als zwei verschiedene Größen gegenüber, sondern durchdringen einander. Darum kann auch die Auseinandersetzung mit heutigen Formen von Religionskritik nicht nach einem einfachen Schema von Frage und Antwort geführt werden, sondern nur in einem Wechselspiel von unterschiedlichen Formen der Kritik von Religion.

EVANGELISCHE VERLAGSANSTALT
Leipzig   www.eva-leipzig.de

Tel +49 (0) 341/ 7 11 41 -16   vertrieb@eva-leipzig.de